사고와 표현 I

# 대학 글쓰기의 이해

고려대학교 사고와 표현 편찬위원회



KU PRESS
고려대학교출판문화원

■ 일러두기

1. 한 주에 한 절씩 학습하도록 구성하였다.
2. 연습 문제와 예시문의 읽기 자료는 학과의 전공별 특성을 반영하여 교수자가 적절히 선택, 변경할 수 있다.
3. 통합 과제를 통해 완성한 글은 중간 과제나 기말 과제로 활용할 수 있다.
4. 글쓰기 점검표는 학습자 스스로 자신의 글을 점검하는 데 활용하며, 학습자 간 상호 첨삭이나 교수자의 과제 평가 기준으로도 활용할 수 있다.
5. 예시문의 한자는 최대한 한글로 바꾸어 표기하였다.

# 머리말

고려대학교의 〈사고와 표현〉 과목은 체계적인 글쓰기 훈련을 통해 깊이 있는 사고와 자기 표현 능력을 함양시키기 위한 공통교양 과목이다. 자신을 성찰하고 표현해 내는 능력은 자신이 속한 사회와의 효율적 소통을 위해 요구되는 필수 자질이라 할 수 있다. 그러므로 다양한 텍스트들을 분석하고 주요 쟁점에 대해 글쓰기와 발표를 연습해 봄으로써 통합적이고 비판적인 사유 능력을 기를 수 있도록 하는 것은 대학 교양 교육의 중요한 임무 중 하나이다.

오늘날과 같이 급속하게 변모하는 정보화의 시대일수록 종합적으로 사고하고 논리적으로 언어를 사용하는 능력이 더욱 요청된다. 따라서 〈사고와 표현〉은 대학 생활의 출발점에 위치해 있는 신입생들이 학문적 탐구 과정을 준비하고 동시에 사회에서 요구하는 지성인으로 성장해 나가는 데 필요한 학술적 글쓰기와 공적 말하기의 기본 지식을 학습할 수 있도록 설계되었다.

이 과목은 2004년에 개설된 이래 1학기는 《글쓰기의 기초》, 2학기는 계열별 글쓰기 교재를 중심으로 수업을 진행하여 왔다. 그러나 시대의 흐름에 따라 현재 사용 중인 교재는 대대적인 수정과 보완이 필요하게 되었다. 이에 고려대학교 사고와 표현 편찬위원회에서는 2014년도부터 새 교재를 사용하기로 하고, 먼저 1학기에 사용할 교재를 《대학 글쓰기의 이해》로 전면 개편하였다.

《대학 글쓰기의 이해》는 과정 중심의 쓰기 교육 이론에 기초하여 전반적인 방향을 새롭게 구성하였고, 예시문의 경우 고전과 최근의 글을 적절히 배치하여 변화하는 사회의 흐름을 읽고 논의할 수 있도록 배려하였다. 각 장의 주요 내용과 집필 방향을 개략적으로 설명하면 다음과 같다.

제1장은 교재의 도입 부분으로 글과 글쓰기에 대한 이해를 목표로 하였다. 글이 지닌 다양한 의미와 목적, 그리고 글쓰기의 윤리에 대해 설명하는 이 장은 글과 삶의 문제는 물론 글쓰기가 지닌 사회적 의미를 생각해 볼 수 있도록 구성하였다. 이를 통해 다음 장에서 시작하는 글쓰기의 과정을 준비할 수 있을 것이다.

제2장인 글쓰기의 과정은 교재에서 중심이 되는 부분이다. 글쓰기의 과정을 크게 계획하기, 집필하기, 수정하기로 나누고 각 단계에서 고려해야 할 사항들을 예시문 중심으로 설명하였다. 그리고 다양한 연습문제를 통해 학습자들이 학습 내용을 충분히 숙지하고 응용해 볼 수 있도록 하였다. 이 장을 통해 학습자들은 글쓰기의 과정을 단계별로 학습해 나가면서 한 편의 글을 완성해 나가는 능력을 함양할 수 있을 것이다.

제3장인 글쓰기의 방법과 유형은 글쓰기에 필요한 서술 방법을 간략하고 명료하게 제시하여 실제 글쓰기에 활용할 수 있도록 안배하였다. 예시를 제시하고 설명한 후에 연습문제를 통해 실제 글쓰기와 연계할 수 있도록 구성하였다. 또한 서술 방법과 글쓰기의 유형을 연계하여 학생들의 실질적인 글쓰기 능력 향상에 도움이 될 수 있도록 하였다.

부록에서는 말하기도 글쓰기만큼이나 중요한 영역이라는 점을 중시하여 효과적인 발표와 토론의 개념 및 방법 등을 추가하였다. 신입생들은 책의 내용을 숙지한 후 여러 번의 연습을 거친다면 말하기 실력이 좀 더 향상될 수 있을 것이다. 또한 어문규정의 경우 난이도를 조정하여 학생들이 보다 쉽게 이해할 수 있도록 하였으며, 틀리기 쉬운 사례들을 선별하여 소개함으로써 글을 쓰는 데 실질적인 도움이 될 수 있도록 하였다. 마지막으로 한자성어를 12주 단위로 나누어 구성함으로써 교수자가 수업 진행 과정에서 효율적으로 이용할 수 있도록 하였다.

이번에 개편한《대학 글쓰기의 이해》를 통해 학생들은 정확한 단어 사용과 문장 구성에서부터 퇴고에 이르기까지 한 편의 글을 완성해 나가는 과정을 보다 효율적으로 연습할 수 있게 될 것이다. 그리고 이어지는 2학기 교재를 통해서는 분야별 학문 내용을 다양하게 접하면서 한층 심화된 사고와 글쓰기 연습을 하게 될 것이다.

이러한 훈련을 통해 대학의 신입생들이 자신을 표현하고 타인 및 사회와 소통하는 능력, 자신의 전공 분야뿐만 아니라 다른 학문의 영역까지도 통합하여 사유할 수 있는 자질을 함양할 수 있기를 기대해 본다.

2014. 2.

고려대학교 사고와 표현 편찬위원회

## 차례

제1장

# 글쓰기의 이해

1. 글이란 무엇인가
2. 글쓰기의 목적
3. 글쓰기의 윤리

# 1. 글이란 무엇인가

글 없는 세상은 상상하기 어렵다. 우리가 매일 보는 광고 문구나 신문 기사는 물론 제품 설명서와 여러 가지 안내문 등도 글로 이루어져 있다. 특히 SNS로 불리는 소통 방식이 일반화되면서 과학기술의 발달이 글을 사라지게 하지 않는다는 사실은 분명해졌다. 쓰임새나 모양새를 달리하며 글은 세계의 일부로서 우리 삶을 구성하고 있다.

기본적으로 글은 사회 구성원 사이의 소통을 목적으로 하지만 그것으로 쓰임이 제한되지 않는다. 성경이나 불경은 물론 예전부터 삶의 지침으로 쓰였던 경전들은 거의 남김없이 글로 되어 있다. 뉴튼이 프링키피아라는 논문을 발표하지 않았다면, 우리는 사과가 떨어지는 이유나 밀물과 썰물의 원인을 이해하기 어려웠을지 모른다. 대학에서 사용하는 교과서 역시 대부분 글로 되어 있다. 글을 통해 우리는 세계를 더 잘 이해할 수 있게 된다.

사람의 느낌이나 생각 역시 글의 도움으로 정리되고 세련된다. 우리의 사고가 언어로 이루어져 있기 때문이며, 적절한 언어를 고르고 결합하는 과정, 즉 글쓰기 과정에서 사고가 정돈되기 때문이다. 이름 붙이기 어려웠던 내 안의 느낌이나 생각이 글쓰기를 통해 형체를 얻게 되는 것이다. 구체화된 그것들은 글쓴이의 고민이나 바람을 드러내고, 자신이 처한 상황을 잘 알게 해 준다. 글은 나와 타자 사이의 매개 이전에, 세계 안에서 스스로를 확인하는 근거이기도 하다.

우리는 누구나 의미 있는 삶을 살고자 한다. 그런 삶을 위해서 타인의 글을 잘 이해하고 자신의 생각을 글로 표현하는 능력을 갖추어야 한다. 글은 도구처럼 부리는 것으로 생각기 쉽지만, 오히려 글로 이루어진 세상에서 필요한 만큼의 글을 빌리거나 내놓으면서 우리는 살아가는 것인지도 모른다.

## 글쓰기의 준비

> 아무리 분명하게 정리되어 있다 하더라도 생각에는 형태가 없으므로 머릿속에 있는 그림을 객관화하는 데는 어려움이 따른다. 알고 있는 내용을 문장으로 조리 있게 표현하려면 평소에 설명하고 논증하는 훈련을 해 두어야 한다. 문장의 정확성은 그 문장을 생성한 인격의 가치를 평가하는 척도가 된다. 언어가 정확하다는 것은 삶의 중요한 목표이다. 언어가 정확하지 않으면 아무것도 유효하게 전달할 수 없기 때문이다. 바른 문장을 쓸 수 있다는 것은 인격 연마의 결과라고 할 수 있으며, 문장의 훈련은 인간성 교육의 시작이라고 할 수 있다.
>
> 우리는 글쓰기를 전쟁에 비유해 볼 수 있다. 전쟁에 과학적인 장비와 원활한 병참 체계가 있어야 하듯이 글쓰기에도 정확한 지식과 엄격한 훈련이 있어야 하며, 전쟁에 대중의 동원이 필요하듯이 글짓기에도 글을 이해해 주는 독자가 필요하며, 나폴레옹은 총으로 싸우지 않고 병사들의 발로 싸웠다고 하지만, 글쓰기에도 지식만이 아니라 몸소 겪는 체험이 필요하다. 한 지점에 한 방울도 남김 없이 화력을 집중해야 하듯이 글의 핵심을 향해 집중할 수 있어야 하며, 분산 고립된 적을 공격한 후에 집결된 적을 공격하듯이 용이한 내용을 먼저 논술하고 심오한 내용을 나중에 논파해야 한다. 그리고 글쓰기는 전쟁처럼 저돌맹진(猪突猛進)과 호의준순(狐疑逡巡)의 과오를 피할 줄도 알아야 한다.
>
> – 김인환, 〈대학과 산문〉, 《글쓰기의 방법》, 작가, 2005, 165 · 167쪽.

글을 잘 쓰려면 글의 속성을 잘 이해하고 준비해야 한다. 표정이나 몸짓, 소리의 고저장단으로 의미의 폭을 다양하게 할 수 있는 말과 달리, 글은 쓰는 사람과 독자가 일정한 규칙 안에서만 소통하기 때문이다. 정확한 지식과 엄격한 훈련은 물론 글을 쓰는 적절한 태도 또한 필요하다. 위 인용문은 글을 삶의 목표나 인격과 관련시키는 한편 글쓰기를 전쟁에 비유하고 있다. 파괴와 살상으로 가득한 전쟁을 떠올릴 만큼 글쓰기는 치열하고 치밀해야 할 것이다.

## 글과 삶

하여간 활자로 된 건 일단 다 읽는 습관이 그때부터 생겼어요. 길의 간판에서부터 배를 싼 신문지 쪼가리까지. 김현, 김윤식 평론, 이청준 소설들도 셋째 덕분에 일찍 읽기 시작했죠. 중학생 때는 여중 앞에 30원을 내면 책을 빌려주는 곳이 있었는데 소설을 읽기 시작한 건 그때부터였던 것 같습니다. 책에 빠져든 건 '외로워서'였던 것 같아요. 나는 늘 사람들이 북적이는 대가족 속에서 성장했는데도 늘 혼자 있는 것 같았어요. 어이없게도 아주 일찍부터 무엇인가를 상실해버린 느낌을 지니고 성장했어요. 그래서 어머니에게 내가 기억나지 않는 어린 시절에 대한 이야기를 꼬치꼬치 캐물을 때가 종종 있지요. 게다가 시골마을에서 벌어지는 일이 내 눈엔 참 이상했어요. 마당에다 애써서 기른 집짐승들을 잡아먹는 것도 이상했고, 겨울을 잘 넘기고 해동이 될 때면 마을에 상여가 나가는 일이 많은 것도 이상해서 계속 따라갔던 기억들도 납니다. 마을에 기찻길이 있었는데 사람들이 사고로 또 어느 때는 거기 가서 자살을 하기도 했어요.

책을 읽으면 이상하게 외롭지 않았어요. 내가 이상하게 생각했던 것들의 답이 책 속에 있었던 건 아니지만 책은 특히 소설은 뭔지 해결되지 않은 문제를 껴안고 살아가는 사람들의 편이라는 것, 그것이 매혹적으로 다가왔어요. 못나고 슬프고 시니컬한 패배자들이 오히려 배려받고 있는 느낌에 이끌렸어요. 게다가 어떤 아름다움 같은 것, 의지하고 싶은 것, 고난에 처한 인간이 그 상황을 견뎌내고 밀어내고 나아가는 방식에서 느껴지는 공감과 감동 같은 게 '나도 이런 글을 쓰는 작가가 되고 싶다'라는 꿈을 꾸게 했던 것 같습니다.

작가가 되기 이전의 내게 문학이란 지금 눈앞에 보이는 것이 전체가 아니라

> 보이지 않는 세계가 있다는 것을 깨닫게 해주는 것이었습니다. 저 너머에 무엇인가 다른 것이 존재하고 있다는 생각은 언제나 내게 큰 힘이 되어 주었죠. 살아있는 것을 아름답게 여기게 했고 고통의 시간을 통과해 다른 시간을 믿고 기다리게 해주었으니까요.
>
> – 신경숙, 〈글을 읽는 것과 쓰는 것, 곧 살아간다는 것〉, 《고대신문》 1707호, 2012년 10월 7일.

글은 나와 타자의 소통뿐 아니라 자신과의 소통, 나아가 스스로의 문제를 발견하고 치유해 가는 방법으로 사용될 수 있다. 글을 읽고 쓰는 과정에서 여러 사물과 사건들에 대해 생각하게 되고, 그것들과 관계 맺고 있는 '나'는 누구인가를 묻게 되는 것이다. 이 인용문은 문학, 특히 소설에 관련된 것이지만 물음으로서의 글쓰기, 치유로서의 글쓰기가 가능하다는 사실을 보여 준다.

### 표현과 억압의 문제

> 조지 오웰의 소설 《1984》에 부록으로 딸린 〈신어의 원리〉는 허구의 빅 브라더가 통치하는 저 끔찍한 나라의 언어 정책에 관해 말한다. 신어는 그 나라의 공용어이며, 그 창안 목적은 그 체계에 걸맞지 않은 세계관과 사고 습성을 표현하고, 그 국가 이념 이외의 다른 사상을 갖지 못하도록 하는 데 있다. 이 언어에서는 낱말 하나하나가 단 하나의 뜻만 갖는다. 역사적으로 형성된 모든 개념이 그것을 표현하던 낱말들과 함께 사라진다. 여러 낱말들이 하나의 낱말로 축약되어 본래의 낱말이 지니고 있던 정서적인 힘도 사라진다. 품사의 구별이 없는 이 언어에서는 진정한 의미의 문장이 없고 개념의 나열이 있을 뿐이다. 문장이 없으니 논쟁이 없고, 하나의 문장이 다른 문장으로 연결될 일이 없으니, 한 생각이 다른 생각으로 발전할 일도 없다. 국가가 제시하는 정통 사상이 아닌 다른 생각은 표현될 길이 없을뿐더러 아예 탄생하는 일조차 없을 것이다. 이렇게 언어가 통제되고 사상이 통제된다. 남의 일 같지 않다. 인터넷에 나타났다 사라지는 수많은 축약어들과 갈수록 단순화하는 문장들을 보면, 저 허구의 빅

브라더가 멀리 있다고만 할 수는 없다.

– 황현산, 〈영어 강의와 언어 통제〉, 《밤이 선생이다》, 문학동네, 2013, 126쪽.

자유로운 표현이 어려운 상황이라면 다양한 사고 역시 가능하지 않다. 표현과 사고가 자유롭지 않은 상황은 언어생활의 차원을 넘어 일상생활 전체의 문제로 확대될 수 있다. 근대 이전에는 문맹률이 높았기에 국가가 언어와 표현을 쉽게 통제할 수 있었다. 그러나 지금은 인터넷의 보급으로 개인의 생각이 쉽게 사회 전체로 퍼져 나간다. 문제는 인터넷 등에서 사용되는 축약어와 불완전한 문장들이 글의 의미 확장과 변주를 가로막고 있다는 점이다. 경제적인 방식으로 소통하려는 경향은 불가피한 일로도 보이는데, 이 문제를 통해 글쓰기와 사고의 관계를 생각해 보아야 할 것이다.

### 연습 문제 :

1. 다음에 대해 토론해 보자.
   1) 말과 글의 차이에 대해 이야기해 보자.
   2) 글이 없었다면 생길 수 있는 일들에 대해 생각해 보자.
   3) 어떤 글이 좋은지는 목적과 독자에 따라 달라질 수 있다. 창조, 설득, 학술 세 가지 유형에 따라 좋은 글의 성격에 대해 이야기해 보자.
   4) 의미를 잘 전달하는 글과 표현이 아름다운 글, 어느 쪽이 더 중요한지 생각해 보자.
   5) 쓰고 싶은 대로 쓰지 못하는 상황을 생각해 보고, 그 대응 방법을 이야기해 보자.

2. 다음에 대해 써 보자.
   1) 글을 잘 쓰거나 그렇지 못해서 겪은 일들에 대해 써 보자.
   2) 가장 즐겁게 읽었던 책과 읽고 싶지 않았던 책을 그 이유와 함께 적어 보자.
   3) 기억하고 싶은 자신의 경험 한두 가지에 대해 짧은 글을 써 보자.
   4) 자유로운 표현을 억압하는 요소들에 대해 써 보자.

### ✓ 글쓰기 점검표

| 점검 항목 | 점검 내용 | 자기 진단 (○ △ ×) | 오류와 수정 내용 |
|---|---|---|---|
| 글이란 무엇인가 | 글쓰기와 읽기의 의미를 이해하는가 | | |
| 글쓰기의 준비 | 글쓰기에 필요한 훈련과 준비, 올바른 태도를 이해하고 있는가 | | |
| 글과 삶 | 글이 삶에 미치는 영향에 대해 생각해 보았는가 | | |
| 표현과 억압의 문제 | 표현의 자유에 대해 생각해 보았는가 | | |

# 2. 글쓰기의 목적

## 글은 왜 쓰는가

인간은 언어를 습득하는 순간부터 글을 쓰고자 하는 욕망을 가진다. 어린아이들이 문자를 배우는 과정에서 끊임없는 낙서를 즐기는 것처럼 인간이 언어를 활용하고자 하는 욕망은 보다 근원적인 유희에 가깝다. 그러나 말하기는 인간이 유아기일 때부터 의사를 전달하기 위한 목적으로 자연스럽게 체화되는 것에 비하여, 글쓰기는 특정한 언어의 표기법과 사용법을 배운 뒤에야 가능해진다는 점에서 차이가 있다.

이 같은 차이에도 말하기와 글쓰기는 형태만 다를 뿐 자신의 사고를 바탕으로 하여 표현하는 행위라는 점에서는 동일한 속성을 지닌다. 말하기에 비하여 글쓰기의 습득이 어려운 것은 형태와 조건의 까다로움에서 비롯된 것일 뿐이다.

글쓰기는 말하기보다 체화가 어렵다는 점에서 많은 사람들이 어려워하는 일 중에 하나다. 이는 유려하고 논리적으로 자신의 생각을 전달하는 데에 있어서 말하기보다 글쓰기가 한정된 조건을 가지고 있기 때문이다. 말하기가 분위기, 표정, 어투, 감정 등을 쉽게 개입시키거나 활용할 수 있는 것에 비하여 글쓰기는 이 같은 보조적인 도구가 한정되어 있고, 특정한 형식과 조건을 준수해야 한다. 낱말의 정확한 사용은 물론 맞춤법, 띄어쓰기 등이 완전하게 갖추어져야 글은 비로소 글다워지는 것이다.

그렇다면 인간은 무엇 때문에 이처럼 까다로운 조건과 배움이 필요한 글을 쓰고 읽으려 하는가. 그것은 글이 다음과 같은 세 가지의 분명한 목적성을 가지고 있기 때문이다.

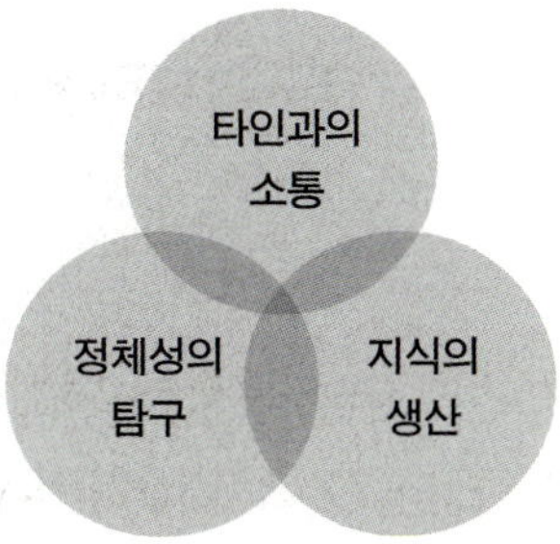

글쓰기의 목적과 기능

## 소통의 기능

말하기와 글쓰기는 화자와 청자, 저자와 독자 사이의 상호 소통을 추구한다는 점에서 유사한 성격을 갖는다. 그러나 글쓰기에 비하여 말하기는 소통의 대상에 공간과 시간의 제약이 개입하고 이에 따라 한계가 분명해진다는 점에서 큰 차이를 지닌다. 인간의 목소리가 전달될 수 있는 한계가 분명하기 때문이다. 또한 얼마나 오랫동안 기억되고 존재할 수 있는가에 있어서도 말하기는 분명한 한계가 있다. 미디어의 발달로 말하기의 결과도 다수의 청자에게 반영구적인 상태로 전달될 수 있으나 이는 화자와 청자 사이의 동시성 아래에서의 소통 조건이 유지되지 않는다는 점에서 말하기의 본질을 변화시키지는 못한다.

이에 비하여 글은 쓰는 행위 자체에는 한정과 제약이 따르지만 동일한 내용을 무한히 읽힐 수 있고 반영구적으로 보존할 수 있다는 점에서 장점을 가진다. 글쓴이의 최초 의도 그대로 확장과 전달이 가능한 것이다. 그렇기에 글쓰기는 다수의 사람들을 독자로 가질 수 있고, 그들에게 글쓴이가 가진 생각을 거의 무한하게 전달할 수 있는 최적화된 도구라고 할 수 있다.

글쓰기와 말하기는 타자와의 소통을 전제로 하는 것이지만, 소통은 단순히 나의 생각을 일방적으로 전달한다고 해서 이루어지지는 않는다. 소통은 근본적으로 타인의 사고에 나의 사고가 전달되고 공유됨으로써 이루어질 수 있는 행위이다. 듣지 않는 소통, 일방적인 전달로서의 소통은 진정한 의미의 소통이 아닌 것이다. 주체가 타인을 존중하지 않으면 참된 소통은 이루어질 수 없다는 점에서 소통은 수직적 관계보다는 수평적 관계를 추구한다. 종적인 관계와 비교 우위를 논해야 하는 명령형, 권위주의적 소통 방식은 소통의 본질과 충돌할 수밖에 없는 것이다.

소통이 추구하는 수평적인 관계란 획일적인 것이 아닌 타인의 다양성을 인정하는 것을 말한다. 주체와 타자, 타자와 주체의 상호 소통성은 다양성을 기반으로 이루어지는 대등하고도 서로 존중받는 관계여야 하는 것이다.

글쓰기는 다수의 독자와 나누는 대화이자 다양한 독자와의 소통이라는 점에서 상호 존중의 자세가 요구된다. 글쓰기는 다수의 소통 대상을 만날 수 있다는 점에서는 유용한 소통 방식이지만 글쓴이의 자세가 올바르지 않을 때 그 소통은 제대로 이루어지기 힘들기 때문이다.

글쓰기는 말하기처럼 당장 눈앞에 보이는 청자가 존재하지 않기 때문에 함부로 이야기하기 쉽고 타인을 배려하기가 어렵다. 그러나 글쓴이는 보이지 않는 독자를 항상 상기해야만 하고 존중하려는 자세를 가져야 한다. 자신이 쓰는 글이 전달될 수 있는 폭이 넓고 오랜 기간 동안 남을 수 있다는 점에서 보다 신중해야 하는 것이다.

말하기를 잘 하는 방법은 타인의 의견을 경청하는 데에서 시작한다는 역설적인 말이 있다. 능숙하게 이야기하는 것만으로는 충분한 소통이 이루어지지 않는다는 말이다. 글쓰기 역시 동일하다. 자신의 생각을 일방적으로 서술한다고 하여 그것이 소통을 만들어 내는 것은 아니다. 독자와 타인에 대한 고려와 존중이 글쓰기에서 더욱 필요한 이유이다.

**연습 문제 :**

아래의 글을 읽고 글쓴이와 독자의 상호 주체성은 어떻게 형성될 수 있는지 이야기해 보도록 하자.

> 다음으로 이 실존주의 이론은 인간에게 존엄성을 부여하는 유일한 이론이며, 인간을 대상으로 만들지 않는 유일한 이론입니다. 모든 유물론은 자기 자신까지 포함하여 모든 인간을 대상처럼, 즉 결정된 반응들의 모임처럼 취급하는 결과를 낳습니다. 이때 누구도 이 결정된 반응들의 모임을 탁자나 의자 또는 돌을 구성하는 질들의 모임, 현상들의 모임과 구분할 수 없습니다. 우리는 물질계와 분명히 구분되는 가치들의 모임으로서의 인간계, 정확하게 이것을 구성하기를 원합니다. 하지만 우리가 이 인간계에서 진리의 이름 아래 도달하게 되는 주체성은 엄격하게 개별적인 주체성이 아닙니다. 왜냐하면 우리가 논증한 바에 따르면, 코키토 속에서 사람은 자기 자신만 발견하는 것이 아니라 타인들 또한 발견하기 때문입니다. 나는 생각한다를 통해서 우리는 데카르트의 철학과 반대로, 또 칸트의 철학과도 반대로 타인과 마주한 우리 자신에 도달하게 됩니다. 우리 자신이 확실하게 존재하는 것과 마찬가지로 우리에게는 타인 또한 확실하게 존재하는 것입니다. 이처럼 코키토를 통해서 직접적으로 자기 자신에 도달하는 인간은 모든 타인 또한 발견하며, 또 이 모든 타인을 자기의 실존의 조건으로서 발견하게 됩니다. 만약 타인들이 그를 이런저런 사람으로 인정하지 않을 경우, 그는 (누구는 정신적이다. 또는 나쁘다, 또는 질투가 강하다라고 사람들이 말하는 의미로 자기를 고려할 때) 자기가 아무것도 될 수 없다는 사실을 잘 알고 있습니다. 나에 대한 어떤 진리를 얻기 위해서는 이처럼 내가 타인을 거쳐야만 합니다. 타인은 나의 실존에 필수적이며, 내가 나에 대해 갖게 되는 앎에도 마찬가지로 필수적입니다. 바로 이러한 조건 속에서, 나의 내면의 발견은 곧 나와 마주 놓인 그 어떤 자유로서의 타인 또한 발견하도록 해줍니다. 즉 나를 생각하는 타인, 나를 위하는 경우이거나 또는 나와 맞서는 경우에만 원하는 그런 타인 또한 발견하도록 해주는 것입니다. 이렇게 해서 우리가 상호주체성으로 부르고자 하는 세계를 곧바로 발견하게 됩니다. 인간이 자기가 무엇인지, 타인들이 무엇인지를 결정하는 것은 바로 이 세계 속에서입니다.
>
> – 장 폴 샤르트르, 박정태 역, 《실존주의는 휴머니즘이다》, 이학사, 2008, 65-68쪽.

### 정체성의 탐구

글쓰기는 타인과의 소통을 만들어 낼 수 있다는 점에서 중요한 목적성을 갖지만 자신을 표현하고자 하는 욕망을 반영한다는 점에서도 중요한 기능을 한다. 인간은 자기표현의 욕구를 가진 존재이고, 모든 개인은 글을 통하여 자신을 표현할 수 있다. 글쓰기에 개성이 반영될 수 있는 이유가 여기에 있다.

자신의 생각과 개성을 표현할 수 있다는 점에서 글쓰기는 유용한 방법이지만 이 역시 왜곡이나 포장이 가능하다는 점에서 경계할 점이 있다. 글을 쓴다는 것은 자신의 생각을 문자로 표현하는 것이므로 글은 주체의 분신이자 사고의 구현체이다. 글로 표현된 것을 독자들은 글 쓴 주체의 단면이라고 생각하고 받아들이며, 그 내용에는 당연한 진실이 담겨 있을 것이라고 생각한다. 그런데 만일 그 글이 진실하지 않고 사실을 왜곡하고 있을 뿐만 아니라 위선적이라면 어떻게 할 것인가. 그리고 이 같은 뒤틀린 글을 자신의 분신이라고 믿어야 하는 주체는 또한 어떠한가.

글쓰기가 자신의 정체성을 찾아가는 행위라는 점은 그 글을 통해 글쓴이와 글쓴이의 생각이 진실하게 담겨 있다는 것을 전제로 하는 것이다. 글쓴이는 자신이 가지고 있는 생각과 느낌, 감정을 적절한 언어로 표현하여 의도한 대로 전달하고자 해야 한다. 의도가 내용을 앞서서 자신의 사고를 왜곡해서는 안 되며, 글을 쓰는 과정을 통하여 자신도 충분히 알지 못했던 자신의 모습을 찾으려고 노력해야 한다. 글감과 주제, 관심사, 어휘의 선택과 적절한 표현을 찾는 과정 속에서 글쓴이는 자신이 가지고 있는 진정성 있는 사고를 최대한 효과적으로 전달할 수 있는 방법을 연구해야 하는 것이다.

문자라는 도구를 통하여 자신을 전달하는 행위, 즉 글쓰기는 표현 하나하나를 선택하는 과정에서부터 글을 쓰는 주체의 생각이 반영되는 정체성 찾기의 과정이다. 그 과정은 넘치지 않게 냉철해야 하고, 때로는 뜨거워야 하며, 때로는 체계적이어야 한다. 자신이 선택하는 언어 하나하나가 나의 정체성을 찾아가는 과정인 것이다. 글쓰기의 또 다른 매력이 그 과정 속에 있다.

불자로 원종이라는 이가 있어 장차 남쪽으로 노닐 양으로 나를 찾아와서 작별인사를 고하며 시와 서를 청하기를 매우 성실히 하기에 내가 말하기를, "도의 경지가 지극히 공허하여 동서의 구별이 없으니, 무릇 부도(浮屠)는 반드시 그 마음을 빈 배와 같이 하고 그 자취를 뜬구름처럼 여기어, 동을 가거나 서에 머무르는 것을 생각하지 않는 것인데, 그대가 나에게 작별을 고하니 실로 공문(空門)의 죄인이다. 나는 다만 눈인사만 하고 보내는 것도 오히려 한 점의 누가 되는데, 하물며 이렇게 구구한 것이랴. 비록 그렇지만 그대가 원하는 것이니, 내가 한 마디의 말이라도 해주지 않을 수 없어 청컨대 다음과 같이 말하겠다.

무릇 내가 무심코 대하면 비록 정(情)이 있는 물건이라도 아무런 정이 없고, 내가 생각을 기울이면 비록 정이 없는 물건이라도 도리어 정이 있게 되는 것이다. 그대가 산수를 구경할 만한 것이라 여기고, 또 강남(江南)을 산수의 으뜸이라 여겨 지금 이 유람이 있는 것인데, 만일 항시 기대하였다가 특별한 곳에 가보면, 산은 더욱 곱고 물은 더욱 아름다워 정을 머금고 자태를 지어서 앞뒤로 애교를 부리지 않는 것이 없으며, 물소리와 풍악이 서로 어울리고 솔바람과 거문고가 섞여 울리면, 상인(上人)은 이에 응접하느라 겨를이 없어 침식도 잊을 것이니, 비록 선뜻 끊고 돌아서고 싶지만 그쪽에서 끌어당기고 놓아주지 않을 것이니 어찌하겠는가. 그렇다면 세상의 성색(聲色)을 즐기고 탐하는 자들과 더불어 무엇이 다르겠는가. 정이 드러나는 것은 그나 이나 한가지이다. 그대는 가서 보고 만약 산수가 눈을 끌고 마음을 집착하게 하여 끌어당기고 놓아주지 않는 일이 과연 있다면, 마땅히 내 말을 생각하여 산수를 뒷간 보는 것처럼 하고 유유히 인간 세계로 빨리 돌아와, 우리들과 더불어 섞여 노닐며 홍진(紅塵)을 청산녹수처럼 보게 된 뒤라야 도를 얻었다 이를 수 있는 것이다." 하였다.

– 이규보, 〈송종상인남유서(送宗上人南遊序)〉, 전문.

## 지식 생산의 역할

인류의 지식이 폭발적으로 증가한 것은 문자가 일반인들에게 보급된 이후부터이다. 과거 일부 계층의 전유물이었던 지식은 바야흐로 서적을 통해 모든 사람들이 함께 나눌 수 있는 공유하는 대상이 된 것이다. 이처럼 지식 사회의 도래는 서적으로 대변되는 글쓰기의 공유와 문자의 상용화에서 비롯되었다.

지식은 특정한 도제관계나 세대관계를 통하여 시대를 넘어 전수되기도 하지만, 이 같은 지식은 경험에 의존하는 경우가 많고 단편적이며 체계화되기 어렵다. 자국어가 사라진 민족이 문자의 소멸에 따라 민족마저도 소멸해 버린 역사상의 예는 지식의 전수가 이루어지지 못할 경우 생길 수 있는 위험성의 단면인 것이다.

그렇기에 문자를 통한 지식의 전달은 글쓰기의 중요한 목적 가운데 하나이다. 앞 세대의 우수한 지식은 글쓰기를 통하여 서적과 문서의 형태로 다음 세대에 전달되어야 하며, 지식을 습득시키기 위한 교육 체제도 적절하게 발전되어야 하는 것이다. 하지만 새로운 세대에게 단순히 지식을 전달하고 습득하게 하는 것만이 글쓰기의 목적이 될 수는 없다. 지식을 능숙하게 활용하는 기술적인 용도도 중요하지만 그것을 생산할 수 있는 능동적인 능력도 필요하기 때문이다.

지식 생산이란 글쓰기를 통해 어떤 해결되지 않은 문제에 대하여 질문을 던지고 사고하며, 해답을 찾아가는 과정이다. 인간은 문자를 통하여 새로운 개념을 창출할 수도 있으며, 그것을 변형하여 다른 영역으로 확장할 수도 있다. 또한 인간은 글쓰기의 과정을 통하여 모호한 대상에 대해 구체화할 수 있으며, 그 근원에 대해 깊이 있는 성찰도 할 수 있다. 이 과정에서 지식은 자연스럽게 생산되고 공유된다.

그러므로 글을 쓰는 것은 소통과 정체성을 찾는 과정인 동시에 지식을 전달하고 새롭게 생산하는 행위이다. 즉 진솔함을 바탕으로 타인을 이해하며 동시에 앎을 확장하는 바탕이 글쓰기가 가진 목적이자 의미인 것이다.

1455년 2월23일 독일 마인츠의 인쇄기술자 요하네스 구텐베르크가 금속활자를 이용한 성경을 출간했다. 이른바 '구텐베르크 성경'의 탄생이었다.

한 페이지에 42줄씩 인쇄돼 '42줄 성경'(B42)으로 불렸으며, '가지고 다닐 수 있는 성경'이었다. 이 책의 탄생은 역사를 바꿨다. 교황청, 성직자들이 꼭꼭 닫아놓았던 종교 해석의 문이 활짝 열린 것이다. 구텐베르크가 이뤄낸 작은 기술적 발전은 종교개혁이라는 거대한 흐름을 이끌어냈다. 특권층의 전유물이던 책이 대중화됐고 중세의 암흑시대는 끝났다. 르네상스와 종교개혁을 거치며 쏟아진 인쇄물 덕에 대중은 지식이라는 새로운 힘을 얻었다.

1898년 2월23일, 프랑스에서는 유명 작가인 에밀 졸라가 투옥됐다. 군부 내 반유대주의 때문에 스파이로 몰린 유대인 장교 알프레드 드레퓌스를 둘러싼 이른바 '드레퓌스 사건'으로 인해 정국이 시끄러울 때였다. 졸라는 '나는 고발한다.'라는 글을 통해 협잡과 부조리와 음모가 판치는 군부와 사법부, 정치권력을 비판한다.

"나는 메르시에 장군을 고발합니다. 그는 사상 최대의 죄악에 공모했습니다. 나는 비오 장군을 고발합니다. 그는 정치적 동기와 체면 때문에 드레퓌스의 결백을 보여주는 증거들을 은폐하는 파렴치죄와 정의 모독죄를 저질렀습니다. 나는 극악무도하고 불공정한 심문을 한 펠리외 장군과 라보리 소령을 고발합니다. 나는 거짓 보고서를 만든 필적 감정가들을 고발합니다. 나는 국방부를 고발합니다. 저열한 캠페인을 주도한 신문들을 고발합니다. 인권을 침해한 군사법정을 고발합니다. 나의 행동은 진실과 정의가 폭발하도록 하기 위한 것입니다. 이 외침으로 내가 법정에 끌려간다 하더라도 감수하겠습니다. 다만 청천백일하에서 나를 심문하십시오."

졸라는 군부를 모욕했다는 이유로 기소돼 옥에 갇혔으며, 석방된 뒤 망명길에 오른다. 졸라는 역사가 바로잡히는 것을 보지 못한 채 숨졌지만, 그의 글은 정의가 무너진 시대에 지식인의 역할이 무엇인지를 보여주는 것으로 기념되고 있다.

1455년, 1898년, 그리고 2009년의 한국. 때와 장소가 바뀌어도 역사라는 거울을 바로 보지 못하는 권력들은 서로 닮아있다. 대중의 입을 막으려는 권력, 불공정과 음모의 의혹에서 자유롭지 못한 권력의 모습은 졸라의 글을 다시 읽게 만든다.

– 《경향신문》, 2009년 2월 22일.

## ✓ 글쓰기 점검표

| 점검 항목 | 점검 내용 | 자기 진단 (○ △ ×) | 오류와 수정 내용 |
|---|---|---|---|
| 글쓰기의 목적 | 글쓰기가 가진 세 가지 목적을 이해하는가 | | |
| 소통의 기능 | 글쓴이와 독자의 관계를 이해하는가 | | |
| 정체성의 탐구 | 자기 표현에 과장과 왜곡은 없는가 | | |
| 지식 생산의 기능 | 언어의 지식 생산 기능에 대해 이해하는가 | | |

# 3. 글쓰기의 윤리

우리는 글을 통해 어떤 대상에 대한 자신의 생각이나 느낌, 판단 결과 등을 독자에게 전달한다. 만약 그 전달 과정에서 사실을 왜곡하거나 이미 발표된 내용을 마치 처음 발표하는 것처럼 꾸며 독창적인 것인 양 독자를 속인다면 우리는 거짓된 글을 쓰는 것이다. 거짓된 글쓰기가 비윤리적인 범죄 행위임은 자명하다. 그런데 경우에 따라서는 자신도 알지 못하는 사이에 거짓된 글쓰기에 빠질 수 있기 때문에, 우리는 비윤리적인 글쓰기에 대해 구체적으로 알아보고 항상 경계로 삼아야 한다.

고려대학교 교원연구윤리 지침(2007)에서는 '부적절한 집필 행위'를 다음과 같이 규정하고 있다.

〈부적절한 집필 행위〉

1. 부적절한 출처 인용
2. 참고문헌 왜곡
3. 출간 논문을 인용하면서 초록 등에 의존하는 행위
4. 읽지 않거나 이해하지 못한 저술의 출처 인용
5. 하나의 출처로부터 집중적으로 차용하면서 부분적으로만 출처를 밝히는 행위
6. 텍스트의 재활용 행위

7. 연구 업적을 부풀릴 의도로 하나의 논문으로 게재되었어야 할 연구 결과를 수 개의 논문으로 분할하여 게재하는 행위
8. 저자의 데이터 또는 관점에 부합하지 않는 중요한 관련 증거를 보고하지 않거나 독자에게 알리지 않는 행위
9. 방법론상 또는 통계상의 결함이나 기타 다른 유형의 결함이 있는 연구를 입증의 근거로 인용하는 행위
10. 다른 연구자들이 연구 결과를 독자적으로 재현할 수 없도록 표본 설계를 포함한 연구 방법을 의도적으로 왜곡하거나 불분명하게 기술하는 행위

위에 나열된 부적절한 집필 행위 가운데 '부적절한 출처의 인용'과 관련하여 좀 더 구체적으로 살펴보면, 프린스턴 대학교의 '학술 작업의 출처를 확인하는 기본 규정(2006)'에서는 다음과 같이 규정하고 있다.

학술 작업의 출처를 확인하는 기본 규정

· 인용

학생 자신의 고유한 문장이 아니라면 반드시 출처를 확인해야 한다. 인용한 출처의 내용이 사소한 것이라도 인용부호나 들여쓰기 등을 적절히 이용하여 인용한 내용을 제시하여야 한다. 인용한 출처의 표시는 저자, 제목, 발행처와 날짜, 쪽 번호를 포함해야 하며 MLA, APA, Chicago Manual 등 인용의 표준 형식들을 따른다.

· 풀어쓰기

다른 사람의 글을 학생 자신의 말로 풀어쓰거나 요약한 것은, 저자의 원문을 완전히 다른 말로 표현하거나 재배치하더라도, 그 사실이 구체적으로 주석이나 본문에서 확인되어야 한다. 가끔 학생들은 글을 쓰기 이미 오래전에 그 출처의 내용을 읽었기 때문에 그 아이디어나 절의 일부를 아무 생각 없이 그대로 제시했다고 주장하지만, 이는 합당한 답변이 아니다. 학생은 항상 적절한 표시를 해야 할 책임이 있다.

· 아이디어와 사실

다른 곳에서 가져온 아이디어나 사실은 무엇이든지 주석이나 본문에서 구체적으로 확인되어야 한다. 그 아이디어나 사실이 그 학생에 의해 윤색되어도 그렇게 해야 한다. 널리 알려지거나 일반적으로 수용된 생각, 사실, 공식, 정보가 항상 인용을 요구하는 것은 아니다. 일반적인 지식에 대한 기준은 분야마다 다르다. 일반적인 지식인지 확실하지 않으면 담당 선생님과 상의한다.

· 각주와 참고문헌

리포트 및 논문을 준비할 때 참고한 모든 문헌은, 인용한 출처만 포함시키라는 특별 지시가 없으면, 모두 참고문헌 목록에 제시되어야 한다. 그러나 참고문헌 목록에 나열하는 것만으로 출처를 적절히 확인했다고 할 수 없다. 각주나 미주는 인용된 글이나 정보 바로 다음에 명시되어야 한다. 인용한 문장이나 절을 약간이라도 바꾸는 것은 출처를 잘못 확인한 것이다. 출처의 내용을 저자가 어느 정도 의존하였는지 분명히 제시해야 한다.

· 전자 출처

인터넷, CD, 전자 메일 등의 형태로 수집한 자료들도 모두 출처를 확인할 수 있어야 한다. 예를 들어, 인터넷 사이트의 주소, 저자의 이름, 사이트의 저자, 그 사이트에 접근한 날짜가 제시되어야 한다. 구체적인 인용 방법을 잘 모를 경우 선생님과 상의한다.

· 실험실 작업, 문제, 컴퓨터 프로그램, 과제

실험실의 작업이나 컴퓨터 수업에서 공동 작업으로 리포트를 제출할 때 공조의 범위를 확인해야 한다. 과거에 수행되거나 제출된 리포트의 일부를 수정한 형태로 제출할 때 원본과 함께 제출해야 한다. 과거의 리포트로부터 발전된 리포트가 여러 코스에서 다시 수정되어 작성되면 그 사실을 리포트의 첫 부분에서 명시해야 한다.

· 구두 리포트

구두 리포트를 하기 위한 글을 제출하는 학생도 위 규정에 따라서 출처를 확인해야 한다.

· 학술적 행위에서 이루어진 잘못된 행위에 대한 정의

표절, 허락 없이 리포트를 반복해서 제출하는 경우, 잘못된 인용, 잘못된 데이터를 사용하는 경우이다.

위 규정들을 위반하여 문제가 된 경우에 책임을 면할 수 있는 유일한 방법은, 문제의 작업이 어떤 규정도 위반하지 않았다는 것이다. 그 규정을 몰랐다거나 위반 당시 어떤 심리적 압박에 시달렸다는 답변은 수용될 수 없다.

– 한국연구재단, 《연구윤리 확립을 위한 정부 정책 방안 연구 보고서》, 2007에 실린 번역문을 수정한 것임.

위의 규정에서도 강조하고 있듯이, 자신의 고유한 아이디어나 문장이 아닌 경우 그 출처를 적절히 밝혀 주어야 한다는 점이 매우 중요하다. 그러지 못할 경우 표절의 의심에서 벗어날 수 없다. 표절의 문제에 대해 최근 보고된 사례들을 통해 생각해 보자.

············ 예시문1 ············

(문제의 글)

지난 2010년에도 전 세계적으로 이상기후에 의한 자연재해가 발생하였으며, 자연재해 발생현황을 한파와 폭설, 집중호우와 홍수, 가뭄과 폭염으로 나누어 살펴본다.

2009년과 2010년에는 겨울철 북극 지역의 이상고온 현상으로 북반구 대부분 지역에서 한파와 폭설이 발생하였다. 2010년 12월 1일 폭설을 동반한 이상한파로, 영국, 독일, 프랑스, 폴란드, 스위스 등에서 공항이 폐쇄되고 교통이 마비되었다. 이로 인해 폴란드 등 유럽에서 모두 28명이 동사하였으며, 영국의 수천 개 학교가 휴교를 하였다. 이와 더불어 영국 런던에서는 2010년 1월 6일에도 25cm의 폭설과 50년 만의 한파가 발생하였다. 중국 베이징에서는 2010년 1월 2일부터 4일간 59년 만의 폭설(33cm)로 항공 대란이 발생하였고, 미국 버몬트 지역에서 2010년 1월 3일 1890년 이래 최고의 폭설(84cm)을 기록하였다. 또한 아이오와 지역에선 2010년 1월 4일 최저기온이 -9℃로 떨어져 1958년 이후 최악의 한파가 발생하였다. 이 밖에도 인도 북부 지역에서 2010년 1월 1일부터 3일 간 한파로 60여 명이 사망한 사례가 있다.

(원문)

■ 한파와 폭설

· 2009/10 겨울철 북극지역의 이상고온 현상으로 북반구 대부분 지역에서 한파와 폭설이 발생

· 12월1일 폭설을 동반한 이상 한파로 영국, 독일, 프랑스, 폴란드, 스위스 등에서 공항이 폐쇄되고 교통이 마비, 폴란드 등 유럽에서 모두 28명이 동사, 영국의 수 천개 학교가 휴교

· 중국 베이징에서 1월2일부터 4일간 59년만의 폭설(33cm)로 항공 대란 발생

· 미국 버몬트 지역에서 1월 3일 1890년 이래 최고의 폭설(84cm), 아이오와 지역에선 1월 4일 최저기온이 -9℃로 떨어져 1958년 이후 최악의 한파 발생

· 인도 북부지역에서 1월 1일부터 3일간 한파로 60여명 사망

· 영국 런던에서 1월 6일 25cm 폭설과 50년만의 한파가 발생

– 경제 · 인문사회연구회, 《연구윤리 평가기준 및 사례집》, 2013, 32쪽.

위 예시문1에서 문제의 글은 개조식으로 서술된 원문의 내용을 그대로 가져와 자신의 말로 풀어쓰기를 한 것이다. 이런 경우 글을 쓰는 사람은 반드시 글의 내용의 출처를 표시해 주어야 한다. 그러나 문제의 글에는 출처 표시가 없으므로, 이것은 명백한 표절에 해당한다.

············ 예시문2 ············

(문제의 글)

한편 유엔아동권리협약의 비준 및 이행과 관련하여 우리나라는 1991년 11월 20일, 유엔아동권리협약 제9조 제3항 '아동의 부모면접교섭권', 21조a '입양허가제', 40조2b(v) '아동의 상소권 보장'의 세 개 조항을 유보한 채 협약을 비준하였다(이재연 · 황옥경 · 김효진, 2009: 155). 협약 제44조에 의거하여 정부는 협약의 이행 현황에 대하여 1994년 제1차와 2001년 제2차 국가보고서를 제출하였고, 유엔아동권리위원회는 이를 심의하여 우리나라 아동권리 이행 현황에 대한 우려되는 점과 이를 근거로 개선되어야 할 점에 대해 권고하였다. 그리고 2008년 12월에 제3, 4차 통합보고서를 제출하였다. 이러한 유엔아동권리위원회의 권고를 이행하기 위하여 정부는 관련법을 정비하고 정책을 개발하며 제도를 개선하는 등 다양한 노력을 기울여왔다.

(원문)

우리나라는 1991년 11월 20일, 유엔아동권리협약 제9조 제3항 '아동의 부모면접교섭권', 21조a '입양허가제', 40조2b(v) '아동의 상소권 보장'의 세 개 조항을 유보한 채 협약을 비준하였다. 협약 제44조에 의거하여 정부는 협약의 이행 현황에 대하여 1994년 제1차와 2001년 제2차 국가보고서를 제출하였고, 유엔아동권리위원회는 이를 심의하여 우리나라 아동권리 이행 현황에 대한 우려되는 점과 이를 근거로 개선되어야 할 점에 대해 권고하였다. 그리고 2008년 12월에 제3, 4차 통합보고서를 제출하였다. 이러한 유엔아동권리위원회의 권고를 이행하기 위하여 정부는 관련법을 정비하고 정책을 개발하며 제도를 개선하는 등 다양한 노력을 기울여왔다.

– 경제 · 인문사회연구회, 《연구윤리 평가기준 및 사례집》, 2013, 55쪽.

위 예시문2에서 문제의 글은 내용 전체를 원문에서 그대로 인용한 것이다. 이런 경우 인용한 내용이 단락 전체에 걸치므로 글을 쓰는 사람은 인용 부분을 별도의 단락으로 분리하여 단락 전체에 대한 출처 표시를 해 주어야 한다. 그러나 문제의 글에서는 인용 부분의 첫 문장에만 출처 표시를 하여 그 뒤의 문장들은 마치 인용한 문장이 아닌 것처럼 되어 있다. 이와 같이 출처 표시를 부분적으로만 하는 것도 표절 행위에 해당한다.

············ 예시문3 ············

(문제의 글)

전체적 사고가 반드시 직관적 사고에 이르지는 않지만 직관적 수용을 생각하거나 고양하는 데에는 기여할 수 있다(김응태, 박한식, 우정호, 2003)고 하였다. 분석적 사고와 직관적 사고는 상호 보완적 성격을 갖고 있어서 학습자가 관련 영역의 지식과 구조에 친숙해져 있을 때 전체적 사고를 통해 비약을 하거나 단계를 뛰어 넘어 빨리 해답에 도달하고 이후에 분석적인 방법에 의해 결과를 재검토하게 된다. 또한 분석적 사고를 통해서는 전혀 도달할 수 없거나 상당히 오랜 시간이 걸려서야 얻어지는 해답을 전체적 사고를 통해서 즉각 도달하는 경우가 종종 생긴다. 흔히 분석적 사고에서는 얻을 수 없었던 문제해결을 전체적 사고를 통해서 발견하거나 고안해내는 것을 볼 수 있다. 그러나 전체적 사고를 통해서 발견해낸 해답을 적절히 형식화하는 과정은 분석적 사고라 할 수 있겠다. 즉, 직관적 판단은 분석적이고 논리적인 추론과는 대조적으로 전체적인 견해로 나타나게 된다(우정호, 2000).

(원문)

전체적 사고가 반드시 직관적 사고에 이르지는 않지만 직관적 수용을 생각하거나 고양하는 데에는 기여할 수 있다(김응태, 박한식, 우정호, 2003)고 하였다. 분석적 사고와 직관적 사고는 상호 보완적 성격을 갖고 있어서 학습자가 관련 영역의 지식과 구조에 친숙해져 있을 때 전체적 사고를 통해 비약을 하거나 단계를 뛰어 넘어 빨리 해답에 도달하고 이후에 분석적인 방법에 의해 결과를 재검토하게 된다. 또한 분석적 사고를 통해서는 전혀 도달할 수 없거나 상당히 오랜 시간이 걸려서야 얻어지는 해답을 전체적 사고를 통해서 즉각 도달하는 경우가 종종 생긴다. 흔히 분석적 사고에서는 얻을 수 없었던 문제해결을 전체적 사고를 통해서 발견하거나 고안해내는 것을 볼 수 있다. 그러나 전체적 사고를

> 통해서 발견해낸 해답을 적절히 형식화하는 과정은 분석적 사고라 할 수 있겠다. 즉, 직관적 판단은 분석적이고 논리적인 추론과는 대조적으로 전체적인 견해로 나타나게 된다(우정호, 2000).
>
> – 경제 · 인문사회연구회, 《연구윤리 평가기준 및 사례집》, 2013, 51쪽.

위 예시문3은 1차 문헌을 인용한 2차 문헌에 해당하는 원문을 문제의 글에서 그대로 다시 인용한 사례이다. 이처럼 2차 문헌을 통해 1차 문헌의 내용을 파악하거나 소개하는 경우 글을 쓰는 사람은 해당 부분이 '재인용'한 것임을 표시해 주어야 한다. 그러나 문제의 글에서는 재인용 표시를 하지 않았기 때문에 '부적절한 출처 표시'에 해당하며, 이러한 행위도 표절의 한 종류로 간주된다.

**연습 문제 :**

1. 이른바 '황우석 사태'로 일컬어진 사건에 대해 조사해 보고, 이 사건에서 이루어진 부적절한 집필 행위의 원인과 과정 및 교훈을 이야기해 보자.

2. 최근 수업 시간에 자신이 작성하여 제출한 글을 대상으로 하여 부적절한 집필 행위가 있지는 않았는지 검토해 보자.

3. 다음은《연구윤리 평가기준 및 사례집》(경제 · 인문사회연구회, 2013)에서 표절 의심 사례로 소개된 글이다. 문제의 글은 원문에 대한 출처 정보가 참고문헌 목록에 실려 있음에도 표절로 판단되고 있다. 무엇이 왜 문제가 되는지 이야기해 보자.

(문제의 글)

10 · 3합의 이후 북한은 핵시설 불능화 조치를 이행한 반면, 신고문제의 최대쟁점인 우라늄농축 추진과 시리아와의 핵협력 문제에 대해서는 전면적으로 부인하였다. 2007년 연말까지 정식신고서를 제출하도록되어 있었으나 북한이 이를 준수하지 않고 오히려 2008년 1월 4일 외무성 담화를 통해 2단계 지연의 책임을 미국 등 주요당사국에 전가하였다. 신고지연 사태는 2008년 4월 북미 싱가포르 비밀회동에서 북한이 UEP(우라늄농축프로그램) 추진과 시리아 핵협력 의혹에 대해 별도의 비밀부록에서 이를 '간접시인'함으로써 일단락됐다. 2008년 6월 26일 북한의 신고서 제출과 냉각탑 폭파의 생중계는 북한의 비핵화 의지를 대내외에 과시하는 효과가 있었고 이에 부시 대통령은 북한의 테러지원국 해제를 의회에 통보하였다. 하지만 북미 간에는 검증과 관련하여 기본적인 입장차를 좁히지 못하였다. 미국은 신고서 제출에 따른 테러지원국 지정 해제를 검증의정서 합의와 연계하겠다고 하였고, 북한은 '행동 대 행동' 원칙에 따라 테러지원국 해제 조치가 검증이행에 앞서 선행되어야 한다며 반발하였다. 이후 북한은 즉각적으로 원상복구에 돌입하였고 양측 간에는 시료채취 등 검증방법에 관해 합의를 도출하지 못하였다.

(원문)

10 · 3 합의 이후 북한은 11개의 핵시설불능화 조치를 적극적으로 이행한 반

면, 신고문제의 최대 쟁점인 우라늄농축 추진과 시리아와의 핵협력문제에 대해서는 전면 부인으로 일관하였다. 2007년 연말까지 정식신고서를 제출하도록 되어 있었으나 북한이 이를 준수하지 않음으로써 국제사회의 비판을 받았고, 이에 북한은 2008년 1월 4일 외무성 담화를 통해 2단계 지연의 책임을 미국 등 주요당사국에 전가하였다. 북한의 신고지연으로 인한 장기간 교착상태는 2008년 4월 미북 싱가포로 비밀회동에서 북한의 우라늄농축프로그램추진과 시리아 핵협력의혹에 대해 별도의 비밀부록에서 이를 '간접시인'하는 방식으로 타결함으로써 국면전환의 계기를 마련하였다. 2008년 6월 26일 북한의 신고서제출과 냉각탑폭파의 생중계는 북한의 비핵화의지를 대내외에 과시하는 효과가 있었고 이에 부시 대통령은 북한의 테러지원국해제를 의회에 통보함으로써 북미협력관계를 강화되는 듯했다. 하지만 북미 간에는 검증과 관련하여 기본적인 입장차를 좁히지 못하였다. 미국은 신고서제출에 따른 테러지원국 지정해제를 검증의정서합의와 연계하겠다고 하였고, 북한은 '행동 대 행동' 원칙에 따라 테러지원국해제 조치가 검증이행에 앞서 선행되어야 한다며 반발하였다. 이후 북한은 즉각적으로 원상복구에 돌입하였고 양측 간에는 시료채취 등 검증방법에 관해 합의를 도출하지 못하고 있다.

제2장

# 글쓰기의 과정

1. 계획하기
2. 집필하기
3. 수정하기

# 1. 계획하기

글쓰기의 과정은 크게 계획하기(pre-writing), 집필하기(writing), 수정하기(post-writing) 단계로 나뉜다. 집필하기에 앞서 반드시 해야 할 일이 계획하기이다. 글쓰기에 어려움을 호소하는 많은 학생들은 글을 써야 할 때 일단 컴퓨터 앞에 앉아서 키보드 위에 손을 올려놓고 "뭐 쓰지? 뭐 쓰지?" 고민을 하면서 쓸 게 없다거나 글쓰기가 어렵다고 하소연한다. 계획 없이 무작정 집필을 하려고 하니 어렵고 막연할 수밖에. 계획을 세우지 않고 여행을 떠나면 어디부터 가야 할지 몰라 방황하기 십상이고, 시간도 효율적으로 사용하기 어려운 것과 마찬가지다.

글쓰기에서 계획하기는 무엇을 어떻게 쓸지 구상하고 결정하는 단계이다. 요리에 비유하여 생각해 보자. 요리를 하려면 우선 어떤 음식을 만들지부터 결정해야 한다. 그런데 어떤 음식을 만들 것인가는 음식을 왜, 어떤 목적으로 만드느냐에 따라 달라진다. 아침 식사용인지 저녁 식사용인지, 잔치에 쓸 것인지 소풍에 가지고 갈 것인지에 따라 요리해야 할 음식의 종류가 다르다. 또 음식을 먹을 사람이 누구냐에 따라서도 요리할 음식의 종류가 달라진다. 아기가 먹을 것인지, 아빠가 먹을 것인지, 온 가족이 함께 먹을 것인지, 나 혼자 먹을 것인지에 따라 먹을 사람에게 적합한 음식을 만들어야 한다. 글을 쓸 때도 마찬가지다. 글을 쓰는 목적이 무엇이고 읽을 사람이 누구인지부터 생각한 다음 글의 목적과 예상 독자에 알맞게 주제를 선정해야 한다.

주제를 선정한 다음에는 주제를 드러내기에 적합한 글감을 찾아서 글의 내용을 구상하고 그 내용들을 어떤 순서로 전개할 것인지 개요를 작성해야 한다. 요리할 음식이 정해지면 요리에 필요한 재료가 무엇인지 생각하고 그 재료로 어떻게 요리할 것인지를 계획하는 것과 마찬가지다. 물론 초보자는 요리책의 레시피를 보고 따라 하겠지만, 상황에 따라 구할 수 있는 재료와 요리해야 할 음식의 양이 다르고 먹을 사람의 취향도 제각각이기 때문에 그 상황에 알맞게 나만의 레시피를 만들어야 한다.

## 1.1. 목적과 독자에 대한 확인

| 계획하기 1<br>• 목적과 독자에 대한 확인 | ➡ | 계획하기 2<br>• 발상과 사고의 심화 | ➡ | 계획하기 3<br>• 구상과 개요의 조직 |
|---|---|---|---|---|

글쓰기를 할 때 가장 먼저 해야 할 일이 무엇이냐고 물어보면 대부분의 학생들은 '주제 선정'이라고 대답한다. 하지만 주제를 정하기 전에 먼저 해야 할 일이 있다. 바로 글을 쓰는 목적과 예상 독자를 설정하고 확인하는 일이다. 이 말은 글의 목적이 무엇이고 예상 독자가 누구냐에 따라 글의 주제를 달리해야 한다는 뜻이다.

지금까지 우리가 글을 쓸 때 글의 목적과 독자를 등한시한 이유는 일기, 독후감 등과 같이 지극히 개인적인 느낌이나 생각이 주가 되는 글들만 써 왔기 때문이다. 하지만 학창 시절을 돌이켜 보면, 담임선생님께 검사를 받기 위해 일기를 쓸 때는 나의 치부나 비밀스러운 사생활은 쓰지 않았다. 의식하고 있지는 않지만 우리는 이미 주제를 정할 때 글의 목적과 독자를 고려하고 있는 것이다.

### 목적과 독자의 설정

글의 목적을 세우는 일은 과제를 확인하는 작업에서부터 출발한다. 작가가 아니라면, 우리가 쓰는 대부분의 글은 일기나 편지가 아닌 이상 과제로 부여받은 것이다. 수업 시간에 제출해야 하는 에세이나 보고서가 그러하며, 공모전에 출품하는 글이나 회사에서 쓰는 보고서와 기획안 역시 일종의 과제 글이라 할 수 있다. 따라서 과제의 의도와 요구사항을 정확하게 확인하고 분석하는 작업이 선행되어야 과제에 적합한 목적을 세울 수 있다.

제빵 회사에서 식빵에 이물질이 들어 있다는 항의를 받고 해당 사건의 경위를 조사한 결과 소비자의 자작극임이 밝혀져 이에 대한 보도 자료(press release)를 작성하는 상황을 가정해 보자. 이 과제는 항의 사건의 경위를 보고하는 보도 자료의 작성이다. 그렇다면 글을 쓰는 1차적인 목적은 언론사에 배포하기 위함이고, 글의 내용과 관련해서는 사실을 전달하는 것이 글의 목적이 된다. 구체적으로는 항의 사건의 경위를 밝히고 그것이 소비자의 자작극이었음을 알리는 것이다. 여기에서 좀 더 나아간다면, 실추된 우리 회사의 이미지를 회복하고 소비자의 신뢰를 얻는 것까지를 글의 구체적인 목적으로 삼을 수 있다.

예상 독자를 설정하고 한정하는 일은 목적을 세우는 일과 별개의 과정이 아니라 함께 이루어지는 과정이다. 위의 과제에서 예상 독자는 소비자다. 그래서 단순히 사실을 전달하는 것에 그치지 않고 소비자에게 우리 회사에 대해 긍정적인 인식을 심어 줌으로써 소비자의 신뢰를 회복하는 것을 글의 궁극적인 목적으로 삼았다. 만약 언론 배포가 아니라 우리 회사의 상관에게 보고하는 것이 글을 쓰는 목적이라면 글의 구체적인 목적은 사건의 진상을 파악하여 사실을 전달하는 데에 그칠 것이다. 이와 같이 글의 구체적인 목적을 설정할 때에는 이미 독자에 대한 인식이 반영된다.

글의 구체적인 목적과 독자의 관계는 저자 서문에서도 종종 드러난다.

> 이 매뉴얼은 이전에는 실무자로 있다가 업무 팀이나 소그룹을 책임지게 된 일선 업무현장의 리더 혹은 예정자들을 대상으로, 팀을 리드하고 성과를 창출할 수 있기 위한 매니지리얼 리더십 역량을 개발하는 것을 목적으로 하고 있습니다. 회사별로 직제가 다르겠지만 일반적으로 과장급 리더가 대상자라고 할 수 있으며, 여기서는 그들을 '팀 리더'라고 부르고자 합니다.
>
> 중략
>
> 따라서 이 매뉴얼은 처음 관리직에 오른 실무 부문의 리더들로 하여금 관리자로서 역할과 책임을 올바로 인식하고 도전적인 리더 마인드를 통해 팀을 리드하고 관리함으로써 탁월한 팀 성과를 창출할 수 있기 위해 요구되는 매니지리얼 리더십의 핵심역량들을 기본적으로 습득하는 것을 목표로 하고

있습니다.

– 이효선, 《팀 리더들의 리더십 실무지침서》, 엑스퍼트컨설팅, 2010, 5–6쪽.

위의 저자 서문을 보면 글의 목적에 예상 독자가 구체적으로 한정되어 있다. 이 글의 목적은 매니지리얼 리더십의 역량을 개발할 수 있는 지침을 설명하는 것이고, 그 대상, 즉 예상 독자는 소그룹의 실무 리더 혹은 예비 리더로 한정하였다.

## 예상 독자에 대한 분석

대부분의 글쓰기는 독자를 전제로 한다. 학교에서 수업 시간에 제출하는 보고서는 담당 교수가 독자이다. 논문을 쓴다면 논문 심사자가 1차 독자이며, 논문이 출판되었을 때 읽게 될 해당 학문의 전공자들이 2차 독자가 된다. 회사에서 보고서, 기획안을 쓴다면 직장 상사가 독자이며, 제안서를 쓴다면 해당 사업을 발주하는 시행사의 관리자가 독자이다.

글을 쓸 때 독자의 범위를 단순히 한정하는 것만으로는 부족하다. 소기의 목적을 달성하기 위해서는 독자에 대한 분석을 통해 전략적으로 글을 써야 한다. 독자를 더 이상 필자가 써 주는 대로 읽기만 하는 수동적인 존재로 여겨서는 안 된다. 예상 독자는 필자와의 상호 작용을 통해 텍스트의 의미 구성에 영향을 미치며, 글쓰기의 과정과 결과에 실제로 참여하는 능동적인 존재다. 필자는 직간접적으로 끊임없이 독자와 대화를 통해 글을 구상하고 써 나가야 한다.

우리나라 사람들처럼 시를 좋아하는 국민도 많지 않을 것이라는 소리들을 흔히 한다. 겉만 보면 일단 맞는 소리다. 시집이 백만 부 가까운 베스트셀러가 되는 나라는 우리나라밖에 없을 것이다. 하지만 베스트셀러가 되었다는 시집을 살펴보면, 다 그런 것은 아니겠지만 시가 많이는 읽히지만 올바르게 읽히는 것 같지는 않다. 같은 시일지라도 백 사람이 백 가지로 읽을 수 있다는 조금은 무책임한 말도 은근히 호소력을 가지고 있을 터이다.

그렇더라도 좋은 시와 나쁜 시는 분명히 구별이 있고, 기왕에 시를 좋아하는 사람들이 좋은 시를 찾아 읽을 수 있다면 얼마나 더 즐겁게 읽을 수 있겠는가 하는 생각에서, 나는 몇 차례 독자가 시에 쉽게 다가갈 수 있는 해설서 비슷한 글을 썼었다. 그러면서 깨달은 것은 어떤 면에서 감정의 확대라 할 수 있는 시를 가장 잘 이해하려면 그 시인이 어떤 환경에서 자랐고, 어떤 조건 아래서 살았으며, 그 시를 쓸 당시 무슨 생각을 하고 있었는가를 알아야 한다는 것이었다. 여기에 모은 글들은 이런 생각을 가지고 이미 우리 시사에서 고전이 된 시들의 현장을 찾아다니면서 쓴 글이다.

나는 이 기행을 하면서 많은 것들을 배웠다. 목월의 향토색 짙은 밝은 색깔의 이미지가 무엇에 연유하는가도 알았으며, 영랑의 맑은 노래가 어떻게 생성되었는가도 알았다. 또 어떤 시인의 어느 부분이 과장되고 어느 부분이 축소되었는가도 확인했다. 이 동안에 어느 면 닫혀 있던 내 시관도 많이 수정되었다. 나는 시를 새롭게 공부한다는 느낌으로 이 기행을 하는 동안 늘 들떠 있었다. 시를 이렇게 재미있게 읽을 수도 있구나, 새삼스럽게 감탄하기도 했다.

이 글을 쓰면서 나는 내 시관만을 고집하지는 않았다. 가령 그 시에 대한 작자의 의견이 있으면 서슴지 않고 독자에게 알렸으며 다른 평자의 의견도 많이 참작했다. 그러면서도 한 시인 한 시인의 평전적 성격에서 벗어나 서로 유기적으로 조합되어 우리 시의 한 경관이 되게끔 노력했다.

특히 기행을 하는 동안 중고교에서 문학을 담당하고 있는 현직 교사들과 더러는 동행을 하고 더러는 술자리를 함께 하면서 들은 의견도 많이 반영했다. 그들이 학교의 시 교육이 안고 있는 문제점을 제기한 점이 글을 쓰는 데 크게 도움이 되었다. 유감인 것은 이 기행을 작고시인으로 그쳤다는 것이다. 앞으로 살아있는 시인의 시의 현장을 찾아가는 작업도 할 작정이다.

이 책이 시를 재미있게 읽고 싶어 하는 분, 학교에서 시를 가르치는 교사들, 그리고 시를 배우는 학생들에게 도움이 되기를 바란다.

– 신경림, 《신경림의 시인을 찾아서》, 우리교육, 2002, 4-5쪽.

위의 글은 《신경림의 시인을 찾아서》라는 책의 저자 서문이다. 이 책은 시를 재미있게 읽고 싶어 하는 사람, 학교에서 시를 가르치는 교사들, 그리고 시를 배우는 학생들을 예상 독자로 설정하고 쓴 글이다. 그리고 필자는 그저 막연하게 예상 독자를 염두에 두는 정도에 그치지 않고, 독자들에게 더 도움이 되는 글이 될 수 있도록 예상 독자를 직접 만나 대화를 나누고 그들의 의견을 글의 내용과 방향에 적극적으로 수용하였다.

독자를 분석할 때는 다음 항목들을 고려한다.

① 독자가 나의 글을 읽는 목적과 이유는 무엇인가?

② 독자가 나의 글에 기대하거나 요구하는 사항은 무엇인가?

③ 독자가 중요하게 생각하는 부분은 무엇인가?

④ 독자가 나의 글에 우호적인가?

⑤ 독자의 나이, 지식수준, 관심사, 취향 등은 어떠한가?

⑥ 독자가 속한 담화 공동체의 담화 관습은 무엇인가?

⑦ 독자와 원만한 의사소통을 하기에 적합한 표현 방식은 무엇인가?

독자는 개인적인 수준뿐 아니라 사회적인 수준, 즉 집단의 측면에서도 고려해야 한다. 개개인으로 이루어진 예상 독자의 집단적 개념이 바로 담화 공동체이다. 담화 공동체는 글의 내용에 따라, 혹은 예상 독자층을 어떻게 설정하느냐에 따라 특정 성별, 특정한 연령대, 특정 직업군이나 전공 집단이 될 수도 있다. 학술적인 글이나 전문적인 글은 담화 공동체의 표현 양식이나 규약과 같은 담화 관습을 익히고 따르는 것이 매우 중요하다. 대학에서 쓰는 학술 보고서라면 해당 전공의 전문용어 및 논문 체제 양식을 익혀서 따라야 한다.

그런데 특정한 담화 공동체의 담화 관습에 익숙해지면 거기서 벗어나기가 쉽지 않다. 우리나라는 교육 수준이 높아 문맹률이 극히 낮은 반면, 글을 읽고 이해하는 문서 해독 능력은 상당히 떨어지는 것으로 알려져 있다. 이러한 현상의 원인도 담화 공동체 간에 통용되는 담화 관습이 다른 데서 찾아볼 수 있다.

> 우리나라가 선진국 국민들의 실질 문맹률을 비교하는 22개 경제개발기구(OECD) 가입국 국민의 문서해독능력 비교에서 꼴찌인 것으로 드러나 충격을 주고 있다. 특히 전 국민의 75% 이상이 새로운 직업에 필요한 정보나 기술을 배울 수 없을 정도로 일상문서 해독능력이 매우 떨어지는 것으로 나타나 시급한 대책이 필요하다는 지적이다.

OECD 국가 문서해독능력 비교는 구직원서 봉급명세서 등 일상적인 문서내용을 실생활에 적용하는 능력을 비교한 것으로, 각종 첨단정보가 일상화된 선진국 사회에서는 단순히 글씨해독 능력을 보여주는 문맹률보다 훨씬 더 실질적인 문맹률로 간주된다.

한국교육개발원(KEDI)은 6일 발간한 '2004 한국 교육인적자원 지표'에서 우리나라 국민 중 '생활정보가 담긴 각종 문서에 매우 취약한'(1단계 문서해독수준) 사람 비율이 전체의 38%나 돼 OECD 회원국 평균(22%) 수준에도 못 미치는 것으로 조사됐다고 밝혔다.

'일상적인 문서를 겨우 해석해낼 수는 있지만 새로운 직업이나 기술에 필요한 정보를 얻기는 힘든(2단계)' 사람도 전체 국민 중 37.8%나 됐으며 선진사회의 복잡한 일상에 대처할 수 있는 최소한의 문서독해 수준(3단계) 이상을 갖춘 사람이 21.9%에 불과했다.

이에 비해 전문적인 정보기술(IT) 등 첨단정보와 새로운 기술, 직업에 자유자재로 적응할 수 있는 고도의 문서독해 능력을 지닌(4단계) 사람은 2.4%에 불과해 노르웨이(29.4%) 덴마크(25.4%) 핀란드 캐나다 (이상 25.1%) 미국(19%)에 비해 형편없이 낮은 것으로 나타났다.

KEDI는 특히 대학을 졸업한 고학력자들의 문서독해 능력을 비교하는 OECD의 국제성인문해조사 점수 역시 258.9점으로, 조사대상인 22개국 중 꼴찌였다고 설명했다.

KEDI 관계자는 "이처럼 우리 국민의 문서독해 능력이 떨어지게 된 가장 큰 원인은 학교 교육의 초점이 실생활에 필요한 능력을 키우는 데 있는 게 아니라 입시 위주이기 때문"이라면서 "대학교육도 새로운 정보 수용을 방기한 채 지나치게 고답적인 점도 문제"라고 지적했다.

-《국민일보》, 2006년 4월 6일.

우리나라 고학력자의 문해력이 낮은 것이 위의 기사에서처럼 실생활과 괴리된 입시 위주의 교육 문제에서 기인할 수도 있겠지만, 필자가 독자를 고려하지 않고 자신에게 익숙한 담화 관습대로 글을 쓰는 것도 하나의 원인이다. 즉, 독자가 무지해서가 아니라, 필자가 독자에 대한 배려 없이 자기에게 익숙한 담화 관습대로 글을 어렵게 쓰는 탓도 있다는 뜻이다. 법률 및 행정기관의 공문서, 금융기관의 약관이나 안내문, 전자제품 매뉴얼 등이 그러한 글의 대표적인 예이다.

!경 고

· 테더 앵커를 이용하여 어린이 보조 좌석을 고정할 때에는 사용하지 않는 뒷좌석 안전벨트의 플레이트를 해당 버클에 모두 채우십시오.

· 절대로 한 개의 테더 앵커나 하부 래치에 한 개 이상의 어린이 보조 좌석을 장착하지 마십시오. 테더 앵커나 하부 래치가 하중을 견디지 못하고 부러지거나 망가져서 어린이가 심하게 다치거나 사망할 수 있습니다.

– 벨로스터 취급설명서, 3-24 중에서.

■ VSM

VSM은 주행 노면이 미끄럽거나 좌, 우 바퀴의 노면 마찰 계수가 다른 경우 제동 시 차체 자세 제어장치(VDC)와 전동 파워 스티어링(EPS)을 협조 제어하여 제동 안전성 및 주행 안정성을 향상시키는 시스템입니다.

▶ VSM 작동

직진 주행 중 노면 마찰에 의한 VSM 작동 시에는 VDC 작동 표시등이 깜빡이지 않으며, 선회 시 VDC 작동 표시등이 깜빡입니다. VSM이 작동될 때에는 구동력과 제동력의 영향 및 전동 파워 스티어링(EPS)의 협조 제어의 영향으로 약간의 진동 및 조향 핸들의 이질감이 느껴질 수 있으나 이는 정상입니다.

– 벨로스터 취급설명서, 5-30 중에서.

특히 이공계는 전문 영역이 깊고 세분화되어 있어서 비전공자가 이해하기 힘든 용어가 상당하다. 전공 서적이나 논문과 같은 학술적인 글이라면 예상 독자가 필자와 동일한 전문 영역에 속해 있기 때문에 해당 담화 공동체의 담화 관습을 따라야 하지만, 독자가 필자와 같은 분야의 전공자가 아니라면 독자가 이해할 수 있도록 쉽게 써야 한다. 글에 대한 이해의 책임을 독자에게 전가하는 것은 필자의 무책임한 태도일 뿐이다. 더더구나 전자 매뉴얼, 제안서, 연구계획서, 연구보고서 같은 글들은 독자가 이해하지 못할 경우 나의 이익, 우리 회사나 연구소의 이익에 막대한 손해를 끼치기 때문에 독자를 고려한 글쓰기가 무엇보다 중요하다.

나는 소위 말하는 대한민국의 '공돌이'다. 그걸로 사회생활을 시작했고, 평생을 먹고 살았다. 그러나 직장생활을 하면서 가장 힘들었던 것은 업무자체보다는 '글'이었다.

글쓰기를 어려워하며 고민하는 내게 사람들은 공돌이가 기계나 잘 만지고 연구나 잘하면 되지, 무슨 글을 쓸 게 있다고 그렇게 고민을 하냐고 쉽게 얘기했다. 그러나 보고서 한 줄 쓰기가, 예산기획서 한 장 쓰기가 참 힘들었다. 내 딴엔 잘 썼다고 가져가면 번번이 되돌아왔다. 난 자꾸 주눅이 들었다.

그리고 결국, 그 '글' 때문에 원자력국장직을 물러났다.

문제의 글은 방사성폐기물 부지와 관련된 것이었다. 정부는 1990년 말, 안면도를 방사성폐기물 처분부지로 지정하기 위해 비밀리에 계획을 추진했다. 그러나 이 계획이 사전에 누설되어 안면도에서 격렬한 반대 시위가 일어났다. 계획은 취소되고 장관, 차관 및 원자력국장이 줄줄이 물러났다. 내가 원자력국장에 임명된 것은 그때였다. 난 1년 내에 폐기물 부지를 확보하라는 중책을 맡았다.

안면도에서 교훈을 얻은 정부는 폐기물 부지를 정부가 지정하는 방식이 아니라 국민에게 공개 모집하는 방식으로 바꾸었다. 공개 모집 방식이 성공하기 위해서는 응모하려는 지역 주민의 이해와 협조가 절실하였기에 신문에 내는 공고 문안이 중요했다. 나는 공고 문안을 유명작가에게 의뢰한 후 주요 일간지 1면들을 잡아 두었다. 신문에 싣기로 한 날짜는 다가오는데 나오기로 한 원고는 더디기만 했다. 독촉 끝에 받아 본 문안은 실망스럽기 그지없었다. 시간이 없었던 나는 밤새워 공고 문안을 다시 만들어 새벽에 장관에게 보냈다. 나의 공고 문안을 받아 본 언론계 출신 장관은 크게 화를 내었고, 그날 오전에 나는 원자력국장에서 물러났다. 과학기술처에서 원자력 전문가로 승승장구하던 나에게 이 일은 큰 충격이었다.

- 임재춘, 《한국의 이공계는 글쓰기가 두렵다》, 북코리아, 2003, 6-7쪽.

예상 독자에 대한 분석은 글의 목적을 효과적으로 달성하고 글에서 전달하고자 하는 내용의 수준과 글의 구성 및 표현 방식을 결정하는 데에 도움을 준다. 다음에 제시한 저자 서문을 읽으면서, 글의 목적과 독자가 글의 내용, 글의 구성 및 표현 방식 등에 어떠한 영향을 미쳤는지 생각해 보자.

(1) 내용에 미치는 영향

사람들은 누구나 세상이 복잡하다고 말한다. 그러나 얼마나 복잡하냐고 물어보면 시원스레 대답해주는 사람이 별로 없다. 도대체 세상은 얼마나 복잡한 것일까? 우리는 결코 이 세상이 어떻게 돌아가는지 이해할 수 없는 걸까?

20년 전만 해도 물리학자들은 이런 문제에 그다지 큰 관심을 보이지 않았다. 물리학자들이 다루는 시스템은 사람들이 모여 사는 세상이 아니라 그것을 둘러싸고 있는 자연과 우주였으며, 시간이 갈수록 물리학자들의 주된 관심은 눈에 보이지 않는 미시 세계, 혹은 거대한 우주를 향해 점점 더 멀어져만 갔다.

게다가 그들은 인간 사회처럼 복잡한 시스템을 다룰 만한 학문적 체계를 가지고 있지 못했다. 불과 얼마 전까지만 해도 물리학자들은 시스템 구성요소들의 성질만 제대로 알면 그 시스템에 보이는 모든 현상을 설명할 수 있다고 믿었다. 시스템을 몇 개의 요소로 단순화해서 접근하는 시도는 그동안 많은 자연계에서 얼추 잘 들어맞았기 때문에 이런 방법은 오랜 전통을 갖고 꾸준히 지속됐다. 그러나 인간 사회를 비롯해 자연계 대부분의 시스템들은 구성요소들이 서로 영향을 주고받으며 복잡한 행동 패턴을 만들어낸다. 따라서 시스템을 몇 개의 요소로 단순화하는 데 익숙했던 물리학자들에겐 복잡한 현상을 기술하는 데 필연적으로 한계가 따를 수밖에 없었다. 구성요소들 사이의 상호 작용을 단순화할수록 시스템의 복잡한 행동 패턴을 이해하는 데 어려움이 있다는 것을 그들도 잘 알고 있었지만, 촘스키의 말처럼 다른 대안이 없었기 때문에 전통적인 방법을 계속 따를 수밖에 없었다. 물리학자들은 풀어야 할 문제를 풀었다기보다는 풀 수 있는 문제를 풀어왔던 것이다.

20세기 후반 일련의 과학자들에 의해 '복잡한 시스템을 다루는 과학적 패러다임', 이른바 '복잡성의 과학' 분야가 발전하면서 물리학자들은 자연에서 발견되는 복잡한 패턴들이 어떻게 형성되었으며, 그 속에 담겨 있는 법칙들이 무엇인지 탐구하기 시작했다. 지난 20년 동안 카오스 이론과 복잡성의 과학은 그동안 과학자들이 손대지 못했던 복잡한 자연 현상들 속에서 규칙성을 찾고 그

의미를 이해하는 데 새로운 시각을 제시해왔다. 그리고 사람들이 만들어내는 행동 패턴, 다시 말해 '복잡한 사회 현상'에도 관심을 갖기 시작했다. 아직 세상을 다루기엔 부족한 점이 많지만, 물리학자들은 이제야 비로소 그것을 다룰 '용기'를 갖게 된 것이다.

그들은 이제 왜 피라미드 기업이 그토록 기승을 부리는지, 불규칙한 주가 곡선 안에는 어떤 질서가 숨어 있는지, 비틀스의 음악은 왜 아름다우며 세상은 왜 그토록 시끄러운 소음으로 가득 차 있어야만 하는지 설명할 수 있게 됐다. 또 그것이 아름다운 조개껍데기 무늬, 숲을 메우고 있는 나뭇가지들, 그리고 그 사이로 흐르는 시냇물 소리와 전혀 무관하지 않다는 사실을 깨닫게 됐다.

이 책은 복잡한 사회 현상의 이면에 감춰진 흥미로운 과학 이야기들을 독자와 함께 나누기 위해 쓰였다. 나는 독자들이 이 책을 읽고 경제, 사회, 문화, 음악, 미술, 교통, 역사 등 다양한 분야에서 전혀 상관없어 보이는 사회 현상들이 서로 밀접하게 연관돼 있으며, 카오스와 프랙털, 지프의 법칙, 1/f 등 몇 개의 개념만으로 그 모든 현상들이 그럴듯하게 설명된다는 사실에 깜짝 놀라길 바란다. 그리고 그것이 우리 삶에 어떤 물음을 던지는지 함께 토론하고 고민하길 원한다.

특히 이 책에 실린 글 중에서 흥미로운 주제들에 대해 그 안에 인용된 논문을 읽어보거나 인터넷 웹페이지에 들어가 보길 간절히 바란다. 이 부분은 이 책을 쓰면서 특별히 신경 썼던 부분이기도 한데, 그것은 이 책에 실린 과학적인 사실들이 몇백 년 동안 검증받아온 고정 불변의 지식이 아니라, 〈네이처〉, 〈사이언스〉 같은 과학저널에 실린 최근 논문들에 담긴 내용이기 때문이다. 과학은 우리와 동시대를 살아가는 과학자들의 '논쟁적이며 때로는 주관적일 수도 있는' 주장들에 다름 아니다. 그들이 어떤 문제에 관심을 갖고 연구하고 있으며 그 문제를 해결하기 위해 어떤 노력을 하고 있는지, 또 우리에게 아직 남아 있는 문제는 무엇인지 함께 생각해 봤으면 좋겠다.

– 정재승, 《정재승의 과학 콘서트》, 어크로스, 2011, 12-14쪽.

이번 개정증보판은 출간 이후 과학계에서 일어난 지난 10년의 일을 정리하고, 새롭게 맞이할 10년을 전망하기 위해 마련됐다. 지난 10년간 편지와 엽서,

이메일과 문자, 최근 들어서는 트위터로 보내준 독자들의 응원과 질문들, 그리고 따뜻한 서평과 날카로운 비평들에 대해 머리 숙여 감사드린다. 속 깊은 응원의 메시지와 따뜻한 서평은 마음 속 깊이 간직하고 있으며, 날카로운 비평들은 대뇌 깊숙이 아로새겨 두었다. 이번 개정증보판에 덧붙여진 '커튼콜'에 수많은 질문들에 대한 대답과 날선 비판에 대한 생각들을 담아보았다. 화려했던 과학 콘서트에 대한 '10년 늦은 커튼콜' 또한 독자들께서 즐겨주길 바란다.

중략

앞으로 다시 10년, 또 얼마나 많은 독자들이 이 책을 유쾌하게 읽고, 이 책의 메시지를 기꺼이 받아들이고, 책 속에 담긴 수많은 예제들을 즐겁게 음미할까? 덧붙여, 지난 10년간 삶의 성장을 이 책과 함께해 온 독자들이 이 책을 다시 얼마나 찾아줄까? 지금은 중고등학교 학생들에게 널리 읽히곤 있지만, 사실 이 책은 애초에 대학생과 일반인들을 위해 쓴 책이다. 그러니 중고등학생 독자들에게 부탁하고 싶은 점은 혹여 어렵다고 느껴지는 대목이 나오더라도 너무 자책하지 마시고, 종종 다시 펴보면 새롭게 보이는 구석이 많을 테니 고등학교를 졸업하더라도 오래도록 즐겨주셨으면 하는 것이다.

- 정재승, 《정재승의 과학 콘서트》, 어크로스, 2011, 6-7쪽.

### (2) 구성 방식에 미치는 영향

처음 이 책을 기획하면서 우리는, 좀 더 구체적이고 친절하며 친근하게 잘 읽힐 수 있는 책, 그리고 자신의 말하기를 스스로 향상시킬 수 있는 힘을 주는 책을 만들어 보자는 데 의기투합했다. 가상의 인물을 등장시켜 에피소드를 구성하는 방법을 시도한 것은 바로 이런 우리의 바람 때문이었다.

이 책에서 우리는 말하기의 이론을 독자들에게 알려 주고자 골몰하는 대신, 등장인물의 에피소드를 들려줌으로써 등장인물에 자신을 비추어 볼 수 있는 기회를 마련해 주고 싶었다. 이를 통해 독자 스스로 자신의 평소 말하기를 뒤돌아 살피고 객관적으로 바라봄으로써 자신의 말하기 능력을 스스로 향상시킬 수 있는 힘을 충분히 가질 수 있을 거라고 믿기 때문이다.

- 신지영 외, 《열려라, 말》, 커뮤니케이션북스, 2010, v쪽.

1998년 12월에 나는 교신자 명단에 있는 사람들에게 이메일을 보내 다음과 같은 질문을 던졌다.

"지난 2천년 동안의 인류의 가장 중요한 발명은 무엇인가? 그리고 왜 그렇게 생각하는가?"

여기에 대한 대답은 1999년 1월 4일《에지》48호에 실렸다. 이메일을 통해 교환된 이 재미있는 토론에 많은 미디어들이 지대한 관심을 기울였고 출판사들 역시 마찬가지였다. 새 천년이 밝아오는 지금 기술과 기술의 미래에 대해, 그리고 서양 사회에서 '서력 기원'으로 알려진 기간 중 어떠한 진보가 있었는가를 깊이 생각하는 사람들의 의견을 한 번쯤 정리할 필요가 있다는 생각에서 나는 이 일을 시작했다. 많은 과학자와 철학자와 기업인들이 답을 보내왔고, 그것들 중 백여 개를 모아 이 책에 실었다. 선정 과정에서 불가피하게 나의 자의적인 판단이 개입되었겠지만 여기에 대해서 사과하지는 않겠다.

이런 책에서 재래식의 목차는 쓸데없이 길고 번거로울 뿐이다. 독자들은 본론으로 곧장 뛰어들어 앞으로 나아가거나 마음에 드는 곳을 선택해 읽을 수 있다. 물론 마음에 드는 저자의 글이 어디에 있는가를 찾기 쉽도록 목록은 필요할 것이다.

– 존 브록만 편, 이창희 역,《지난 2천년 동안의 위대한 발명》, 해냄, 2000, 7-8쪽.

이 책은 전통적인 수사학적 관심사를 작문과정의 수사학을 창출하려는 노력의 일환으로 이루어진 최근의 작문연구 동향을 결합한 것이라 할 수 있다. 이것이 의미하는 바는 필자에게 글을 계획하는 법, 아이디어를 생산하고 조직하는 법, 독자를 위해서 글을 계획하고 고쳐 쓰는 법 등에 대한 일련의 원리와 전략들을 제공하는 것이다. 보다 넓게는 필자에게 글을 잘 쓰게 하기 위해서는 필자 스스로의 인지적 과정이 무엇보다 중요하다는 것을 알려 주고자 하는 의도도 있었다.

이 책은 논문, 기말보고서, 학술적인 주제에 관한 보고서 등을 써야 하는 학생, 업무 관련 보고서를 써야 하는 전문가, 여러 분야에서 뭔가를 써야 하는 사람들과 보다 실제적인 이유로 글을 써야 하는 사람들을 위해서 쓰였다. 이 책은 또한 글쓰기의 본질에 대해서 알고 싶어 하는 사람들에게도 많은 도움을 줄 수 있을 것이다. 이제까지 글쓰기와 관련된 많은 실제적인 접근들이 있어 왔으나, 그것들의 대부분은 주로 어떻게 글쓰기를 해야 하는가에 대한 임시방편적인 충고에 불과했다. 나는 이 책을 통해서 실제 글쓰기의 이면에 존재하는 원리를 알고 싶어 하는 사람들, 그리고 나와 같이 글을 쓰는 동안 이루어지는 사고과정 자체에 대해 알고 싶어 하는 사람들과 함께 대화를 나누어 보고자 한다.

이 책의 첫 번째 장에서는 의미 구성과정으로서의 글쓰기의 여러 복합적인 모습들—사회적이면서도 수사적인 글쓰기 상황 안에 놓여 있는 필자의 사고과정—을 살펴보기로 한다. 제1장에서는 또한 이 책 전반에 걸쳐서 등장하는 몇 가지 주요 개념들을 살펴보게 될 것이다.

제1장 이후부터는 글쓰기 과정 자체에 초점을 둔다. 제2장에서는 영감에 의존하는 방법 등과 같은 글쓰기 과정에 관한 여러 친숙한 이론과 모델 등을 살펴봄으로써, 이 책을 읽는 독자 자신의 글쓰기 전략을 분석할 수 있도록 이해를 도모할 것이다. 제4장은 필자가 어떻게 의미의 내적이면서도 심리적인 표상을 구성해 가는지를 보여 줄 것이다. 이 책의 나머지 부분—제3장, 제5-7장, 제9-12장—은 계획하기, 아이디어 생성하기, 아이디어 조직하기, 독자를 상정하고 글을 계획하기, 글을 평가하고 교정하기 등과 같이 필자가 반드시 다루어야 하는 주요 단계와 과제를 중심으로 구성되어 있다. 각 단계별로 예컨대 아이디어 생산하기 단계에서는 브레인스토밍과 독자에게 이야기하기 등과 같은 다양한 글쓰기 전략들을 제시하였다. 이러한 단계들은 제3장의 서두에 요약해서 제시하였다.

중략

이러한 구성의 목표는 필자가 체계적으로 작문과정의 주요 부분들을 접할 수 있도록 하기 위한 것이다. 이러한 과정들의 부분들로는 계획하기나 독자를 고려하여 계획하기 등과 같이 필자가 처리할 수 있으면서도 지나쳐 버리기 쉬운 과제들을 제시하였다. 또한 이 책에서는 글쓰기 과정에서 접할 수 있는 문제점들을 해결할 수 있는 다양하면서도 유용한 전략과 함께 여러 가지 대안적 방법들을 제시하고자 노력했다.

이 책을 이용하는 교사들에게도 실제적인 도움을 주기 위하여 충분한 연습문제, 상세한 과제, 평가 항목, 보고서 형식에 관한 소개, 실제 교실에서 이용할 수 있는 발견적 전략에 기초한 교수방법 등의 내용을 망라한 상세한 교사 지침서를 마련하였다. 어떤 것이 유용한 전략이라고 사람들에게 제시하는 것만으로는 충분하지 않기 때문이다. 실제적인 전략의 결과는, 교사가 직접 그 새로운 방법을 학생들에게 적용해 봄으로써 드러날 수 있다.

– 린다 플라워, 원진숙 · 황정현 역, 《글쓰기의 문제해결전략》, 동문선, 1998, 10-12쪽.

(3) 표현 방식에 미치는 영향

제1부 '한의학이란'은 한의학의 전반적인 내용을 일반인들이 이해할 수 있도록 소개하고 있는데, 가능하면 보편적인 언어로써, 그러나 유치하지 않게 설명하려고 애를 썼다. 이미 출판된 적지 아니한 한의학 관련서적들이 흥미유발, 민간요법의 소개 혹은 한의사 개인의 홍보용으로 만들어졌지만, 이 책은 상식적이고도 합리적으로 한의학을 이해하려고 하는 독자들을 위하여 쓰인 것이다.

– 최승훈, 《최승훈 교수의 한의학 이야기》, 푸른나무, 1997, 5쪽.

두 번째 책을 준비하면서 나는 고민도 많았고, 여러 번 출간을 미룰 생각도 했다. 내 글이 늘어진다는 인상을 받으면서, 차라리 칭찬받을 때 그만두고 싶은 생각까지 들었다. 처음엔 내 글이 점점 길어져 가는 이유를 잘 몰랐다. 그러다 나중에 가서야 첫째 권은 미지의 독자를 향하여 쓴 것임에 반하여 둘째 권은 나의 독자를 위해서 쓰기 때문에 처음부터 서술방식부터 다를 수밖에 없었음을 알아채게 되었다. 그러니까 첫째 권에는 내 글을 읽어달라고 갖은 애교와 하소연과 독설까지 퍼부어야 했지만 둘째 권에서는 그럴 이유도, 필요도 없었던 것이다. 그러니까 첫째 권처럼 아기자기한 맛은 없어지고 뭔가 진지하게 더 깊은 이야기를 전해주려는 마음이 앞섰던 것이다.

– 유홍준, 《나의 문화유산답사기2》, 창작과비평사, 1994. 6쪽.



물론, 글의 목적과 독자가 글의 내용이나 구성 및 표현 방식 등에 미치는 영향은 독립적인 것이 아니다. 다음의 서평에서도 알 수 있듯이, 글의 내용과 구성, 표현 방식은 글의 목적과 독자에 따라 조화를 이루게 된다.

1. 책의 세계에서 '미'와 '예술'의 세계를 창조한 진중권의 "미학 오디세이 1, 2, 3" 10년 만에 완간

미학 오디세이 3권이 발간되었다. 1, 2권이 발행된 지 10년 만이다. 진중권의 《미학 오디세이 1, 2》는 94년 초판이 발행된 뒤 '독자와 함께 긴 시간을 여행' 해왔다. 그리고 현재에도 그 여행은 세대를 바꿔가며 계속되고 있다. 그 이유는 뭘까? 10년 전이나 지금이나 변하지 않은 저자의 창조적인 글쓰기와 사유, 독특한 구성이 독자들의 눈과 귀를 붙들고 있기 때문일 것이다.

'그들만의 미학'을 '우리들의 미학'으로 끌어올린《미학 오디세이》. 지식문화계의 사람들, 사회문화계의 오피니언 리더들의 긍정적인 평가, 무엇보다 독자들의 열광적인 사랑을 받으며 '90년대를 빛낸 100권의 책'으로 선정될 만큼 그 사회문화적 가치를 인정받고 있는 책이다.

미완의 오디세이로 남아 있던 "미학 오디세이 시리즈"는 현대 예술과 철학을 여행하는 3권이 발간됨으로 완결되었다.《미학오디세이 1, 2, 3》는 독자들에게 '미'와 '예술'의 세계라는 새로운 시공간을 선물한 귀중한 교양서이다. 10년이라는 시간 동안 세대를 바꿔가면서 꾸준하게 대학생과 일반인은 물론 중고생들에게까지 공감을 얻어온 이 책은 근육질의 기계 생산에서 이미지와 컨텐츠의 창조로 옮겨가고 있는 시대를 사는 우리에게 시사하는 점이 매우 크다고 할 수 있다. 우리는 "미학 오디세이 1, 2, 3"의 특징을 통해 문화와 컨텐츠의 관계를 다시 한번 음미할 수 있는 시간을 갖게 될 것이다.

2. 창조적인 글쓰기의 핵심을 드러내다 –《미학 오디세이 1, 2, 3》의 특징 ①

초판이 출간 될 당시는 사회과학 서적이 세상 밖으로 막 나온 때였다. 지금 이야기하는 '대중 교양서'들이 처음 선보이기 시작한 시기다. 지식인들에게는 물론 일반인들에게 미학은 생소한 학문이었고, 상아탑에서도 제대로 된 개론서나 미학사조차 나와 있지 않았다. 저자는 책을 쓰기 위해 원전, 번역서, 세미나를 위한 초벌 번역 등 온갖 자료들을 손에 닿는 대로 구해 읽어야 했다. 그러기에 미학 오디세이에 담긴 내용은 결코 쉬운 내용이 아니다.

저자는 당시 한국에서 연구되고 있지 않은 미학 이론들을 스스로 섭렵할 수밖에 없었고, 스스로 공부해 이해해야만 했다. 우리가 눈여겨봐야 할 점은 이해에서 끝난 것이 아니라, 이를 배경으로 하여 자기만의 독특한 방식으로 다시 되새김질하여 전체 내용을 서술했다는 점이다. 그렇다면 저자는 구체적으로 어떻게 하여 자신의 미학 이론을 재구성한 것일까?

1) 기본 서술 형태 : 문어체와 구어체의 창조적 결합 → 논문식 글쓰기, 일문법적인 글쓰기, 자상하고 쉬운 글쓰기, 재미있는 글쓰기를 완전히 배격하고 생생하고 독창적인 글쓰기의 개척, 디지털 글쓰기와 유사
2) 논의 핵심 파악 : 서양미학사를 가상과 현실의 관계로 파악 → 관점과 핵심, 메시지를 제대로 살려내는 글쓰기
3) 이론의 다양함과 풍부함 : 미학만이 아니라 예술사의 연구 성과, 심리학, 철학, 정신분석학, 정보이론, 기호학 등등의 제 학문의 방법론 등을 함께 다루면서 지식의 세계를 예술적 창조의 세계로 끌어들이는 독특한 매력을 선보임

3. 세 개의 구조가 시간적으로 진행되면서 공간적으로 조화를 이루다 -《미학 오디세이 1, 2, 3》의 특징 ②

이 책의 구성은 3성 대위법이라는 독특한 형식 미학을 도입했다. 이 책이 10년 동안 변함없이 최장기 베스트셀러이자 스테디셀러의 위치를 확보할 수 있었던 것은 상당 부분 그 독특한 구성과 문체의 힘에서 비롯되었다. 문체를 구어에 가깝게, 도판을 활용해 시각성을 강조한 것, 대화라는 형식을 도입한 것이다. 이런 형식적 특성은 디지털 시대의 문화와 맞아떨어지는 측면이 있다. 대위법은 선형적인 글쓰기에 공간성을 부여하는 형식이고, 구어를 닮은 문체 역시 인터넷 글쓰기를 닮았으며, 텍스트와 이미지를 혼용해 시각성을 강조하는 것 역시 청각적인 문자 문화에서 시각적인 영상으로 옮아가는 시대의 흐름과 일치한다. 3개의 구조가 시간적으로 진행되면서 공간적으로 조화를 이루고 있다는 점이다.

1) 에셔(1권), 마그리트(2권), 피라네시(3권) 꼭지 : 기술적 형상 방식 도입 → 에셔, 마그리트, 피라네시라는 화가를 알게 하는 것보다는 그들의 그림이 텍스트

에서 서술되는 내용들을 시각적으로 보여준다.

2) 플라톤, 아리스토텔레스(1, 2권), 디오게네스(3권) 대화 꼭지 : 독자들이 궁금해 할 내용을 포인트로 삼다. → 저자가 공부하면서 이해한 부분의 주요 내용들이다.

3) 본문 서술 : 문어체와 구어체의 중간, 디지털 글쓰기에 가깝다.

– 진중권, 《미학 오디세이3》, 휴머니스트, 2004, 출판사 서평 중에서.

우리는 그동안 지극히 나 중심, 필자 중심의 글을 써 왔다. 독자가 나의 글에서 얻고자 하는 바가 무엇인지를 생각하기보다는 내가 쓰고 싶은 내용을 썼고, 내가 쓰기 편한 글을 썼다. 써야 하는 글이 아니라 쓸 수 있는 글을 쓴 것이다. 그러나 대학교에서, 그리고 졸업 후 사회생활을 하면서 쓰게 될 글들은 대부분 나의 능력에 대한 평가와 직결된다. 그래서 이제는 필자 중심에서 독자 중심의 글쓰기로 전환해야 할 때이다.

### 연습 문제 :

1. 여러 책이나 글을 읽고 글의 목적 및 예상 독자에 따라 글의 내용, 구성 및 표현 방식 등이 어떻게 나타났는지 분석하여 발표해 보자.

2. 내가 속한 학과의 전공 개론서에서 전문 용어를 하나 선택하여 고등학생 혹은 전문 지식이 없는 일반인을 대상으로 설명하는 짧은 글을 써 보자.

### 통합 과제 :

아래에 주어진 과제 중 하나를 선택하여 글의 목적과 예상 독자를 구체적으로 설정하고 예상 독자를 분석하여 글의 내용과 글의 구성 및 표현 방식 등을 생각해 보자.

| 과제(택 1) | 대학 전공과 진로 / 민주주의와 경제 / 문화와 예술 / 생명과 기술 |
|---|---|
| 글의 목적 | |
| 예상 독자 | |
| 독자 분석 | |
| 글의 내용 | |
| 구성 방식 | |
| 표현 방식 | |

## ✓ 글쓰기 점검표

| 점검 항목 | 점검 내용 | 자기 진단 (○ △ ×) | 오류와 수정 내용 |
|---|---|---|---|
| 목적과 독자의 설정 | 제시된 과제를 정확하게 확인하였는가 | | |
| | 글의 목적을 분명하게 세웠는가 | | |
| | 예상 독자를 구체적으로 한정하였는가 | | |
| 예상 독자에 대한 분석 | 예상 독자에 대해 여러 정보를 수집하고 분석하였는가 | | |
| 목적과 예상 독자의 반영 | 글의 내용이 글의 목적과 예상 독자에게 알맞은가 | | |
| | 글의 구성 방식이 예상 독자에게 글의 목적을 달성하기에 효과적인가 | | |
| | 글의 표현 방식이 예상 독자가 읽기에 적합한가 | | |

1.2.

# 발상과 사고의 심화

| 계획하기 1<br>• 목적과 독자에 대한 확인 | ➡ | 계획하기 2<br>• 발상과 사고의 심화 | ➡ | 계획하기 3<br>• 구상과 개요의 조직 |
|---|---|---|---|---|

## 글감 찾기

좋은 글을 쓴다는 것은 어떻게 쓰는가도 중요하지만 무엇에 대해 쓰는가도 중요하다. 무엇에 대해 쓰는가에 따라 집필의 방법이 달라질 수 있으므로 글은 계획 단계에서부터 글의 완성도가 결정되는 것이라고 할 수 있다. 무엇을 어떻게 서술할 것인가의 문제가 결국 좋은 글의 성패를 좌우하는 두 가지 핵심 요소인 것이다.

글을 쓰기 위한 계획을 수립하는 단계에 있어서 자신이 쓰려는 글의 목적과 독자에 대한 이해가 충분히 이루어졌다면, 적절한 글감을 선정할 필요가 있다. 글감은 글의 종류와 목적에 따라 구분해야 하고 주제를 선정한 후 적절한 소재를 반영해야 하는 것이므로 선정 단계에서부터 체계적인 접근 방식이 필요하다.

자신이 쓰려는 글이 논증적인 성격을 가지고 있다면 주장에 따른 분명한 논거를 제시할 수 있는 소재를 가져와야 하며, 설명적인 성격이라면 풍부한 예시와 자료를 통해 독자의 이해를 도울 수 있는 방법을 찾아야 한다. 독자와 목적에 따라 글의 방향이 정해졌다면 글쓰기의 방향성과 소재, 주제의 선정에 이르기까지 통일성을 가질 수 있는 접근 방식이 필요한 것이다.

글감을 선정하기 위해 고려해 볼 사항은 각각의 글이 가진 목적에 따라 다음과 같이 구분할 수 있다.

### 논증적인 성격의 글

· 자신만의 창의적인 주장이 있는가

· 기존의 주장을 극복할 만한 논거가 있는가

· 새로운 주장이 논의의 가치가 있는가

설명적인 성격의 글

· 설명할 대상이 구체적인가
· 설명할 대상을 단계별로 제시할 수 있는가
· 이해를 돕기 위한 풍부한 자료와 예시가 준비되었는가

창조적인 성격의 글

· 대상의 본질에 대해 다루고 있는가
· 독자들에게 새로운 시각을 제공할 수 있는가
· 예술적 감동과 가치를 추구하고 있는가

글의 목적과 설정된 독자에 따라 글감이 선정되었다면, 이를 발전시켜서 논점을 한정할 수 있어야 한다. 논점에 대한 한정은 3가지 요소를 고려할 수 있으며, 어떻게 한정을 하는가에 따라 구체적인 논의가 가능하다.

예를 들어 "고려대학교 학생들의 소비 습관"에 대해 글을 쓰고자 한다면, 시간과 공간, 개념에 대한 한정을 통하여 보다 구체적인 논점을 만들어 낼 수 있어야 한다. 시간에 대한 한정을 진행할 경우 "2014년 고려대학교 학생들의 소비 습관"으로 범위를 제한할 수 있으며, 공간에 대한 한정을 진행할 경우 "2014년 기숙사 거주 고려대학교 학생들의 소비 습관"으로, 개념에 대한 한정을 하는 경우 "2014년 기숙사 거주 19~22세 사이의 고려대학교 신입생의 소비 습관"으로 논점을 변화시킬 수 있는 것이다.

이 같은 논점의 한정은 글감을 매우 구체적으로 만들어 줄 수 있다는 장점이 있다. 포괄적이고 추상적인 글감은 글의 논점을 흐리게 할 뿐만 아니라 글에 대한 깊이도 약화시킬 수 있다. 그러므로 글쓰기의 계획 단계에서부터 논점과 범위를 한정하는 것은 글을 수월하게 쓸 수 있게 만들고 그 내용도 충실하게 만든다.

논점에 대한 한정

· 글감의 시간과 공간 범위를 축소함으로써 구체성을 만들 수 있다
· 개념에 대한 한정을 통하여 논의의 구체성을 만들 수 있다
· 독자에 대한 한정을 통하여 글의 방향성을 구체적으로 만들 수 있다

**연습 문제 :**

주어진 주제의 논점을 한정해 보자.

1) 서바이벌 프로그램의 홍수

2) 대학생의 SNS 활용 실태

3) 유전자 조작을 통한 식량 생산의 증가와 문제점

## 창의적 방법론의 탐구

글감을 찾는 과정에서 반드시 필요한 요소는 자신이 쓰려고 하는 대상을 얼마나 독창적인 시각으로 바라볼 수 있는가이다. 글쓴이가 상투적인 시각으로 대상을 바라볼 경우 그 결과물인 글 역시 상투적이며 천편일률적일 수밖에 없다. 동일한 결론에 도달하더라도 글쓴이 각각의 사고 과정은 차이가 있을 수밖에 없으며, 이 차이 속에서 독창성이 산출된다는 사실을 알아야 한다. 결론은 같을 수 있으나 사고 과정까지 같을 수는 없다.

많은 학생들이 자신의 의견이 타인과 같은 경우 그 과정은 고려하지 않은 채 쉽게 자신의 주장을 타인의 그것에 맞추려는 경향이 있다. 창의적인 주장은 주장 자체에 있다기보다는 어떠한 주장에 도달해 가는 과정의 참신함에서 만들어진다. 서로 다른 시각을 통해 동일한 결과가 산출되었다면 그 결과도 다른 것이라는 점을 이해해야 한다.

그렇다면 대상을 바라보는 창의적인 시각은 어떻게 하여 만들어질 수 있을까. 일정한 소재에 대한 사고를 발전시키는 과정을 통하여 방법을 탐구해 보도록 하자.

가령 "고려대학교"라는 소재를 가지고 글을 쓴다고 가정하였을 때, 위와 같은 사고의 과정을 거친다고 생각해 보자. 먼저 글쓴이는 고려대학교의 대표적인 상징인 '호랑이'와 '민족'의 개념을 가지고 사고가 전개되었을 때 생각할 수 있는 여러 가지 개념들을 나열할 수 있을 것이다. 처음에는 '민족', '호랑이'로 시작된 사고의 과정은 '민족'과 '국가'의 관계, '국가'와 '국민'의 관계로 나아갈 수 있으며, '국민'에게 주어진 '권리'와 '의무'라는 개념으로 확장될 수 있다.

한편 최근 강조되고 있는 세계화의 양상에 따라 '민족'이라는 특수한 개념은 '글

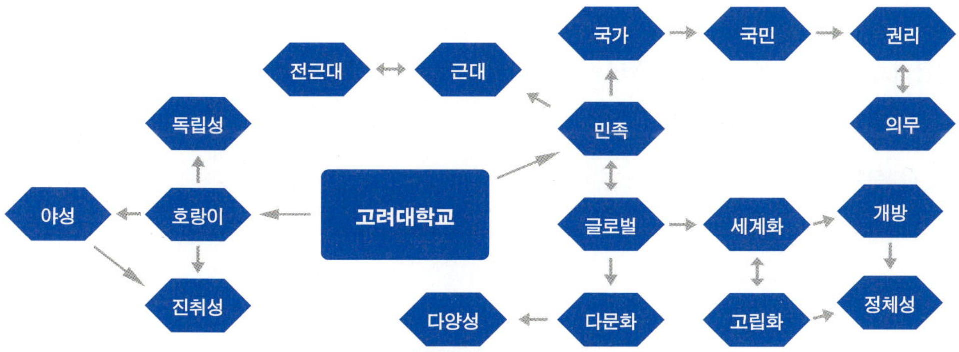

"고려대학교"를 글감의 소재로 하는 경우

로벌'과 '세계화', '개방' 등으로 확장될 수 있으며, 이 과정에서 필연적으로 고민해야 하는 '정체성'의 문제와 '다문화'와 '다양성'의 문제에 도달할 수 있다.

이 같은 과정을 통하여 최초 "고려대학교"라는 추상적인 글감은 구체성을 갖게 된다. 각각의 사고 전개 과정은 가지를 확장하면 할수록 보다 구체적이 될 수 있으며, 각 가지를 통합하는 방식으로 논점을 분명하게 만들 수 있는 것이다.

"세계화 시대의 민족 개념과 고려대학교의 정체성", "민족 개념의 형성과 근대적 교육기관으로서의 고려대학교" 등은 이 같은 사고 과정의 조합을 통하여 구체화될 수 있는 논제이다. 뿐만 아니라 이 같은 주제를 한정하고 제한하는 과정을 통해 보다 미시적이고 구체적인 논점을 포함할 수도 있다. "세계화 시대, 민족 정체성 교육의 필요성과 고려대학교의 교육 방향성 재고", "20세기 초반 민족 개념의 형성과 근대적 교육기관으로서 고려대학교의 역할" 등은 개념과 시기를 한정함으로써 논점이 보다 구체화될 수 있는 예이다.

만일 대상을 바라보는 시각이 보다 창의적이라면 어떤 결과가 나올 수 있는가. "고려대학교"를 철학적 시각으로 접근하거나 심리학, 경제학, 물리학적 시각으로 접근하고, 문학적, 미학적인 시각으로 바라본다면 그 사고의 과정에서 산출될 수 있는 결과물은 신선하고 창의적일 수밖에 없는 것이다.

현대 사회에서는 정보가 무한하게 생산되고 확장된다. 그러나 처음부터 완전하게 창조적인 것은 존재하기 어렵다. 과거와 현재의 문물과 문화, 지식이 바탕이 된 상태에서 이를 회의하고 비판하는 과정에서 새로운 지식 정보는 창조된다. 글감을 바라보는 시각 역시 동일하다. 최초의 대상은 평범하지만 이를 바라보는 글쓴이의 시각이 어떤가에 따라 평범함이 비범함으로 변화할 수 있다.

**연습 문제 :**

다음의 주어진 대상에 대해 자신만의 시각이 담긴 생각의 나무를 만들어 보자.

1) 스마트 기기

2) 다문화 사회

3) 역사 교육

## 주제와 대상의 심화

대략적인 글감을 선정한 후 이를 실제로 이야기할 만한 대상으로 만들기 위해서는 글을 쓰려는 주제에 대한 포괄적인 이해는 물론 깊이 있는 사고 과정과 풍부한 자료가 필요하다. 단순히 사고의 과정 속에서 산출된 주제어들을 표면적으로 이해해서는 좋은 글이 나오기 어렵다. 대상과 주제를 한정하고 이를 발전시키는 과정은 자신이 글을 통해 이야기하려는 것에 대하여 표면과 이면, 현상과 근원 사이의 관계를 심도 있게 성찰함으로써 가능하다.

앞에서 주제와 대상을 한정하는 과정을 통해 생산된 많은 낱말들은 보다 심화된 시각을 만들게 해 주는 단초이며, 출발점이다. 이 낱말들과 낱말들의 조합은 글을 쓰기 위해서 찾아가야 하는 정보의 지도이며 이정표이다. 이 지도에 표기된 이정표들을 어떤 방식으로 찾아갈 것인가가 글을 통해 새로운 지식과 정보를 생산할 수 있는지의 여부를 결정하는 것이다.

현대는 지식 정보 사회이며, 수많은 시공간에 펼쳐진 지식 정보를 어떻게 활용하는가에 따라 제2, 제3의 새로운 지식 정보가 생산된다. 낱개로 떨어져 있는 정보는 모래알과 같아서 글을 쓰는 주체가 조합하고 조직하지 않으면 뭉쳐지지 않는다. 정보의 결합과 재조직은 그런 의미에서 새로운 형태의 지식과 정보를 만들어 내는 방법인 것이다.

근대 이전의 지식 정보는 대부분 책의 형태로 후대에 전해졌으며 문자는 이 같은 정보를 전달하기 위한 필수적인 수단으로 발전해 왔다. 문자를 가지고 있는가, 그렇지 못한가는 한 국가는 물론 민족의 흥망을 결정하는 중요한 인자로 작용하기도 했던 것이다. 이에 비하여 현대에는 지식 정보가 책에만 한정되어 존재하는 것이 아니라 다양한 매체에 분산되어 존재한다. 이제는 무한히 넓은 정보의 바다

속에서 각종 정보를 얼마나 빠르고 정확하게 검색하고 이를 활용하는가가 중요한 시대가 된 것이다.

정보를 효율적으로 찾고 검증한 후 활용하기 위해서는 두 가지 방법을 고려해 볼 수 있다. 우선 책이나 논문 등에 수록된 참고 문헌과 인용 주석을 확인한 후 활용할 만한 자료를 추적해 나가는 방식이다. 대부분의 연구서와 교재에는 풍부한 참고 문헌은 물론 추천하고 있는 책과 글의 목록이 붙어 있다. 이는 글쓴이가 활용한 또 다른 정보의 목록이므로, 이를 활용하여 자신의 관심 분야를 심도 깊게 찾아가는 것도 좋은 공부의 방법일 수 있다.

이에 비하여 기본이 되는 적절한 연구서나 교재가 충분하지 못할 경우에는 직접 정보를 검색하여 찾아가는 것이 필요하다. 정보를 포괄적으로 검색해 나감으로써 흩어져 있는 정보를 하나의 방향으로 묶어 갈 수 있는 것이다. 대부분의 정보 검색 도구들은 많은 인터넷 포털에서 제공하고 있지만, 이를 통하여 검색을 진행할 경우, 정보의 신뢰도는 물론 그 결과의 수량에도 많은 문제가 생길 수 있다. 대학생이라면 자신이 전공하고 있는 분야의 유용한 검색 도구들을 알고 있어야 하며, 이를 활용할 수 있는가의 여부는 자신의 지식 경쟁력에 있어서도 큰 차이를 만든다.

정보 검색의 단계

· 고려대학교 도서관 검색(http://library.korea.ac.kr/)
· 국회도서관 검색(http://www.nanet.go.kr/)
· 국립중앙도서관 검색(http://www.nl.go.kr/)
· 한국교육학술정보원 검색(http://www.riss.kr/)
· 한국 연구재단 기초학문자료센터 검색(http://www.krm.or.kr/)
· 구글 스칼라 검색(http://scholar.google.co.kr/)

대학생이 우선적으로 활용할 수 있어야 하는 정보 검색 도구들은 위에 표기된 것들 정도이다. 고려대학교 도서관에는 300만 종 이상의 도서와 비도서 자료들이 구비되어 있으며, 많은 자료들이 온라인으로 제공되고 있다. 국회도서관에서는 450만 종 이상의 자료를 검색하고 활용할 수 있으며, 국립 중앙도서관은 900만 종의 자료를 보유하고 있다.

이 세 종류의 검색을 통해서도 충분한 자료를 얻지 못했을 경우, 한국교육학술

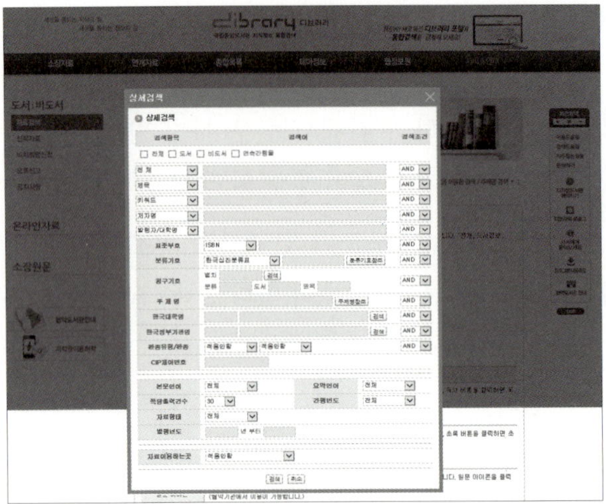

국립중앙도서관 상세 검색 예시

정보원과 한국 연구재단의 기초학문자료센터, 구글 스칼라 검색 등을 활용할 수 있다. 한국교육학술정보원의 경우 전국의 모든 대학 도서관 소장 자료와 전문 학회 자료 등을 검색하고 활용할 수 있으며, 기초학문자료센터의 경우 한국 연구재단에서 진행된 각종 연구의 성과물을 검색하고 다운로드 받을 수 있다.

각 전공 분야의 전문 자료를 활용하기 위해서는 다음과 같은 검색 도구들을 기억해 두면 편리하다. 사회과학, 자연과학 분야의 대표적인 전문 검색 도구들은 다음과 같다.

### 사회과학 검색 도구

- ICPSR(http://www.icpsr.umich.edu/)
- Roper Center(http://www.ropercenter.uconn.edu/)
- CESSDA(http://www.cessda.org/)
- HRAF(http://www.yale.edu/hraf/)
- 한국 사회과학자료원(http://www.kossda.or.kr/)
- 한국 사회과학데이터센터(http://www.ksdc.re.kr/)

우선 ICPSR(Inter-university Consortium for Political and Social)은 미국의 대표적인 사회과학 분야의 데이터베이스이며, 경제, 교육, 정치, 사회 분야의 다양한 통계 자료를 제공하고 있다는 특징이 있다. Roper Center 역시 사회과학 분야의 자료들을 풍부하게 보유하고 있으며, 특히 여론조사 부분의 정보를 활용할 때에 유용하게 활용

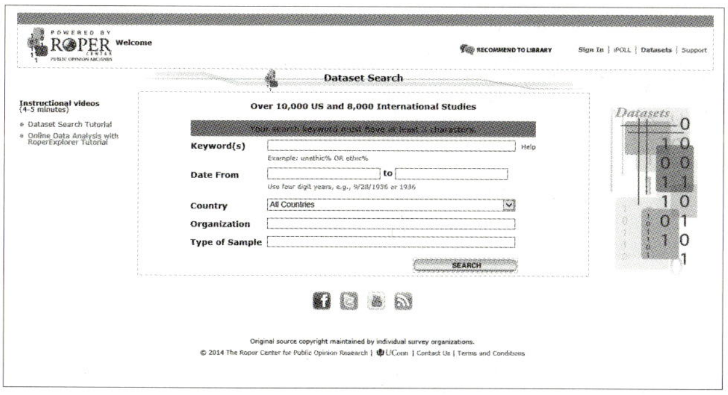


Roper Center의 dataset 검색 화면

할 수 있다. CESSDA(Council of European Social Science Data Archives)는 유럽 연합의 대표적인 아카이브로서 각국의 사회과학 관련 자료들을 통합적으로 활용할 수 있다는 장점이 있다.

### 자연과학 검색 도구

· NSDL(http://www.dlnet.vt.edu/)

· BioMed(http://www.biomedcentral.com/)

· PubMed Central(http://www.pubmedcentral.nih.gov/)

· 한국 과학기술인용색인(KSCI : http://ksci.kisti.re.kr/)

· 과학기술학회마을(http://society.kisti.re.kr/)

· 과학기술지식정보시스템(http://science.knowledge.go.kr/)

NSDL(National Science Digital Library)은 우주, 항공 및 생명 공학 분야 등의 학술 자료를 검색할 수 있는 특징이 있으며, BioMed나 PubMed Central은 의학과 생명과학 분야의 세계적인 연구 성과들을 검색할 수 있다.

이와 같은 각 분야의 전문적인 검색 도구들을 활용하면 다양한 논문은 물론 통계와 데이터 자료를 풍부하게 접할 수 있다. 물론 이 같은 검색 도구는 글쓴이가 글을 쓰는 과정을 심화하기 위해서 필요한 것임을 잊지 말아야 한다. 무엇보다 중요한 것은 검색을 통하여 얻을 지식과 정보를 글쓴이가 주체적으로 연구, 학습하여 자신의 것으로 만들어야 한다는 점이다. 주제와 대상에 대한 논의를 심화하기 위해 정보 검색이 필요한 것이므로 검색 자체에 부여된 의의보다 자료를 어떻게 습득하고 공부하는가에 초점이 맞추어져야 하기 때문이다.

**연습 문제 :**

1. 다음에 주어진 대상에 대해 각 전문 검색 도구를 활용하여 정보를 습득하도록 해 보자.

   1) 근대적인 인간

   2) 생산성의 향상과 복지

   3) 나노 기술의 발달

2. 다음에 주어진 글을 읽고 주제문을 찾은 후 자신만의 창의적인 사고 과정을 통하여 새로운 주제를 만들어 제시해 보도록 하자.

(과정 : 주제문의 추출 → 창의적인 시각의 접목 → 한정과 제한 → 새로운 주제문의 산출)

19세기 이전의 동아시아는 공통된 교과서를 가지고 있었다. 유학교육은 초등과정이 《천자문》, 《소학》, 《18사략》, 《통감》이고 중등과정이 《논어》, 《맹자》, 《중용》, 《대학》이며 대학과정이 《시경》, 《서경》, 《주역》, 《좌전》, 《예기》, 《주례》, 《의례》였다. 이 이외에 시 짓기가 일반교양이었으므로 《당음》, 《연주시》, 《고문진보》를 암송하였다. 불교교육은 초등과정이 《서장》, 《선요》, 《도서》, 《절요》이고 중등과정이 《금강경》, 《원각경》, 《능엄경》, 《기신론》이며 대학과정이 《화엄경》이었다. 이 이외에 참선이 일반교양이었으므로 《단경》과 《염송》을 암기하였다. 유학교육이건 불교교육이건 시 짓기를 교양의 중심으로 존중한 데에 동아시아 전통교육의 특색이 있다. 시 짓기는 취미가 아니라 지식인 됨의 필수조건이었다. 동아시아의 전통사회에서 시 짓기는 단순히 생각과 느낌을 평측에 맞추어 표현하는 것 이상의 심미적 훈련을 요구하였다. 서거정의 《동인시화》에 의하면, 고려 예종 때 시인 강일용(康日用)은 몇 번이나 비를 무릅쓰고 천수사(天水寺)의 남쪽 계곡에 가서 해오라기를 바라보곤 한 끝에 "날아서 푸른 산의 허리를 가르네"라는 시구를 얻고 "비를 무릅쓰고 계곡에 다니기를 그치지 않은 보람이로다"라고 기뻐하였다 한다. 강일용은 비할벽산요(飛割碧山腰)의 할(割) 자 한 자를 얻기 위하여 오래도록 고심한 것이다. 문화란 이처럼 한 자 반 자를 두고 고심하는 섬세한 정신의 산물이다. 이런 관점에서 살펴볼 때 현재의 동아시아에는 문화가 없다고 해도 지나친 말이 아닐 것이다.

19세기 이전의 동아시아 문화는 《화엄경》과 《주역》으로 대표되는 만인의 교과서에 토대하여 자유와 운명, 사실과 가치의 조화를 성취하고 있었다. 그릇된 존재자가 세계의 구성 원리에 검은 그림자를 드리우는 경우가 있다 하더라도 이러한 그림자는 존재자를 존재자로 규정하는 존재의 광휘를 더욱 뚜렷하게 강조하는 우연의 계기에 지나지 않았다. 존재의 이해가 존재자에 대한 존중이 되고 존재자에 대한 존중이 자신의 기쁨이 될 수 있었던 시대를 우리는 긍정의 문화라고 부를 수 있을 것이다. 19세기 이전의 동아시아 문화에 내재하는 인식소 체계와 20세기 이후의 동아시아 문화에 내재하는 인식소 체계 사이에는 인식론적 단절이 있다. 문화의 상대적 자율성을 고려하지 않고 태초 이래의 모든 시대에 적용되는 민중의 논리에는 납득할 수 없는 면이 적지 않다. 중세의 사회적 대립을 근대의 사회적 대립과 동일하게 생각할 수는 없다. 개인을 구속하는 사회의 체계가 느슨했던 시대에 사회계급의 첨예한 대립은 예외적인 현상에 지나지 않았다.

– 김인환, 〈동아시아 문학교육의 전통〉, 《의미의 위기》, 문학동네, 2007, 11-12쪽.

**통합 과제 :**

아래에 주어진 과제 중 하나를 선택하여 대상을 한정한 후 세부적인 글감을 만들어 보고, 이를 바탕으로 주제를 설정하여 보자.

| 과제(택 1) | 대학 전공과 진로 / 민주주의와 경제 / 문화와 예술 / 생명과 기술 |
|---|---|
| 시간 한정 | |
| 공간 한정 | |
| 개념 한정 | |
| 주제 한정 | |

## ✓ 글쓰기 점검표

| 점검 항목 | 점검 내용 | 자기 진단 (○ △ ×) | 오류와 수정 내용 |
|---|---|---|---|
| 주제의 창의성 | 만들어진 주제가 창의적인가 | | |
| 대상의 명료성 | 논의 대상이 구체적인가 | | |
| 글감의 한정 | 추상적이고 포괄적인 글감을 구체적으로 한정하고 있는가 | | |
| 검색 도구의 활용 | 글감과 주제를 다양한 도구를 통해 검색할 수 있는가 | | |
| 검색 결과의 활용 | 검색 결과로 산출된 내용이 활용이 가능한 것인가 | | |
| 주제와 대상의 심화 | 창의적 주제를 한정하여 구체화한 후 새롭게 조직할 수 있는가 | | |

1.3.

# 구상과 개요의 조직

| 계획하기 1<br>• 목적과 독자에 대한 확인 | ➡ | 계획하기 2<br>• 발상과 사고의 심화 | ➡ | 계획하기 3<br>• 구상과 개요의 조직 |
|---|---|---|---|---|

## 구상과 개요란

이 장은 글쓰기의 과정 중 계획하기의 마지막 단계에 해당한다. 앞서 목적과 독자를 확인한 후 글의 주제와 사고를 심화해 보았다면 이를 통합하여 전체적인 글의 얼개를 구상(構想)해 보는 것인데 이는 개요의 조직을 통해 구체화해 볼 수 있다. 구상이란 글을 완성하기 위해 갖추어야 할 내용이나 형식의 짜임새에 대하여 미리 생각해 보는 과정을 의미한다. 즉 글의 주제를 효과적으로 표현하기 위한 전개 방식을 구조적으로 체계화해 보는 단계이기 때문에 건축으로 비유하면 건물의 설계도에 해당하는 것이다. 짜임새와 완성도가 높은 설계도가 건축 과정의 효율성을 높이고 결과물의 질적 향상을 담보하듯이 글을 구상해 보는 단계는 훌륭한 글쓰기의 기본이자 근간이 되는 과정이라고 할 수 있다.

이러한 구상의 실제적 작업에 해당하는 개요의 조직 과정은 글의 전체 주제나 단락별 핵심을 간추려 보는 일이 중심이 된다. 글의 목적과 독자, 주제를 다시 한 번 환기하면서 효과적이고 적절한 방향으로 글의 얼개를 완성해 보는 것이다. 이러한 개요 작성에서 반드시 유념해야 할 사항을 정리해 보면 다음과 같다.

## 개요 작성 시 유의해야 할 사항

1. 글의 목적, 예상 독자에 부합하는 방향으로 주제가 구체화되고 있는가
2. 글의 단계별 흐름에 따른 논지 전개가 일관성을 유지하고 있는가
3. 축약, 삭제하거나 보완, 첨가해야 할 사항은 없는가
4. 각 단계의 상위 범주와 하위 항목들 간의 관계가 유기적인가
5. 사용된 어휘들이 각 단계별 주제를 표현하는 데 있어 적절한가

## 개요의 실제

1.1. 유교적 질서가 강하게 느껴지던 20세기 초반에만 해도 "공자 말씀 같은 소리 그만해" 하는 말이 있었다. 되풀이되는 좋은 말씀은 듣기 좋은 것이 아니다. 사실 그러한 말은 (말하는 사람의 권위를 세워주기는 하겠지만) 사람들을 물리게 할 뿐 아니라, 거기에 들어 있는, 말씀대로만 하면 문제가 없을 것이라는 현실관은 문제 해결에 별 도움이 되지는 않는다. 애덤 스미스의 경제학에 함축되어 있는, 사람들이 알아서 자기의 이익을 추구하면 결국 그것은 나라를 부강하게 할 것이라는 명제는 경제학적인 타당성을 넘어서, 좋은 말씀으로부터의 해방을 약속하는 것이었다. 마르크스의 핵심적 통찰은 삶의 문제 해결이 개인의 뜻이나 노력이 아니라 사회 구조의 혁명적 변화에 달려 있다는 것이다. 그 관점에서 개인 차원에서의 선의나 도리는 큰 의미를 갖지 못한다. (이러한 도덕적 강제로부터의 해방은 도덕을 없애는 것이 아니라 그 책임을 개인의 자유 영역으로 옮긴다는 것이지만, 그것은 방종과 증오와 폭력을 정당화하는 현실 효과를 갖는 경우가 많다.)

1.2. 사회과학과는 달리, 인문과학 또는 인문학적 추구는 대체로 사회의 구조적 역학 관계의 분석으로부터 일정한 거리를 갖는다. 그 관심의 중심은 인간의 본성이나 존재론적 근거에 대한 반성적 이해에 있다. 그 결과 인문학의 발언은 객관성을 잃고 도덕적 훈계에 빠져 부질없는 좋은 말씀 또는 거룩한 말씀이 되기 쉽다. 그러나 다른 한편으로 그것은, 인간존재의 근본에 이어지는 것인 만큼 때로는 보다 넓고 긴 관점에서의 진실을 표현할 수도 있다.

2.1. 지난 달 말 부산에서는 '다문화와 보편주의'라는 주제 하에 유네스코 주최로 '세계인문학포럼'이라는 회의가 열렸다. 이 회의에서의 선·후진국 여러 나라의 인문학자들의 발표들은 세계화와 더불어 심각해지고 있는 세계적인 문제들 — 환경 조건의 악화, 국가 간 또 사회 내의 빈부 격차 심화, 거기에서 일어날 수 있는 갈등 문제에 대하여 우려를 표현하고 또 대책을 촉구하는 것이었다. 대책으로는 주로 평화로운 인류 공동체를 위한 새로운 인간주의 또는 인도주의가 이야기되었다.

2.2. 대책으로서 이러한 인간주의를 상기하는 것은 필요한 일이라고 하겠지

만, 문제는 그것을 위한 현실적 수단이 무엇인가 하는 것이다. 오늘의 세계적인 문제를 생태환경의 위기에 중점을 두고 논하면서, 유엔(UN) 대학의 존 클래머 교수가 그 강연의 끝에 강조한 것도 이 점이었다. 그러나 그도 NGO와 같은 사회운동 단체의 움직임을 제외하고는 별다른 현실적 방편을 제시하지는 못하였다. 보다 근본적인 대책으로 대학의 교육과 연구 방향을 바로잡을 것을 말했지만, 이것은 매우 장기적인 관점에서의 희망 사항에 불과하다고 할 것이다.

3. 프린스턴 대학의 폴 윌리스 교수는 변형된 형태이지만, 오늘의 문제에 대한 마르크스주의적 이해를 가지고 있었다. 논제로 삼은 것은 그가 일찍이 연구했던 영국 노동 계급의 '생활문화'였는데, 그 문화에서 발견할 수 있는, 자본주의 체제에 대한 노동계급 젊은이들의 거부감, 그리고 거기에서 나오는 유대감을 근거로 하여, 새로운 보편적 인간 윤리—모든 인간의 고통에 대한 공감 그리고 인간적 위엄의 존중을 내용으로 하는 보편 윤리가 나올 수 있을 것이라고 말했다. 한 가지 문제는, 이러한 보편 윤리의 태동을 위한 동력이 없어질 수 없다고 말하면서도 윌리스 교수 자신이 인정하다시피, 세계 자본주의 문명의 여러 문제들에 대한 책임을 물을 수 있는 주체, 또 그에 대한 대항책이 분명치 않다는 것이다.

4.1. 세계를 움직이고 있는 동인들은 너무나 착잡하고 다원적이다. 상황의 복합성에 대한 가장 흥미로운 지적의 하나는 저명한 현상학자인 알폰소 링기스 펜실베이니아 주립대학 명예교수의 '풍요의 시대'라는 제목의 발표에서 볼 수 있었다. 링기스 교수는 다른 진단자와 마찬가지로 우려되는 문제 영역으로 생태 환경 훼손, 국가의 윤리 규제를 넘어가는 다국적 기업의 과대화, 증대하는 빈부 격차들을 언급하였다. 그러나 그는 동시에 과학 기술의 발달, 생산성 증대, 새로운 과학적 이기(利器)의 발명, 특히 인간의 생물학적 운명을 바꿀 수 있는 생물공학의 발달 등, 위태로우면서도 새로운 가능성을 열어 놓는 발달의 사례 등에 주목했다.

4.2. 링기스 교수에 의하면 인간 존재의 특징은 풍요 지향, 풍요 창조력이다. 인간 생존의 바탕 자체가 풍요를 가리킨다. 사람이 지금까지 찾아내고 앞으로 확인할 가능성이 있는 생명체의 총수는 870만 종에 이른다. 시야를 좁혀 1척(약 30.3cm) 평방의 땅을 3인치 깊이로 파 보면, 거기에서 9759마리의 절족동물이 발견된다. 눈을 높이면 우주에는 1250억 개의 은하계가 있고, 지구와 비

슷한 유성의 수는 20억 개로 추측된다. 풍요의 바탕으로부터 발명과 발전이 나온다. 그러나 이 발명에는 '망상의 풍요'가 포함될 수 있다. 대표적인 것이 다른 사람과의 비교 경쟁에서의 과시를 돕는 유명 브랜드의 초(超)고가 상품 같은 것이다. 오늘날 미국에서 생산되는 상품의 3분의 1이 5%의 부자들을 위한 것이고 60%가 20%의 상층 소득자를 위한 것이다. 얼마 전에는 막대한 국가예산의 지원으로 파산을 면한 은행의 장이 1억2500만달러의 퇴직금을 받았다. 링기스 교수의 생각으로는 68세의 노인에게 이러한 금액은 비교 우위의 존재감을 확인하는 것 이외에는 별다른 의미를 가질 수 없다.

4.3. 링기스 교수는 다른 한편으로 대책의 가능성이 풍부하게 되어 가고 있는 것이 오늘의 세계라고 생각한다. 망상적 풍요는 다른 사람들의 삶의 자원을 박탈하는 결과를 낳는다. 하나의 사회적 테두리 안에서, 지나친 빈부의 격차는 정치적인 불안정의 요인이 될 뿐만 아니라 결국은 경제 성장의 방해 요인이 된다. 세계적으로 볼 때, 풍요한 나라들의 국민 총생산의 0.7%를 문제 해결에 사용한다면, 하루 2달러 이하의 빈곤 속에서 살고 있는 43%의 인류의 삶이 빈곤선 이상으로 끌어 올려질 수 있다. 여러 기술적 발전 또한 문제해결의 잠재력을 가지고 있다. 녹색 에너지, 에너지 절약형의 제품 개발, 건전한 목재 생산을 위한 새로운 삼림(森林) 조성법 등은 기후변화의 문제를 완화할 수 있다. 해산물 양식법은 근년에 식량자원을 크게 늘렸다. 새로운 제염(除鹽) 담수 제조법은 식수문제의 해결을 보다 용이하게 한다.

5.1. 그러나 오늘날 여러 사회와 인류가 부딪치는 문제들을 적절하게 해결하는 데에는 새로운 문화와 윤리—인간주의가 필요하다. 링기스 교수의 의견으로는 새로운 인간주의는, 인류로 하여금 앞으로 '망상의 풍요'에서 삶의 일시적인 흥분을 찾는 것이 아니라 "자연과 우정과 이방인과의 만남과 앎과 문화에서 풍요의 고양(高揚)을 찾게 할 것이다". 실질적인 차원에서 오늘의 문제를 충분히 고려하고 방향을 바르게 하는 데에는 여러 전문가—기후학, 지리학, 생물학, 환경학, 지리경제학, 법학, 행정학, 정보, 문화와 윤리학의 전문가 그리고 정치 지도자들의 도움이 필요하다. 어떻게 이 도움, 그 지혜를 하나로 모이게 할 것인가? 링기스 교수의 제안의 주안점을 현실 방편의 관점에서 해석하면, 필요한 것은 정치적 리더십이다. 그리고 독재적 권력의 가능성을 배제한다고 할 때, 새로운 인간주의 또는 진정한 보편적 윤리의 확장에 호소하는 것이 방편이 될

수밖에 없다.

5.2. 오늘의 세계 현실과 전망에 대한 링기스 교수의 비판적이면서 긍정적인 진단이 맞는 것이든 아니든 그 복합성에 비추어 문제의 인식과 해결에 대한 다양한 고려가 있어야 한다는 것은 분명하다. 그러나 이것을 일단 매개하는 것은 방금 말한 바와 같이 정치이다. 그런데 오늘의 우리 정치 현실을 볼 때, 정치가 합리적이고 책임 있는 해결책을 집약할 수 있는 것으로 말하기는 심히 어려운 것이 아닌가 한다. 비방과 욕설과 폭력을 불사하는 파당적 투쟁이 정치라는 것이 우리의 정치 인식이다. 우리의 정치에서 '망상의 행동주의'를 넘어 공동의 문제에 대한 숙고와 보편 윤리에 입각한 진정한 행동을 말하는 것은 '좋은 말씀'에 불과한 것으로 보인다.

– 김우창, 〈새로운 문화 · 윤리, 인간주의가 필요하다〉, 《경향신문》, 2011년 12월 19일.

위의 예문은 '오늘날의 세계적인 문제들을 해결하기 위해서는 인간주의를 근간으로 하는 새로운 문화 · 윤리와 정치 의식이 필요하다'는 주제로 완성된 글이다. 글쓴이는 환경 조건의 악화, 빈부 격차의 심화 등과 같이 범세계적인 문제의 심각성을 제기하고 이를 해결하기 위한 방안으로서 새로운 인간주의 또는 인도주의의 모색이 절실함을 강조하고 있다. 개요는 보통 글을 쓰기 전에 완성하는 것이지만 이처럼 완성된 글에 대해 역으로 개요를 작성해 보는 것은 글쓰기의 구상 단계를 연습하기 위한 좋은 방법이 될 수 있다. 훌륭한 글일수록 단락 내 구성은 물론 전체 흐름이 체계적이기 때문에 이처럼 완성된 글의 개요를 작성해 본다면 개요를 작성하는 실력이 보다 쉽게 향상될 수 있을 것이다. 우선 위의 글에서 글쓴이의 주장이 진행되는 흐름을 중심으로 글의 1차 개요를 작성해 보면 다음과 같다.

### 1차 개요

제목 : 새로운 문화 · 윤리, 인간주의가 필요하다

주제문 : 오늘날의 세계적인 문제들을 해결하기 위해서는 인간주의를 근간으로 하는 새로운 문화 · 윤리와 정치 의식이 필요하다

서론 1. 사회 구조적 문제와 인문학의 필요성

1.1. 개인적 선의의 한계와 사회 구조의 변화

1.2. 인문과학 또는 인문학적 관점의 추구

본론 2. 세계적 차원의 문제를 해결하기 위한 담론과 한계

2.1. '세계인문학포럼'의 쟁점과 의의

2.2. 현실적 정책과 수단의 한계

3. 보편 윤리에 대한 폴 윌리스 교수의 견해

4. '풍요'의 문제에 대한 링기스 교수의 견해

4.1. '풍요의 시대' 이면에 증대되는 문제점들

4.2. '망상의 풍요'로 지칭될 수 있는 오늘날의 문제 상황

4.3. '망상적 풍요'를 극복하기 위한 대책의 필요성

결론 5. 세계적 차원의 문제 해결과 대안의 모색

5.1. 새로운 인간주의, 정치적 리더쉽 요청

5.2. 보편 윤리에 입각한 정치적 행동

위의 1차 개요는 각 단락별로 상위 항목의 주제와 하위 항목의 논거들을 파악해 본 후에 서론, 본론, 결론으로 논의의 흐름을 정리해 본 것이다. 위와 같이 핵심어나 화제 중심으로 개요를 작성해 보면 앞으로 작성하게 될 글의 전체 방향과 흐름을 한눈에 파악해 볼 수 있게 된다. 또한 각 단락별 주제나 논거의 적절성에 대해서도 비교적 간결하고 선명하게 검토해 볼 수 있는 장점이 있다. 그런데 이러한 화제 중심의 개요는 자칫 논의를 추상적이게 할 수 있는 위험성도 있기 때문에 유의해야 한다. 1차적으로 핵심어를 중심으로 하는 글의 얼개를 완성해 본 후에 좀 더 구체적인 내용으로 살을 붙여서 논의를 확장해 본다면 이후 글을 집필하는 과정이 훨씬 수월해질 수 있다. 위의 1차 개요를 기본으로 한 2차 개요의 예시는 다음과 같다.

## 2차 개요

제목 : 새로운 문화 · 윤리, 인간주의가 필요하다

주제문 : 오늘날의 세계적인 문제들을 해결하기 위해서는 인간주의를 근간으로 하는 새로운 문화 · 윤리와 정치 의식이 필요하다

서론 1. 사회 구조적 문제 해결이 필요하며 인문학의 활용이 요청된다.

1.1. 삶의 문제 해결에 있어 개인적 선의는 한계를 보이고 있기 때문에 사회 구조적 변화가 필요한 시기이다.

1.2. 인간 존재의 근본과 연계되어 반성적 이해를 가능케 하는 인문학의 사회적 효용성이 요청된다.

본론 2. 세계적 차원의 문제를 해결하기 위한 담론과 한계가 공존하고 있다.

2.1. '세계인문학포럼' 회의에서 제기된 다문화 보편주의와 새로운 인간주의의 내용에 주목해 볼 필요가 있다.

2.2. 인간주의를 실현하기 위한 현실적 대책과 수단은 현재 한계에 봉착해 있다.

3. 폴 윌리스 교수의 견해에 따르면 모든 인간의 고통에 대한 공감과 인간적 위엄의 존중을 중심으로 하는 보편 윤리가 요청된다.

4. '풍요'의 문제에 대한 링기스 교수의 견해에 주목해 볼 필요가 있다.

4.1. '풍요의 시대' 이면에는 생태 환경 훼손, 다국적 기업의 과대화, 중대한 빈부 격차 등의 문제가 급증하고 있다.

4.2. 비교 경쟁과 과시를 주목적으로 하는 오늘날의 풍요 문화는 '망상의 풍요'로 지칭될 수 있을 만큼 문제적이다.

4.3. 선진국의 노력과 기술적 발전 등을 통해 '망상적 풍요'로 인한 빈부 격차가 해결되어야 한다.

결론　5. 세계적 차원의 문제 해결과 대안의 모색

5.1. 새로운 인간주의, 보편적 윤리의 확장에 기반한 정치적 리더십이 필요하다.

5.2. 공동의 문제에 대한 숙고와 보편 윤리에 입각한 정치적 행동이 요청된다

위의 개요를 보면 글쓴이는 서론에서 사회 구조적 변화의 필요성과 인문학의 효용성을 제시하고 있으며 결론에서는 이러한 문제 제기에 대한 구체적 해결 방향에 대해 강조하고 있다. 그리고 이러한 결론에 이르기 위해 본론에서는 '세계인문학 포럼'에서 제기된 논의, 폴 윌리스 교수의 견해, 링기스 교수의 견해 등이 구체적인 논거로 제시됨으로써 논증의 설득력이 강화되고 있다. 본격적으로 글을 쓰기 전에 이처럼 각 단락의 주제와 논증 과정에 대해 개요를 작성하며 전체적인 글의 방향을 구상해 보는 것은 자신의 의도를 선명하고 효과적으로 드러내는 글을 완성하기 위한 가장 좋은 방법이라고 할 수 있다.

또한 굳이 1차, 2차 개요를 구분하지 않더라도 우선 자신이 전달하고자 하는 주제나 글감을 중심으로 각 단락별로 주제나 핵심어를 배치해 본 후에 점차 논의를 확장해 나가는 것이 자연스러운 절차이다. 이러한 과정을 거친다면 상위 항목과 하위 논거들의 유기적 관계라든지 논거들의 논리적 배열 순서 등을 효과적으로 파악할 수 있는 것이다. 나아가 주제의 일관성이나 단락 내 유기성에 유의하면서 문장 단위로 논의를 구체화하고 사례를 첨가하는 등의 과정을 진행해 나간다면 완성도 높은 글을 쓰기 위한 준비 작업이 완료되었다고 해도 과언이 아니다.

**연습 문제 :**

1. 다음의 사례는 학생이 작성한 개요문에 해당한다. 앞서 제시한 〈개요 작성 시 유의해야 할 사항〉을 적용해 보면서 개요의 수정 방향을 토론해 보자.

> 주제 : 해안 지역 환경오염 방지
>
> 서론　해안 지역 환경오염의 심각성
>
> 본론　1. 해안 지역 환경오염의 요소
>
> 1.1. 어촌 거주자들의 건강 악화
>
> 1.2. 해양 생산물의 안전성 위협
>
> 1.3. 산업 폐기물로 인한 해양 생태계 위협
>
> 2. 해안 지역 환경오염의 원인
>
> 2.1. 어촌 지역의 무분별한 개발 및 산업화
>
> 2.2. 산업 폐기물과 생활 쓰레기의 재활용
>
> 2.3. 선박 등에서의 오염물 유출
>
> 2.4. 화학 성분을 이용한 양식 방법의 확산
>
> 2.5. 대규모 어업 폐기물에 대한 관리 소홀
>
> 3. 해안 지역 환경오염 방지를 위한 방안
>
> 3.1. 어촌 지역의 생태계 보존을 위한 제도적 보완
>
> 3.2. 수산물 유통 구조의 개선
>
> 3.3. 어촌 지역 경제 활성화를 위한 정책 마련
>
> 3.4. 친환경적 수산물 양식을 위한 적극적 노력
>
> 3.5. 어업 폐기물의 감소 및 재활용을 위한 연구 지속
>
> 결론　해안 지역 환경오염 방지를 위한 노력 촉구

2. 다음의 글은 어떠한 개요를 토대로 완성되었을지 고민하며 개요를 작성해 보자.

세상에는 행복한 사람보다 불행한 사람이 훨씬 더 많다. 행복한 사람의 삶은 비슷비슷하다. 재산, 지위, 미모, 건강…. 그러나 불행한 사람의 사연은 구구하다. 더없이 행복해 보이는 사람에게도 숨은 불행이 있기 마련이다. 러시아의 대문호 톨스토이의 명작 '안나 카레니나'의 첫 구절은 이런 요지로 세상살이를 압축한다. 고래로 문학은 불행한 사람이 의지하는 행복정(幸福錠)이다. '나라가 불행하면 시인이 행복하다(國家不幸詩人幸).' 이는 청나라 문인 조익(趙翼)의 명구다.

반면 법은 불행한 사람을 더욱 옥죄는 족쇄였다. 이유 여하를 막론하고 법에 얽힌 사람은 불행하다. 설령 법을 수단으로 이득을 취해도 마음의 부담이 따른다. 그러고 보면 법에 엮인 사람은 '객관적'으로 불행하다. 불행한 사람의 아픔을 최대한으로 덜어주는 것, 그게 법의 바른 임무다. 그러나 현실은 다르다. '법이 그러니 어쩔 수 없다'라는 말처럼 냉혹한 언사는 없다. '법에도 눈물이 있다'는 말이 알량한 허사에 그치지 않으려면 법의 눈과 귀가 불행한 사람의 눈물과 한숨을 돌볼 수 있어야만 한다.

한 사람의 위대한 작가를 가진 나라는 하나의 대안정부를 가진 것과 마찬가지의 축복을 누린다는 말이 있다. 시공을 초월하여 지속적으로 숭앙받는 작가는 세계인의 스승이다. 셰익스피어, 괴테, 위고, 도스토옙스키 같은 대가들의 작품은 국경을 초월하여 예수, 석가, 공자, 마호메트에 뒤지지 않는 인간정신의 유산으로 공인받는다. 특정 종교와 결속되지 않아 더욱 광범한 사랑을 받는다. 이들의 작품을 종합하면 세계인권선언의 30개 조문을 만들 수 있다.

### 창의적인 소송과 변론이 세상 바꿔

대가들의 특성은 '법'과 '문학'을 결합하는 데 있다. 그래서 위대한 작품은 법을 떼 놓고 문학만으로 읽어서는 총체적인 의미를 파악하기 어렵다. 법과 문학은 본시 한 뿌리에서 생성된 것이다. 법도 문학도 소재는 동일하다. 즉, 인간의 공동생활에서 발생하는 갈등을 다룬다. 다만 문학은 갈등을 제기하고 법은 이를 푸는 데 주력할 뿐이다. 문학은 흔히 소수자의 처지에서 세상살이의 억울함을 토로하고, 법은 다수의 관점에서 세상의 질서를 챙긴다. 문학이 개인의 창의에 의존한다면 법은 사회의 보편적 윤리에 기댄다. 그래서 문학적 영웅은 법률가의 눈으로 보면 상식과 보편적 윤리를 팽개친 일탈자이기 십상이다. 인권은 소수자가 세상을 향해 외치는 아우성이다. 문학의 본질도 그렇다. 전형적인 문학은 인권을 등에 업고 법에 대항하는 양상을 띤다. 다수자의 인권은 별도로 논할 필요가 없다. 현상과 제도가 이미 그들의 몫이기 때문이다. 문학도 비슷하다. 가진 게 풍족한 사람은 새삼 마음의 양식을 구할 필요가 적다.

법에는 제도의 힘이 따른다. 그 힘은 다수의 이익을 지킨다. 그래서 소수는 법에 원한을 품는다. 고대 바빌로니아의 함무라비 왕은 새로 건설한 대제국을 다스리기 위해 법전을 제정한다. 그리고 선언한다. '강자가 약자를 유린하지 못하도록 막는 것이 법의 임무'라고. 강자의 팔뚝과 부자의 돈지갑이 약하고 가난한 사람의 숨통을 조이지 못하도록 마련한 안전판이 법이다. 시대 변화에 둔감한 정체된 법은 사회정의를 실현할 수 없다. 문학의 손이 장래를 가리키면 법의 눈도 따라서 주목해야 한다. 문학적 상상력이 법의 경직성을 극복할 때 비로소 온전한 사회정의가 설 수 있다.

셰익스피어의 '베니스의 상인'은 기독교문화권에서 대대손손 사랑받는 작품이다. 금전 거래의 당사자가 자유의사로 합의한 '인육계약'이다. 계약서대로 집행할 것을 주장하는 샤일록, 목숨이 위태로운 상인 안토니오를 포셔의 창의적인 해석이 살려낸다. '살은 가지되 피는 한 방울도 흘려서는 안 된다.' 실로 명판결이다. 그러나 판사는 채무자를 구함에 그치지 않고 채권자를 철저하게 파멸시키려 든다. 베니스 사회에서 누적된 모욕과 박해에 시달린 외국인 이교도 샤일록이다. 자비의 판관을 자처한 포셔는 소수자 샤일록의 생명과 재산, 그리고 종교마저 빼앗으려 든다. 과도한 창의는 자의(恣意)이자 불의(不義)다.

### 법과 문학이 함께 세상 보듬어야

우리나라의 사법사에도 명판결, 명변론이 적지 않다. 1980년대의 '인권변호사' 조영래는 창의적인 소송과 변론으로 세상을 크게 바꾸었다. 망원동 수재민의 집단소송, 여성 조기정년제 철폐 등 그의 업적은 지대하다. 그는 경직된 법에 문학적 상상력을 입힌 선구자이다. 대한민국은 원룸, 고시촌에서 법관이 탄생하는 나라다. '문예창작과' 같은 공방에서 문인이 양산되는 나라다. 이렇게 제도가 경직된 나라일수록 법도 문학도 창의적인 발상이 절실하다. 성숙한 사회는 시인과 판사가 한 몸이 되는 사회다. 법 따로, 문학 따로가 아니라 법과 문학을 함께 아우르는 세상이라야만 진정 사람이 살맛 나는 행복한 세상이 될 것이다.

– 안경환, 〈창의적 상상력은 법의 생명〉, 《동아일보》, 2012년 4월 14일.

3. 주제, 목적, 예상 독자가 다음과 같을 경우에 적절한 개요는 어떠해야 할지 고민하며 개요를 작성해 보자.

- 주제 : 선택과 도전을 통해 얻은 새로운 삶
- 목적 : 후배들에게 용기와 도전 정신을 고취시키기 위해
- 예상 독자 : 고등학교 후배들

## 통합 과제 :

아래에 주어진 과제 중 하나를 선택하여 개요를 작성해 보자.

| 과제(택 1) | 대학 전공과 진로<br>민주주의와 경제<br>문화와 예술<br>생명과 기술 |
|---|---|

## ✓ 글쓰기 점검표

| 점검 항목 | 점검 내용 | 자기 진단 (○ △ ×) | 오류와 수정 내용 |
|---|---|---|---|
| 주제의 구체화 | 주제가 글의 목적, 예상 독자와 부합하는가 | | |
| 논지 전개의 일관성 | 글의 단계별 흐름에 따른 논지가 일관되는가 | | |
| 내용의 수정 및 보완 | 불필요한 내용이나 보완해야 할 항목이 있는가 | | |
| 상위 범주와 하위 항목의 유기성 | 하위 항목들의 내용이 상위 항목에 부합하는가 | | |
| 어휘의 점검 | 항목별 어휘가 적절하며 대표성을 지니는가 | | |

# 2. 집필하기

집필하기는 말 그대로 필기도구를 쥐거나 자판을 두드리면서 글을 쓰는 과정이다. 개요 작성까지 마쳤다면 글에 담을 내용과 그 순서를 이미 정한 것이므로 남은 일은 개요에서 정한 내용의 순서대로 문장을 하나하나 써 나가면서 단락을 만들고 한 편의 글을 완성하는 일이다. 나만의 특별한 레시피에 따라 본격적으로 요리를 시작하는 것이다.

대부분의 글은 머리말, 본문, 맺음말을 기본 구성으로 한다. 일반적으로 머리말에서는 주제에 대한 관심을 불러일으키면서 주제를 제시해 주고, 본문에서는 주제에 대해 구체적인 설명이나 논리를 펼치며, 맺음말에서는 주제를 다시 한 번 정리하고 전망이나 제언을 통해 마무리한다. 물론, 한 단락이 한 편의 글이 될 수도 있는데, 이 경우에도 한 단락 안에 머리말, 본문, 맺음말의 기능을 하는 문장들이 들어가게 된다.

한 단락 분량의 짧은 글이라면 머리말부터 본문, 맺음말의 순서대로 글을 쓰는 것이 보통이지만, 여러 단락, 여러 장(章)으로 이루어진 글이라면 본문을 먼저 쓰고, 머리말과 맺음말을 나중에 쓰는 것도 좋은 방법이다. 본문은 이미 정리해 놓은 내용과 자료로 글을 채우게 되므로 쓰기가 더 수월하기 때문이다. 그리고 머리말과 맺음말은 본문에 따라 그 내용과 문장을 달리 해야 하는데, 본문을 집필하는 과정에서 애초에 세운 개요를 수정하게 되는 경우도 허다하므로 머리말을 먼저 쓰게 되면 본문을 수정했을 경우 머리말도 다시 수정해야 하는 번거로움이 발생한다. 게다가 머리말의 도입부는 제목과 함께 글의 첫인상을 좌우하기 때문에, 개요대로 집필하는 본문과 달리, 독자의 관심을 끌기 위해 어떤 문장으로 표현하는 것이 좋을지 마지막까지 고민해야 하는 부분이다. 따라서 본문을 쓴 다음에 머리말을 쓰는 것이 집필 시간을 효율적으로 활용하는 방법이다.

## 2.1.
## 어휘와 문장의 생성

| 집필하기 1<br>• 어휘와 문장의 생성 | ➡ | 집필하기 2<br>• 단락의 구성과 전개 | ➡ | 집필하기 3<br>• 서론의 기능과 방법 | ➡ | 집필하기 4<br>• 결론과 제목의 완성 |
|---|---|---|---|---|---|---|

글에서 가장 기본이 되는 단위는 단어이다. 단어가 모여서 문장이 되고, 문장이 모여서 단락이 되며, 단락이 모여서 한 편의 글을 이루게 된다. 하지만 글에서 단어는 그 자체로 독립적인 기능을 하기보다 문장 속에서 다른 단어와 결합하여 쓰일 때 비로소 독자에게 전달하고자 하는 의미 있는 내용을 만들어 낸다. 그래서 글의 형식이 아니라 내용적인 측면에서는 문장이 기본 단위라 할 수 있다. 여기서는 단어와 문장의 사용에 대해 알아보기로 한다.

### 어휘의 선택과 사용

단어 대신에 어휘라는 말을 쓰기도 한다. 문장의 구성단위로서 개별적인 형태를 가리킬 때는 단어라 하고, 단어를 집합적으로 부를 때는 어휘라고 한다. 그래서 단어력이 좋다는 표현 대신 어휘력이 좋다는 표현을 쓴다. 어휘력의 사전적 의미는 '어휘를 마음대로 부리어 쓸 수 있는 능력'이다. 어휘를 마음대로 부리어 쓰려면 많은 어휘를 정확하게 알고 있어야 한다.

단어 혹은 어휘의 사용에서 가장 중요한 것은 정확성이다. 단어(어휘) 사용에서 정확성이라고 하면 두 가지 뜻을 내포하는데, 하나는 의미의 정확성이고 다른 하나는 형태의 정확성이다. 즉, 각 단어의 정확한 뜻을 알고 사용해야 하며, 국어 어문 규범에 맞게 올바른 표기로 써야 한다.

정확한 의미의 사용을 위해서는 어휘력이 좋아야 한다. 프랑스의 문학가 플로베르는 '일물일어설(一物一語說)'을 이야기한 바 있다. 하나의 사물에 어울리는 말은 하나밖에 없다는 뜻이다. 알고 있는 어휘의 수가 많을 뿐 아니라 그 뜻을 정확하게 알고 있어야 많은 대상에 대해 그에 꼭 맞는 단 하나의 말을 선택해서 사용할 수 있다.

어휘를 선택할 때 고려해야 하는 요소는 문맥의 의미와 독자이다. 어휘마다 유의어들이 있긴 하지만 모든 문맥에서 교체 가능한 것은 아니므로 해당 문맥에 가장 적합한 어휘를 선택해야 한다.

> 가. 가업의 개념은 시장경제와 함께 발전해 왔다. 어릴 때부터 해당 사업의 다방면에 대해 **적당한** 교육을 받아 온 자녀가 우수한 경영자가 될 확률이 높은 것은 당연한 일이다.
>
> 나. 만약 가해자가 피해자가 장애인임을 **남용**하여 범행을 저지른다면 그 가해자를 처벌할 방법이 없기 때문이다.

위의 예문 (가)에서는 '적당하다'라는 어휘의 선택이 문제가 된다. 국어사전에서 '적당하다'를 검색하면 비슷한 말로 '적절하다', '적합하다' 등이 제시되어 있다. '적당하다'는 '정도에 알맞다'는 뜻이고, 나머지는 '꼭 알맞다'는 뜻이다. 위에서는 '적당하다'보다 '적절하다'나 '적합하다'가 더 어울린다.

또, 독자에 따라 어휘 선택을 달리 해야 하는 경우도 있다. 흔히 '맹장염'과 '충수염'을 동의어라고 말하는데, '충수염'은 의학 용어이고, '맹장염'은 '충수염'을 대중적으로 이르는 말이다. 의사가 논문이나 전문 서적을 집필하는 상황이라면 '충수염'을, 환자에게 병명을 이야기해 주는 상황이라면 '맹장염'을 선택하는 것이 바람직하다.

정확한 형태의 사용을 위해서는 국어 어문 규범을 잘 알고 있어야 한다. 사실, 국어 어문 규범을 자세하게 공부하고 사용하는 사람은 드물다. 우리는 모국어 화자로서 어렸을 때부터 독서를 통해 자연스럽게 글을 익혔기 때문에 대체로 국어 어문 규범에 맞게 잘 사용하고 있다. 하지만 하나도 틀림이 없이 정확하게 쓰는 사람은 거의 없다. 그 이유는 한 세기도 못 되는 기간 동안 국어 어문 규범이 여러 번 바뀌었기 때문이다. 물론, 개인적인 노력이 부족한 탓도 있다. 영어 단어의 철자를 틀리게 쓰는 것은 창피해서 꼬박꼬박 영어 사전을 찾아보지만, 국어 단어의 철자나 띄어쓰기를 확인하기 위해 국어사전을 찾아보는 사람은 드물다. 도리어 꼭 어문 규범에 맞게 써야 하는 거냐고 반문하는 학생들도 있다.

그렇다고 국어 어문 규범의 세부 조항을 세세히 공부하고 암기할 필요는 없다. 외래어를 포함하여 우리말의 한글 표기는 국어사전만 찾아보아도 알 수 있기 때문이다. 국어사전에는 단어뿐 아니라 접사나 어미와 같은 형태소까지 올림말로 등재되어 있어서, 국어사전만 검색해도 정확한 철자로 바르게 띄어 쓸 수 있다.

다음은 형태의 유사성 때문에 학생들이 혼동하여 사용하는 표기에 대해, 국립국어원(http://www.korean.go.kr)의 《표준국어대사전》 검색 페이지에서 검색한 내용을 옮긴 것이다.

**-든지01 :**

「조사」

《받침 없는 체언이나 부사어, 또는 종결 어미 '-다, -ㄴ다, -는다, -라' 따위의 뒤에 붙어》

어느 것이 선택되어도 차이가 없는 둘 이상의 일을 나열함을 나타내는 보조사.

≒든가01.

¶ 사과든지 배든지 다 좋다./함께든지 혼자서든지 잘 놀면 되었지./걸어서든지 달려서든지 제시간에만 오너라./오랫동안 고시 공부를 하다 보면, 다 그만두고 싶다든지 밖으로 뛰쳐나가고 싶다든지 하는 충동이 하루에도 열두 번씩 든다./공부를 잘한다든지 운동을 잘한다든지 무엇이든 하나는 잘해야 한다./나는 스트레스를 받으면 닥치는 대로 음식을 먹는다든지 내리 책을 읽는다든지 하면서 생각을 다른 데로 돌린다./다이는 말솜씨라든지 미소라든지 어느 것 하나 나무랄 데 없이 상냥하다.

**-든지02 :**

「어미」

《용언의 어간 또는 어미 '-으시-', '-었-', '-겠-' 뒤에 붙어》《주로 '-든지 -든지' 구성으로 쓰여》

「1」 나열된 동작이나 상태, 대상들 중에서 어느 것이든 선택될 수 있음을 나타내는 연결 어미. '-든지 -든지' 구성으로 쓰일 때는 흔히 뒤에 '하다'가 온다. ≒-든가02「1」.

¶ 집에 가든지 학교에 가든지 해라./계속 가든지 여기서 있다가 굶어 죽든지 네가 결정해라.

「2」 실제로 일어날 수 있는 여러 가지 중에서 어느 것이 일어나도 뒤 절의 내용이 성립하는 데 아무런 상관이 없음을 나타내는 연결 어미. '간에'나 '상관없이' 따위가 뒤따라서 뜻을 분명히 할 때가 있다. ≒-든가02「2」.

¶ 노래를 부르든지 춤을 추든지 간에 네 맘대로 해라./싫든지 좋든지 간에 따를 수밖에 없다./무엇을 그리든지 잘만 그려라./어디에 살든지 고향을 잊지는 마라.

-던지 :

「어미」

《'이다'의 어간, 용언의 어간 또는 어미 '-으시', '-었-', '-겠-' 뒤에 붙어》

막연한 의문이 있는 채로 그것을 뒤 절의 사실이나 판단과 관련시키는 데 쓰는 연결 어미.

¶ 얼마나 춥던지 손이 곱아 펴지지 않았다./아이가 얼마나 밥을 많이 먹던지 배탈 날까 걱정이 되었다./동생도 놀이가 재미있었던지 더 이상 엄마를 찾지 않았다.

-로서 :

「조사」

《받침 없는 체언이나 'ㄹ' 받침으로 끝나는 체언 뒤에 붙어》

「1」지위나 신분 또는 자격을 나타내는 격 조사.

¶ 그것은 교사로서 할 일이 아니다./그는 친구로서는 좋으나, 남편감으로서는 부족한 점이 많다./언니는 아버지의 딸로서 부족함이 없다고 생각했었다.

「2」(예스러운 표현으로) 어떤 동작이 일어나거나 시작되는 곳을 나타내는 격 조사.

¶ 이 문제는 너로서 시작되었다.

-로써 :

「조사」

《받침 없는 체언이나 'ㄹ' 받침으로 끝나는 체언 뒤에 붙어》

「1」 어떤 물건의 재료나 원료를 나타내는 격 조사. '로07「4」'보다 뜻이 분명하다.

¶ 쌀로써 떡을 만든다.

「2」 어떤 일의 수단이나 도구를 나타내는 격 조사. '로07「5」'보다 뜻이 분명하다.

¶ 말로써 천 냥 빚을 갚는다고 한다./꿀로써 단맛을 낸다./대화로써 갈등을 풀 수 있을까?/이제는 눈물로써 호소하는 수밖에 없다.

「3」 시간을 셈할 때 셈에 넣는 한계를 나타내는 격 조사. '로07「10」'보다 뜻이 분명하다.

¶ 고향을 떠난 지 올해로써 20년이 된다./시험을 치는 것이 이로써 일곱 번째가 됩니다.

형태의 정확성과 관련하여 가장 많은 오류가 나타나는 항목은 띄어쓰기이다. 그런데 띄어쓰기는 의외로 간단하다. '단어는 띄어 쓰되, 조사는 앞말에 붙여 쓴다'는 원칙만 기억하면 된다. 학교 문법에서는 조사를 단어에 포함하지만 조사는 홀로 쓰이지 않기 때문에 '조사는 앞말에 붙여 쓴다'는 조건이 붙은 것이다. 문제는 무엇이 단어이냐는 것인데, 우리가 알고 있는 9품사가 단어를 문법적 특성에 따라 분류한 것이므로 9품사에 해당하는 요소들이 단어라고 생각하면 쉽다.

띄어쓰기에서 특히 유의해야 할 요소는 조사를 비롯하여 의존 명사, 보조 용언, 접사, 어미 등이다. 의존 명사와 보조 용언은 단어이므로 앞말과 띄어 쓰고, 접사와 어미는 단어가 아니므로 접미사와 어미는 앞말에, 접두사는 뒷말에 붙여 쓴다. 단위 명사와 보조 용언은 붙여 쓰는 것이 허용되는 경우도 있지만 허용되는 조건을 만족해야 하기 때문에 항상 띄어 쓰는 것이 간편한 방법이다. 조사는 격조사와 보조사로 나뉘는데, 격조사는 잘 붙여 쓰지만 보조사는 동사에서 파생한 형태들이 많아 조사라는 사실을 모르고 띄어 쓰는 경우가 있다. 또 의존 명사와 보조사, 의존 명사와 어미를 구분하지 못해 띄어쓰기를 틀리는 경우도 많다.

1) 의존 명사는 띄어 쓴다.

(1) 갑자기 약속이 생긴 **것**이다.

집에 갈 **거**야.

그거 내 **거**야.

(2) 헤어질 **수** 있다.

(3) 할 **줄** 모른다.

(4) 잘돼야 될 **텐**데(**터**인데).

(5) 너 **때문**에

많기 **때문**에

(6) 비행 **시(時)** 휴대 전화의 사용이 금지된다.

규칙을 어길 **시(時)** 벌금을 내야 한다.

[비교] 그는 나를 적대**시(視)**했다.

(7) 남녀 **간**, 친구 **간**, 남북 **간**

[비교] 부부간, 부자간, 조손간, 형제간, 동기간 - 합성어

2) 보조 용언은 띄어 씀을 원칙으로 하되, 경우에 따라 붙여 씀도 허용한다('-아/어' 뒤에 연결되는 보조 용언, 의존명사에 '하다'나 '싶다'가 붙어서 된 보조 용언인 경우). 다만, 앞말에 조사가 붙거나 앞말이 합성 동사인 경우, 그리고 중간에 조사가 들어갈 적에는 그 뒤에 오는 보조 용언을 띄어 쓴다.

(1) 먹어 **보았다**. 먹어보았다. 먹어도 보았다.

(2) 내려가 **버렸다**.

(3) 비가 올 **성싶다**. 비가 올성싶다. 비가 올 성도 싶다.

(4) 비가 올 **듯하다**. 비가 올듯하다. 비가 올 듯도 하다.

(5) 믿을 **만하다**. 믿을만하다. 믿을 만도 하다.

(6) 될 **법하다**. 될법하다. 될 법도 하다.

(7) 아는 **체하다**. 아는체하다. 아는 체를 하다.

잘난 **체하다**. 잘난 체를 하다.

(8) 아는 **척하다**. 아는척하다. 아는 척을 하다.

[비교] 알은체하다(알은척하다) : '알은체(=알은척)'는 "어떤 일에 관심을 가지는 듯한 태도를 보임, 사람을 보고 인사하는 표정을 지음"을 뜻하는 명사이고, '알은체하다(알은척하다)'는 명사 '알은체(알은

척)'에 동사 파생 접미사 '-하다'가 결합한 동사임.

※ 본용언이 '-아/어' 외의 다른 연결어미와 결합한 경우는 항상 띄어 쓴다.
해야 한다([비교] 해야겠다), 가고 싶다, 가고 있다, 가게 해라, 가지 않는다, 가지 마요 등

※ 보조 용언의 갈래

피동 : -아/어지다(항상 붙여 쓴다) 예) 예뻐지다

타동 : -아/어하다(자동사 뒤에서 항상 붙여 쓰고, 보조 용언 뒤에서 항상 띄어 쓴다)

예) 예뻐하다, 보고 싶어 하다

사동 : -게 하다

부정 : -지 않다, -지 못하다, -지 말다

진행 : - 고 있다, -아/어 가다, -아/어 오다

완료 : -아/어 버리다, -아/어 있다, -아/어 나다, -아/어 내다, -고 나다

반복 : -아/어 쌓다, -아/어 대다

시도 : -아/어 보다

수혜 : -아/어 주다, -아/어 드리다

보유 : -아/어 두다, -아/어 놓다, -아/어 가지다

희망 : -고 싶다

당위 : -아/어야 하다

3) 조사는 앞말에 붙여 쓴다.

(1) 제 이름은 김길동입니다.

(2) 방바닥이 얼음장같이 차갑다.

[비교] 방바닥이 얼음장 같다.

(3) 준표는 "철수가 나오면 영희도 나오나?"라고 말했다.

준표는 철수가 나오면 영희도 나오냐고 말했다.

[비교] 준표는 "철수가 나오면 영희도 나오나?" 하고 말했다.

(4) 시험이 내일이니 공부할 수밖에.

(5) 이것은 식물이라기보다 동물에 가깝다.

(6) 가정 폭력은 사회적인 문제로까지 확대되었다.

(7) 제가 회사에 조금이나마 도움이 되었으면 좋겠습니다.

늦게나마 잘못을 뉘우치니 다행이다.

(8) 인성 교육은 가정에서부터 이루어져야 한다.

(9) 그는 자기가 어디서 왔는지조차 모른다.

집에서조차 아무도 날 반기지 않는다.

(10) 아프다고 조퇴하더니 집에 들어가기는커녕 게임방만 전전하고 있다.

4) 접사는 붙여 쓴다.

(1) 공부하다. 우선시하다.

(2) 확립되다. 보고되다.

(3) 도난당하다.

(4) 사랑받다. (피동)

[비교] 전화 받다. (받는 행위)

(5) 말씀드리다.

(6) 삼십 분쯤 전에, 삼십 분 전쯤

(7) 백 원짜리 동전 두 개

(8) 삼 년간

(9) 한 시간가량

(10) 십여 명

(11) 제1 차(제1차)

5) 의존 명사와 보조사의 구분이 필요한 경우

(1) 십 년 만에 고향으로 돌아왔다.

화를 낼 **만**도 하다.

[비교] 십 년**만** 젊었더라면 / 집채**만** 한 파도

(2) 시험 문제가 까다로운 **만큼** 시험공부를 열심히 해야 한다.

[비교] 부모님께**만큼**은 잘해 드리고 싶었다.

(3) 시험이 내일이니 공부를 할 **뿐**이고.

[비교] 이것**뿐**이다. 가족들에게**뿐**만 아니라

6) 의존 명사와 어미의 구분이 필요한 경우

(1) 그가 떠난 **지** 어언 10년.

[비교] 얼마나 고마**운지** 모른다 / 그가 왔**는지**도 모른다 / 언제 돌아**올지** 미리 알려주세요.

(2) 그 책을 다 읽는 **데**(에) 삼 일이 걸렸다.

문제를 해결하는 **데**(에) 어려움이 있다.

순희는 예쁜 **데**(에)다가 착하기까지 하다.

[비교] 순희는 예**쁜데** 마음씨가 곱지 않다.

## 문장 쓰기의 방법

가. 우리 같은 민초들은 일없이 빈 바람을 가슴에 품으며 눈길은 산자락이 뻗는 데까지 달리게 하여 벅찬 감동의 심호흡을 들이켤 뿐이건만 한 터럭 아쉬움도 남지 않는다.

나. 이 세상에 공기나 물이 없다면 어떠한 생물도 생존할 수 없듯이, 언어 없이는 어느 누구도 사회생활을 영위할 수 없다.

위 두 문장 가운데 어떤 문장이 더 멋있게 보이는가? 아마 대부분 (가) 문장이라고 대답할 것이다. 그렇다면 어떤 문장이 더 쉽게 이해되는가? 이번에는 모두 (나)라고 대답할 것이다. (가)는 문장의 의미가 명확하게 전달되지 않는다. '빈 바람을 가슴에 품는다'라는 표현은 의미가 모호할 뿐 아니라, '눈길'이 '視線'을 뜻하는 것인지 '雪路'를 뜻하는 것인지 즉각 떠오르지 않는다. '벅찬 감동의 심호흡'이나 '한 터럭 아쉬움' 역시 무엇에 대한 감동이며 무엇에 대한 아쉬움인지 알 수가 없다. 또 문장의 구조적인 측면에서는 '눈길은'이 '달리게 하다'의 주어인지 목적어인지 바로 파악이 되지 않는다. 이러한 표현상의 모호함으로 인해 (가)는 독자에게 문장을 다시 한 번 읽고 그 뜻을 생각해야 하는 수고로움을 안긴다. 좋은 문장이란 한껏 멋을 부린 문장이 아니라 독자가 그 의미를 정확하고 쉽게 이해할 수 있는 문장이다.

문장 차원에서 의미를 정확하고 쉽게 전달하기 위해서는 우리말의 문법에 맞게 써야 하고 간단명료하게 써야 한다. 특히 문장이 길어지면 필자의 입장에서는 주어와 서술어의 거리가 멀어져 주술 호응이 이루어지지 않는 비문을 쓰기 쉽고, 독자의 입장에서는 문장의 의미를 빠르게 파악하기 어렵다. 글의 내용이 전문적일수록 문장은 간결하게 쓰도록 한다.

1) 문법에 맞게 쓴다.

(1) 주어와 서술어 간에 호응이 이루어지도록 한다.

가. 이러한 후폭풍과 맞물려 장애인 성폭행 관련 **친고죄 폐지가 대두되고 있다.**

나. **아버지 회사가 발령이 나서** 내가 대학교에 입학한 지 3일 만에 가족들이 중국으로 이사를 갔다.

다. 이 시점부터 일반대중이 과학기술을 둘러싼 논쟁에 참여하기 시작했고 **이는** 대중과 과학의 소통이 이루어지는 듯하였다.

라. 버킹엄 궁전은 영국 왕실의 대명사라고 할 수 있는 궁전으로, **버킹엄 공작의 저택으로 지어진 것을** 1761년 조지 3세에게 **양도되어** 1837년 빅토리아 여왕의 즉위식에서 궁전으로 **격상되었다.**

(2) 접속 구조에서 성분 간에 호응이 이루어지도록 한다.

가. 이를 견디고 대학에 진학하려면 더 많은 연구와 어려움을 헤쳐 나가야 한다.
나. 우리 동네 먹자골목은 다양한 메뉴와 가격도 괜찮아서 학생들부터 어른들까지 모두 자주 이용한다.
나. 학생들은 노트북에 게임을 받거나, 드라마를 보거나, 예능 프로그램들을 다운받아서 보는가 하면 공부를 해야 하는 시간에 노트북을 붙잡고 놓지를 않는다.

2) 문장의 의미를 명확하게 표현한다.

(1) 중의적인 표현을 사용하지 않는다.
가. 오히려 두 개의 강력한 이데올로기의 흐름이 서로 대립하는 것처럼 보였다.
나. 혈액 중에 많은 호르몬의 증가가 있었다.
다. 사람이 매주 일요일 교회 행사에 참가할 의무가 있느냐의 문제는 도덕적 종교적 규제에 대한 적절한 주제가 될 수 있으나, 많은 사회의 공적 권위와는 무관한 문제이다.

(2) 독자가 알 수 없는 성분을 생략하지 않는다.
가. 학생들이 마인드를 바꿔 이러한 어려움을 극복할 때 더 빛이 날 것이다.
나. 2010년 11월 기준, 국내 총 이륜차의 약 27% 정도만 책임보험에 가입되어 있고 심지어 종합보험은 약 5%만 가입되어 있는 실정으로, 안전 사각지대에 그대로 노출되어 있다.
다. 일반적인 좀비 영화는 좀비를 모두 죽이거나 아니면 백신을 만들어서 예방하는데, 이 영화에서는 오히려 좀비가 인식하지 못하게 하는 스텔스 백신을 만들어서 멍하니 서 있는 좀비들에게 통쾌하게 복수한다.

(3) 의미 관계에 알맞은 접속어를 사용한다.
가. 학생들은 자신의 미래에 관하여 충분히 고민하지 않은 상태에서 과를 정하며 대학교에 들어오게 된다. 그렇기에 자신의 미래가 아닌 적성으로서 과를 정하게 된다. 하지만 이 공부가 나의 미래에 필요한 것인지 사색할

틈도 없이 취업을 위해선 장학금을 위한 학점관리나 사회에서 요구하는 자격증을 위한 공부를 해야만 한다.

나. 2008년을 기준으로 한국의 청년실업률은 OECD 국가들 중 상대적으로 낮은 9.3%를 기록하고 있어서 고용률은 23.8%로 OECD 평균(43.7%)에 비해 현저히 떨어진다.

3) 자연스럽고 매끄러운 문장으로 표현한다.

(1) 수식어는 피수식어 가까이에 둔다.

가. 적극적으로 혜택의 대상자가 될 만한 사람들을 찾아다니면서 이런 복지 혜택이 있다는 것을 홍보하는 것이다.

나. 농수산물 시장도 있어서 싸게 채소나 생선을 구매할 수 있다.

다. 서울과 같이 화려하고 강렬한 밤 문화에 적응되어 있는 사람들에게는 대전이 다소 즐길 여가 콘텐츠가 부족하다고 느껴질 수 있으나 조용하고 목가적인 느낌을 좋아하는 사람들에게는 최고의 도시가 아닐까 한다.

라. 시어머니의 아들에 대한 강한 집착과 남편을 소유하려는 며느리의 태도가 고부 갈등의 원인이 된다.

마. 많은 산업화 이전의 사회나 지금도 제1의 물결 사회로 남아 있는 일부 나라에서는 시간을 직선이 아니라 원이라고 생각했다.

바. 서포터즈 활동은 다양한 각계각층의 목소리를 들을 수 있는 기회이다.

(2) 동일한 형태나 어구를 반복하여 쓰지 않는다.

가. 가장 큰 문제는 이러한 제도는 전적으로 대학 등록금 자체는 수혜자인 학생들 책임이라는 논리를 강화한다.

나. 과학자가 그의 원래의 비전의 매우 확실한 수학적 정식화의 완성에 성공할 때, 그는 잠정적 가설에 도달했다고 말할 수 있다.

다. 나의 고려대에서의 대학교 생활을 평가해 보자면 잘한 일도 많지만 아쉬움도 크다.

라. 이번 방학에는 영어 공부를 하려고 계획하고 있다.

마. 대학에 입학하고 난 뒤 룸메이트와 대화하면서 몇 년 만에 처음으로 장래희망과 대학을 왜 왔는지**에 대한** 견해**에 대한** 주제가 언급되었다.

바. 피해자가 장애인과 같은 사회적 약자일 **경우** 외부 압력이 행사되거나 피해자 자신에게 불이익이 돌아오는 **경우** 고소에 소극적이게 된다.

사. 원룸은 구조상의 취약함 **때문에** 기숙사에 비해 강도나 성폭행범에게도 많이 노출되어 있기 **때문에** 마음 놓고 공부하기는 더더욱 힘들다.

아. 이렇다보니 **시간이 별로 없어서** 여가 생활에 투자할 **시간이 거의 없다**.

4) 간결하게 쓴다.

가. 금일 4월 16일 아침 교내 정전으로 인하여 대부분의 로컬 네트워크 장비는 전기가 들어올 때 자동 복구가 되어 즉시 사용 가능하였으나 일부 장비는 수동복구하거나 무선AP는 파워 이상으로 네트워크 서비스 제공이 늦어져 메일 발송 시점(14시)으로 복구 완료 현황과 복구 중인 현황을 알려드리오니 네트워크 사용에 참고하시기 바라며 불편에 양해를 구합니다.

나. 천년고찰 마곡사를 배경으로 매주 토요일(5월중~11월)에 상설 운영되는 마곡사 토요무대는 국악, 퓨전밴드, 통기타, 우리의 소리, 무용 등 다양한 소재를 갖고 마곡사만이 갖는 고즈넉한 분위기에 무대 공연을 더해 찾아오는 관광객에게 색다른 볼거리와 추억을 만들 수 있다.

다. 지구가 한 community로 되어 가고, 정보와 기술이 홍수처럼 쏟아지는 이 시대에 우리 자녀들이 선진국의 영어 교육 커리큘럼으로 Science(생물, 물질, 에너지, 지구과학, 우주영역), Social Studies(역사, 세계사, 경제, 지리영역), Reading(고전, 현대문학), Language Art(Writing skill, 문법) 등 다양한 학문을 수박 겉핥기식이 아니라 지식으로 공부를 하고 앞으로 자녀의 꿈을 이루는데 수단이 되어 글로벌 시대의 주역이 되기를 기대합니다.

연습 문제 :

1. 인터넷 기사에서 어휘의 선택이 적절하지 못하거나 표기가 바르지 못한 예를 찾아서 고쳐 보자.

2. 학교 홈페이지 게시판에서 잘못된 문장이나 자연스럽지 못한 문장을 찾아서 고쳐 보자.

3. 나의 꿈, 나의 고향, 나의 취미, 내가 좋아하는 영화, 내 친구 등 나를 표현할 수 있는 화제를 선택하여 짧은 글을 쓴 다음, 아래의 점검표에 따라 점검하고 수정해 보자.

### ✓ 글쓰기 점검표

| 점검 항목 | 점검 내용 | 자기 진단 (○ △ ×) | 오류와 수정 내용 |
|---|---|---|---|
| 어휘의 선택과 사용 | 문맥에 적합한 어휘를 사용하였는가 | | |
| | 국어 어문 규범을 준수하였는가 | | |
| 문장 쓰기 방법 | 국어의 문법을 준수하였는가 | | |
| | 문장의 의미가 명확하게 전달되는가 | | |
| | 문장이 매끄럽고 자연스러운가 | | |
| | 간결한 문장으로 표현하였는가 | | |

2.2.

# 단락의 구성과 전개

| 집필하기 1<br>• 어휘와 문장의 생성 | ➡ | 집필하기 2<br>• 단락의 구성과 전개 | ➡ | 집필하기 3<br>• 서론의 기능과 방법 | ➡ | 집필하기 4<br>• 결론과 제목의 완성 |
|---|---|---|---|---|---|---|

우리나라의 이러한 환경에도 인재는 나타난다. 그런데 우리나라의 인재들은 종종 그 빛을 발하지 못하곤 한다. 그 이유를 찾기 위해 세계적으로 성공한 사람들의 예를 들어보자. Twitter에서 두각을 나타낸 Blaine Cook과 Evan Weaver, 애플의 사파리 개발자 David Hyatt, 오페라의 Annes Anne van Kesteren, Google의 HTML 5 편집자 Ian Hickson이나 크롬 개발자 Ben Goodger, 이들은 두 가지 공통점을 가지고 있다. 하나는 차세대 웹을 주도해 나가고 있는 사람들이라는 점이고 다른 한 가지는 나이가 20대이거나 30대 초반으로 젊다는 것이다. 이렇듯 큰 성공은 사실상 20대에 이루어지는 경우가 많다. (이것은 단지 공대에만 적용되는 사실이 아니다. 당장 예술분야를 생각해봐도 세계적으로 유명한 사람들은 보통 20대에 그 사람의 예술성을 인정받는다.) 그러나 우리나라에서는 20대에 성공을 이루기가 매우 어렵다. 이유는 간단하다. 기업에서 학부생을 무시하기 시작하였고, 그렇다 보니 학부생이 학사 졸업 후, 원하는 기업에 취업하는 것이 매우 힘들어졌기 때문이다. 이것만 놓고 보면 "이게 뭐 어때서"라고 말할 수도 있다. 그러나 이 현상 때문에 파생된 문제는 매우 크다. 우리나라는 국방의 의무 탓에 다른 나라들에 비해 약 2년 정도 사회생활을 시작하는 나이대가 높은 편인데, 학사 졸업 후 취직이 어렵다 보니 석사학위를 취득하려는 사람들이 증가하게 되고, 그 때문에 2~3년을 추가로 소비하다 보면 20대 중반에 취직하는 것이 사실상 불가능하게 되어버린 것이다. (그런데 이제는 이것도 모자라 박사학위까지 따는 사람도 증가하게 되었다.) 위에서 예를 들었던 Blaine Cook과 Evan Weaver 같은 사람들은 20대 초반부터 작은 스타트업 기업들에서 개발하면서 실력을 쌓아 와서 성공할 수 있었는데, 빨라야 20대 후반부터 일을 시작하는 한국형 인재들이 20대에 성공한다는 게 가능하긴 할까? 그들이 과연 20대 초반의 사람들에 비해 트렌드를 빠르게 인지하고 새로운 것을 창출해 내는 데 더 적합할까? 이 문제를 해결하려면 크게 두 가지가 개선되어야 한다. 첫 번째는

기업에서 '학사 학위 소지자는 모두 무능하다.'라는 편견을 없애는 것이고, 두 번째는 인재들이 사회경험을 최대한 빠른 기간에 할 수 있도록 국가적으로 제도 개혁을 하는 것이다. 둘 중 어느 하나라도 해결이 되면 그나마 20대에 성공하는 인재가 나타날 환경이 제공될 수 있다. 그러나 우리나라는 아이러니하게도 정부에서 병역특례를 점차 없애려 하고 있고, 군 복무 기간을 늘리려 하고 있다. 도리어 20대에 성공하는 사람이 나올 확률을 점점 더 줄이고 있는 것이다. 이런 제도를 시행하면서 '이공계를 지원한다.'라고 하다니, 참 우습지 않을 수 없는 일이다.

– 학생의 글

위 예문은 독자가 읽기에 상당히 부담스럽다. 글을 읽는다는 것은 글 속으로 들어가서 글의 내용을 이해하는 것인데, 위 예문은 글자가 너무 빼곡해서 숨이 막히고 글 속으로 들어가고 싶은 생각이 들지 않는다. 한마디로 독자의 입장에서는 읽기 싫은 글이다. 그 이유는 단락이 구분되어 있지 않기 때문이다. 단락의 구분은 시각적인 면에서 가독성을 높여 글의 내용을 이해하는 데에 도움을 준다.

## 단락의 개념과 구성

시나 광고 문안이라면 한 문장이 한 편의 글이 될 수도 있겠지만, 대부분의 글은 여러 문장이 연결된 하나 이상의 단락으로 이루어진다. 흔히 단락이라고 하면 들여쓰기로 나타나는 형식적인 특성을 떠올린다. 단락의 기본적인 형식은 행 바꿈과 들여쓰기이다. 단락이 시작할 때 한 칸을 띄우고 단락이 끝나면 행을 바꾸는 것이다. 그러나 최근에 출판된 책이나 잡지들을 보면 들여쓰기를 하지 않고 행 바꿈만 한 예도 많다. 또, 전자 메일을 쓸 때나 인터넷 게시판에 글을 쓸 때는 문장이 끝날 때마다 행을 바꾸고, 단락을 나눌 때는 한 행을 비우는 형식을 취하기도 한다. 단락의 형식은 가독성이라는 기준에서 변화를 꾀할 수도 있지만, 지면으로 인쇄하는 일반적인 글쓰기의 상황에서는 행 바꿈과 들여쓰기라는 단락의 기본 형식을 지키도록 한다.

그런데 아무 데서나 행을 바꾸고 들여쓰기를 한다고 해서 한 단락이 되는 것은 아니다. 단락이란 작은 생각의 덩어리로서, 한 가지 중심 생각을 전달하기 위해 긴밀하게 연결된 문장들의 구성체이다. 한 편의 글이 하나의 주제를 전달하는 것과 같이 한 단락 역시 하나의 중심 생각을 전달한다.

> **사람들은 왜 음악을 듣는가?** 예술작품에 담긴 해소할 수 없는 갈등에서 위로를 받거나, 신나는 리듬으로 흥을 돋우기 위해서, 마음을 편안하게 하기 위해서일 것이다. 예를 들면 이별을 노래하는 발라드가 그렇다. 사랑하지만 헤어져야 하고 그래서 슬픈, 이런 가사들을 애처롭게 부르는 모습을 보며 우리는 위로받는다. **하지만 이 힙합이라는 장르는 무언가 다른 냄새가 강하게 난다.** 시종일관 자신이 제일 잘났고, 돈도 많고, 헤픈 여자들이 널려 있다는 얘기를 들으며 무슨 위안을 얻는다는 것일까?
>
> – 학생의 글

위 예문은 단락 구분이 잘못된 예이다. 단락 구성의 핵심은 한 가지 중심 생각인데, 위 예문에서는 하나의 중심 생각으로 통합하기 어려운 문장들이 형식상 한 단락의 모습을 취하고 있다. 두 가족이 한 집에 산다고 해서 한 가족이 될 수 없는 것과 같이, 전혀 다른 내용의 문장들을 한 덩어리로 묶어 놓았다고 해서 한 단락이 되는 것은 아니다. 내용상의 단락과 형식상의 단락이 일치하도록 유의해야 한다.

단락은 중심 내용과 이를 보충하고 뒷받침하는 세부 내용으로 구성된다. 단락의 중심 내용을 글 전체의 중심 내용인 주제와 구분하여 소주제라 하고, 소주제를 담은 문장을 소주제문 혹은 중심 문장, 세부 내용을 담은 문장을 보충문 혹은 뒷받침 문장이라고 한다.

단락 = 중심 내용 + 세부 내용

(소주제문) (보충문)

## 소말리아 해적의 진실

"돌아가도 나쁜 짓밖에 할 게 없다." 귀화 요청을 하면서 해적이 한 말이다. 지난해 1월 소말리아 해적에게 피랍된 '삼호 쥬얼리'호를 구출한 청해부대의 '아덴 만 여명 작전'은 사상 최고의 대테러 진압 작전으로 손꼽힌다. 작전을 성공적으로 수행한 해군 특수단여단(UDT) 요원들은 단숨에 국민적 영웅으로 떠오른 반면, 해적들은 곧장 국내로 압송돼 쏟아지는 비난을 받으며 법정에 섰다. 그러고 나서 며칠 후, 소말리아 해적 몇몇이 귀화 요청을 했다는 소식이 언론을 통해 전해졌다. 그들은 왜 자신들에게 비난일색인 나라에 남고자 했을까? 해적이 될 수밖에 없었던 소말리아의 현실과 국제 사회의 이기심, 그리고 관점의 차이를 고려하면 소말리아 해적을 무작정 비난만 할 일은 아니다.

**소말리아인들에게 해적은 마지막 선택이었다.** 먹고 살기 위해 해적이 됐다. '해적국가'의 저자 피터 아이흐스테드는 해적행위의 근본적인 원인으로 소말리아 그 자체를 지목한다. 소말리아는 1991년 정권이 붕괴된 뒤 여러 군벌과 이슬람 무장 세력들의 내전으로 무정부 상태에 놓였다. 총을 가진 자가 곧 지배자가 되는 무법천지였다. 제대로 된 정부가 없으니 전기와 수도, 학교와 병원 같은 공공서비스는 존재하지 않았다. 악순환이 꼬리를 물고 이어졌고 소말리아에 남은 것은 가난뿐이었다. 생계를 위협하는 가난 속에서 내린 그들의 마지막 선택을 해적질이라는 물리적 행위에만 기초해 비난하는 것은 너무 잔인하다. 해적이 될 수밖에 없었던 소말리아인들의 처지를 이해하는 과정이 우선되어야 한다.

**또한 소말리아인들을 해적으로 내몬 것은 다름 아닌 우리였다.** 소말리아 출신의 언론인이자 분석가인 모하메드 압시르 왈도는 '소말리아의 두 종류 해적: 왜 세계는 다른 한 종류의 해적행위를 외면하는가?'라는 글을 써 세계의 이목을 집중시켰다. 그는 소말리아 해역에 만연한 외국 어선들의 불법 어획과 산업폐기물 투기를 해적이 창궐하게 된 또 다른 원인으로 지적했다. 어업으로 생계를 꾸리던 어부들은 무기력한 정부를 대신해 무기를 들고 자신들의 바다를 지켜야 했다. 그러자 국제사회는 전함을 보내 자국 어선의 불법 행위를 보호하면서 그들을 해적으로 몰아세웠다. 자신이 원인을 제공한 문제에 책임을 지기는커녕 오히려 적반하장의 태도를 보이고 있는 것이다. 소말리아 해적에 대한 현재의 비난은 국제사회의 무책임함만을 돋보이게 할 뿐이다.

무엇보다도 소말리아 해적 문제는 철저히 승자의 관점에서 해석되었다. 이탈리아 출신 작가인 이그나치오 실로네는 사람들은 역사를 승자의 입장에서만 바라보는 경향이 있다고 말했다. 역사의 집필은 승자의 몫이기에 이는 필연적인 귀결이다. 소말리아 해적을 향한 국제적인 비난 여론 역시 이러한 맥락에서 이해할 수 있다. 국제사회의 눈에 비친 소말리아 해적은 세계 질서를 교란시키는 범죄자 집단일 뿐이다. 그러나 역사의 오류에서 벗어나는 순간 승자들이 칭송하는 자본주의 또한 또 다른 해적행위에 지나지 않음을 알 수 있다. 돈의 힘을 앞세워 약자를 굴복시키는 자본주의는 해적이 휘둘렀던 무기를 그저 형태만 돈으로 바꾼 것에 불과하다. 소말리아 해적을 비난할 수 있는 것은 단지 그들에게 힘이 없기 때문이다.

키케로의 '국가론'에는 해적에 대한 흥미로운 일화가 나온다. "알렉산더 대왕이 사로잡힌 해적에게 물었다. 왜 해적 짓을 하느냐고. 해적은 답했다. 단지 저는 작은 배를 가지고 바다의 일부분을 노략하므로 해적이라 불리고, 당신은 큰 함대를 가지고 온바다를 노략하기에 황제라고 불릴 뿐입니다." 말 그대로 보기 나름인 것이다. 따라서 승자의 관점에서 탈피하고, 원인 규명과 인과관계 파악에 힘써 문제의 본질을 혼동하지 않도록 해야 한다. 소말리아 해적을 비난했던 이유가 여기에 있고, 무작정 비난해서는 안 될 이유 역시 여기에 있다. 물론 그렇다고 해서 해적행위를 마냥 용인하자는 건 아니다. 국제 사회가 머리를 맞대고 해결책을 찾아야 한다. 하지만 그 선결조건은 문제의 본질을 명확히 파악하는 것이어야 한다.

– 학생의 글

위 예문은 내용상 다섯 단락으로 이루어져 있다. 서론과 결론이 각각 한 단락, 본론이 세 단락이다. 서론의 마지막 문장은 글 전체의 주제문이다. 〈소주제문+보충문〉의 구성은 본론에 해당하는 단락 구성이다. 위 예문에서는 본론 각 단락의 첫 번째 문장이 그 단락의 소주제문이 되고 나머지 문장들이 각 소주제문을 뒷받침하는 보충문이 된다. 이 소주제문들이 모여 글 전체의 주제를 뒷받침하며, 각 단락이 서로 유기적으로 연결되어 한 편의 글을 완성하는 데에 핵심적인 역할을 한다. 필자의 의도와 생각을 표면에 잘 드러내지 않는 문학 작품에서는 소주제를 하나의 문장으로 표현하지 않는 것이 일반적이지만, 비문학의 글에서는 소주제문을 써서 독자가 단락의 중심 내용과 글 전체의 줄거리를 쉽게 파악할 수 있도록 한다.

### 소주제문과 단락의 길이

소주제문은 〈이야깃거리+중심 생각〉으로 구성되어, 그 단락의 내용과 범위를 한정지어 주는 기능을 한다. 소주제문이 담고 있는 중심 내용은 그 단락 안에서 보충문으로 충분히 설명되어야 하며, 소주제문에 포함되지 않은 내용이 보충문으로 올 수는 없다. 그래서 소주제의 범위는 단락의 길이를 좌우하게 된다. 소주제의 범위가 넓으면 그만큼 설명해야 할 내용이 많아지므로 보충문이 많아져서 단락의 길이가 길어지고, 소주제의 범위가 좁으면 그만큼 단락의 길이도 짧아진다.

**휴머노이드의 제어 기술과 액츄에이터(구동부의 모터)는 여기서 그치지 않고 더욱 발전하여 이족보행 로봇이 달릴 수 있게 만들었다.** 두 발 중 어느 한쪽은 반드시 땅에 닿아 있는 걷기와는 다르게 달리기는 동작 도중 두 발이 모두 지면에서 떨어지는 순간이 존재하기 때문에, 공중에 떠 있는 시간 동안 동체를 비틀어 중심을 잡는 것, 바닥에 착지하는 순간에 가해지는 충격을 완화하며 중심을 잡는 것이 가장 중요하게 고려되어야 할 사항이다. 이를 위해서는 순간적으로 강한 힘을 낼 수 있는 고성능 모터가 필수적이다. 로봇이 달리게 할 때 고려해야 할 물리량이 한 가지 더 있다. '각운동량'이라 불리는 이 물리량은 '회전을 하는 세기' 정도로 이해하면 편하다. 또, '각운동량 보존의 법칙'이 있다. 이는 외력이 가해지지 않으면 계의 각운동량은 일정하게 유지된다는 법칙이다. 외력이 작용하지 않는 닫힌 계 내에서 한 물체가 회전을 시작하여 각운동량이 변한 경우, 남은 물체는 이 각운동량의 변화를 상쇄하기 위해 반대 방향으로 회전을 시작한다. 즉, 외부에서 이 계를 보았을 때, 측정되는 각운동량은 처음과 같은 0이 된다. 꼬리날개가 망가진 헬기의 동체가 빙글빙글 돌며 추락하는 이유도 여기서 찾을 수 있다. 꼬리날개의 프로펠러는 일종의 외력을 가해 회전하는 프로펠러의 각운동량 변화를 상쇄시켜주는 역할을 하는데, 이 프로펠러가 망가지면 주 프로펠러의 각운동량을 헬리콥터의 동체가 회전하며 상쇄시키는 것이다. 인간이 달리기를 할 때 다리를 앞으로 내뻗으면 골반이 회전하고, 인간은 반대쪽 팔을 앞으로 내밀며 상체를 이와 반대 방향으로 회전시켜 하체의 각운동량 변화를 상쇄시킨다. 만일 인간이 상체를 고정시킨 채 다리로만 달린다면 상당히 불안정할뿐더러 에너지의 소모도 커진다. 인간은 수많은 신경과 근육들이 최적의 회전 각도를 찾아주지만, 로봇의 경우는 그렇지 않다. 모든 것을 직접 프로그래밍하고 계산해야 하며, 계산이 어긋나면 로봇은 얼마 달리지 못하고 각운동량의 불균형 때문에 넘어지고 만다. 1986년 E0를 시작으로 2000년에 아시모를 발표한 일본의 혼다사는 아시모를 달리게 만드는 데 5년의 시간이 걸렸으며, 한국과학기술원에서 2004년에 제작한 걸을 수 있는 휴머노이드 휴보를 달릴 수 있는 휴보 2로 발전시키는 데 5년의 시간이 걸렸다. 하지만 개발 당시 아시모는 시속 6km, 휴보 2는 시속 3.6km라는 아주 느린 속도로만 달릴 수 있었다. 시속 6km는 인간이 조금 빠르게 걷는 속도이며, 시속 3.6km는 평소에 걸어 다니는 수준이다. 하지만 로봇이 자율적으로 중심을 잡을 수 있는 수준까지 발전했다는 점에서, 휴머노이드가 달린다는 것은 제어기술이 상당히 정밀하고, 빠른 반응을 보일 수 있는 수준까지 도달한 것을 의미한다.

– 학생의 글

**두 번째 우리 동네의 장점은 교통이 편리하고 각종 편의시설과 놀이시설이 가깝다는 것이다.** 평촌역, 범계역이 걸어서도 갈 수 있을 정도로 가까이 위치하고 있어 교통도 편리하고, 버스로 칠 분 거리에 NC백화점, NC아울렛, 롯데백화점이 한곳에 모여 있어 쇼핑하기도 편하다. 이곳은 안양에서 유동인구가 가장 많은 곳으로 자신할 수 있다. 많은 사람들이 찾아오는 곳이어서 교통도 크게 발달되어 있다. 다른 지방 도시와는 달리 버스가 많아서 모든 곳을 버스를 타고 쉽게 다닐 수 있다. 영화관도 3개가 모여 있어서 볼 수 있는 영화의 종류가 다양하고 아무리 사람이 붐비어도 원하는 시간대에 영화를 볼 수 있다. 차로 10분 거리에는 롯데마트, 이마트, 홈플러스가 있어서 서로 가격 경쟁을 하기 때문에 저렴하게 장을 볼 수 있다. 농수산물 시장도 있어서 채소나 생선을 싸게 구매할 수 있다. 걸어서 15분 정도면 한림대성심병원이라는 큰 대학병원이 있어 응급상황이 생길 때 빠르게 대처할 수 있다. 4호선 지하철을 타면 서울랜드까지 25분밖에 소요되지 않아 놀이공원으로 소풍가기에도 편하다.

**세 번째 우리 동네의 장점은 여유를 즐길 수 있다는 것이다.** 많은 사람들이 지나다녀 바쁘고 삭막한 현대인의 삶을 생각할 수 있겠지만 도심 속에서도 자연을 볼 수 있듯이 우리 동네에도 중앙공원과 관악산, 청계산, 모락산 등이 있어 여유를 느낄 수 있다.

– 학생의 글

위에서 첫 번째 예문은 단락의 길이가 지나치게 길다. 소주제의 범위가 넓어 한 단락 안에서 설명해야 할 내용이 많은 탓이다. 독자는 단락 단위로 내용을 정리하면서 읽기 때문에 한 단락의 길이가 길면 독자가 정보를 처리하는 데 부담감을 가지게 된다. 단락의 길이가 길면 한 번의 호흡으로 이해해야 할 내용이 많아지고, 한 단락 안에서 처리해야 하는 정보들이 많은 까닭에 읽으면서 바로바로 내용을 정리하기가 어렵다. 이 예문에서는 소주제의 범위를 좁히고 쪼갬으로써 한 단락의 길이를 줄일 필요가 있다.

단락에도 적정 길이가 있고 단락 간에도 균형이 필요하다. 두 번째 예문은, 앞 단락은 길이가 제법 긴 데 반해 뒤 단락은 앞 단락 길이의 1/4에 지나지 않는다. 국어학자인 김민수 고려대 명예교수가 쓴 단행본 책들은 단락의 길이가 일정하게 7줄을 유지한다. 7줄을 채우면 무조건 행을 바꾸고 들여쓰기를 한 것이 아니라 한 단락에 하나의 소주제라는 단락의 원칙을 지키고 있으니, 진정한 글쓰기의 달인이라 할 만하다.

단락의 적정 길이는 지면의 편집 양식에 따라 달라진다. 문장의 수보다는 행의 수가 중요한 기준이 되는데, 특수한 경우이긴 하나 신문은 편집 양식상 좌우 너비가 좁아서 한 문장이 여러 행을 차지하게 되어 한 문장으로 한 단락을 삼기도 한다. 일반적인 글쓰기에서는 편집 양식을 고려하여 단락의 길이를 어느 정도로 할 것인지 정하고, 그 길이 안에서 충분히 서술할 수 있는 내용의 범위로 소주제문을 쓰는 것이 합리적인 방법이다.

단락의 길이는 통일성 및 완결성의 문제와도 밀접한 관련을 맺는다. 통일성이란 각 단락 내 문장들의 내용이 하나의 소주제로 응집되어야 한다는 것으로, 내용의 일관성을 의미한다. 그리고 완결성은 단락이 그 자체로 하나의 완결된 의미 단위여야 함을 뜻한다.

다음은 단락의 길이와 통일성의 관계를 보여 주는 예문이다.

> **목욕 후에는 거주인들과 다 함께 내부를 청소했다.** 여러 사회복지 시설을 다녀봤지만 그 중에서도 정화원은 특히나 깨끗한 편에 속했는데, 거주인들 스스로 매일 청소를 하기 때문이었다. 워낙 깨끗했었고, 거주인들과 함께 걸레질도 하고 바닥도 쓸고 하다 보니 청소는 금세 끝이 났다. <u>이제 하루 일과가 끝나고 휴식 시간이어서 거주인들과 함께 놀면서 이야기를 나누었다. 거주인분들이 상당히 밝고 유쾌해서 노래도 함께 부르고 서로의 이름을 물어보고 쓰면서 친해지는 시간을 가졌다</u>.
>
> – 학생의 글

위 예문은 통일성에 어긋나는 단락이다. 이 단락에서 소제문은 첫 번째 문장으로, 내부 청소가 중심 내용이 된다. 그런데 밑줄 그은 부분은 청소 후 휴식 시간에 대한 내용으로서 소주제와 무관하다. 휴식 시간을 또 다른 소주제로 삼아 새로운 단락을 만들 만한데도 같은 단락으로 붙인 이유는, 새로운 단락으로 삼기에는 길이가 짧기 때문이다. 이러한 경우에는 소주제문에 휴식 시간에 대한 내용을 포함하거나 밑줄 그은 부분을 새 단락으로 삼아 보충문을 추가함으로써 통일성도 지키고 단락의 적정 길이도 유지할 수 있다.

다음은 단락의 길이와 완결성의 관계를 보여 주는 예문이다.

> **3D 프린터의 종류는 크게 쾌속조형 방식과 컴퓨터 수치제어 방식의 두 가지로 나뉜다.** 쾌속조형 방식의 3D 프린터는 입체적인 물건을 1만 개 이상의 층으로 아주 얇게 잘라 분석한다. 그리고 석회가루나 액체 플라스틱 실을 아주 얇은 층으로 겹겹이 쌓아 입체 물건을 만들어 내는 방식이다. 육안으로 물건을 봤을 때에는 표면이 매끄럽게 보여도 층을 쌓아 만들어진 물체이기 때문에 현미경으로 자세히 관찰했을 때에는 표면이 계단처럼 울퉁불퉁한 것을 확인할 수

있다. 쾌속조형 방식의 3D 프린터는 층을 만드는 재료들에 색상을 입혀 다양한 색을 낼 수도 있고, 층의 두께를 얇게 조절함으로써 더 정교한 물체를 만들어 낼 수 있다는 장점이 있다.

컴퓨터 수치제어 조각 방식의 3D 프린터는 커다란 플라스틱 덩어리를 조각하듯이 깎아내는 방식이다. 이 방식은 층을 만들지 않기 때문에 쾌속조형 방식과 달리 표면이 매끄럽고 정교한 물체를 만들어 낼 수 있다. 그러나 재료가 많이 필요하고, 깎아내는 부분이 많을수록 재료의 낭비도 심하다. 또한 색상이 다양하지 않아 따로 채색 작업이 필요하며, 컵처럼 안쪽이 움푹 들어간 모양의 물체는 제작하기가 힘들다.

- 학생의 글

**3D프린터는 입체 형태를 만드는 방식에 따라 크게 적층형(첨가형 또는 쾌속조형 방식)과 절삭형(컴퓨터 수치제어 조각 방식)으로 구분한다.** 적층형은 파우더(석고나 나일론 등의 가루)나 플라스틱 액체 또는 플라스틱 실을 종이보다 얇은 0.01~0.08mm의 층(레이어)으로 겹겹이 쌓아 입체 형상을 만들어내는 방식이다. 레이어가 얇을수록 정밀한 형상을 얻을 수 있고, 채색을 동시에 진행할 수 있다. 절삭형은 커다란 덩어리를 조각하듯이 깎아내 입체 형상을 만들어내는 방식이다. 적층형에 비하여 완성품이 더 정밀하다는 장점이 있지만, 재료가 많이 소모되고 컵처럼 안쪽이 파인 모양은 제작하기 어려우며 채색 작업을 따로 하여야 하는 것이 단점이다.

- 학생의 글

위의 두 예문 가운데 첫 번째 예문은 앞 단락이 완결성을 갖추지 못하였다. 이 예문은 형식상 두 단락이며, 앞 단락의 소주제문은 "3D 프린터의 종류는 크게 쾌속조형 방식과 컴퓨터 수치제어 방식의 두 가지로 나뉜다."이다. 이 문장을 읽고 독자들은 쾌속조형 방식과 컴퓨터 수치제어 방식에 대한 설명이 뒤이어질 것으로 기대한다. 그런데 이 단락의 보충문에는 쾌속조형 방식에 대한 설명만 있을 뿐, 컴퓨터 수치제어 방식에 대한 설명은 그 다음 단락에 기술되어 있다. 소주제문에서 제시한 중심 내용이 단락 내에서 충분히 설명되지 못한 것이다. 앞 단락이 완결성을 갖추기 위해서는 뒤 단락과 합쳐져야 한다. 필자가 이들을 하나의 단락으로 삼지 않고 두 단락으로 나눈 이유는 아마도 단락의 적정 길이를 유지하기 위함이었을 것이다.

첫 번째 예문에 비해 두 번째 예문은 단락의 적정 길이를 유지하면서도 완결성을 갖춘 예이다. 두 번째 예문의 소주제문은 첫 번째 예문 앞 단락의 소주제문과 동일하다. 하지만 두 번째 예문에서는 첫 번째 예문과 달리 한 단락 안에 쾌속조형 방식과 컴퓨터 수치제어 방식을 모두 설명하고 있다. 두 방식 각각에 대해 설명을 간략화함으로써 단락의 길이가 너무 길어지지 않도록 함과 동시에 완결성 또한 지킨 것이다.

대체로 소주제의 범위가 좁으면 보충문에 쓸 거리가 별로 없어서 단락의 길이가 짧아진다. 이때 우리는 내용상 두 단락으로 나누어야 할 것을 한 단락으로 합쳐서 단락의 길이를 맞추려는 경향이 있다. 그래서 통일성에 어긋나는 단락을 쓰게 된다. 이와 반대로 소주제의 범위가 넓으면 보충문에 쓸 내용이 많아져서 단락의 길이가 길어지므로 내용상 한 단락이 되어야 할 것을 두 단락으로 나누기도 한다. 이때는 완결성이 없는 단락이 된다.

단락의 길이가 짧아서 완결성이 부족해 보인다면 소주제문을 수정하여 소주제의 범위를 넓히거나 소주제를 뒷받침할 수 있는 문장을 더 보충한다. 반대로 단락의 길이가 길다면 소주제가 두 개는 아닌지, 소주제와 관련 없는 보충문이 있는 것은 아닌지 확인하여 통일성에 맞게 수정한다. 통일성에 문제가 없음에도 단락의 길이가 너무 길다고 여겨지면 소주제문을 수정하여 소주제의 범위를 좁히도록 한다.

### 보충문과 단락의 전개

소주제문이 단락의 중심 내용과 범위를 한정한다면, 보충문은 소주제문이 담은 중심 내용을 설명하고 뒷받침해 준다. 보충문은 소주제문을 읽고 난 독자의 기대를 충족시키거나 의문을 해소해 줄 수 있는 내용을 담아 전개한 문장이다. 보충문을 쓸 때 가장 유의할 점은 소주제문의 내용을 충분히 설명해 주고 소주제문을 뒷받침해 주는 보충문만 씀으로써 단락의 완결성과 통일성을 지키는 것이다.

그러나 반증가능성이 없이도, 물론 간혹 과학자들 사이에서 논쟁이 오가긴 하지만, 과학으로 인정된 학문은 존재한다. 그렇다면, 왜 과학만능인 이 시대에서 괴담을 과학적으로 입증하여 자유로이 제어할 수 있게 만드는 기술은 만들어지지 않는가.

– 학생의 글

부족한 쌀 대신 서민의 배를 채워주던 라면은 현재 연간 시장 규모 2조원을 바라볼 정도로 성장했다. 그 종류만도 100여 종에 이른다. 라면업계의 요즘 화두는 건강이다.

–《경기일보》, 2013년 9월 16일.

위에서 첫 번째 예문은 보충문이 부족해 완결성이 떨어진다. 앞 문장을 소주제문이라고 할 때, 독자들은 이 문장을 읽고 과연 반증가능성이 없이도 과학으로 인정된 학문에 무엇이 있는지 궁금증을 품게 된다. 여기서는 보충문을 추가하여 그러한 학문의 예를 들고 반증 가능성이 없는데도 과학으로 인정되는 이유를 설명해 줌으로써 독자의 궁금증을 해소해 주어야 한다.

두 번째 예문은 소주제와 관련 없는 보충문이 포함되어 통일성이 떨어진다. 이 단락에서 앞의 두 문장은 현재 라면 시장의 성장 규모가 어느 정도인지에 대해 기술하고 있지만, 마지막 문장은 이러한 성장 규모와는 관련 없는 내용이다. 이 문장은 오히려 다음 단락의 소주제문으로 삼을 만하다.

보충문에도 주요 보충문과 세부 보충문이 있다. 주요 보충문은 소주제문에 대한 설명이나 이유에 해당한다. 세부 보충문은 주요 보충문에 대한 상세 설명으로서 구체적인 자료나 사례를 드는 것이 보통이다. 위에서 두 번째 예문은 통일성에 어긋나는 마지막 문장을 빼면 소주제문에 주요 보충문 하나만 연결된 구성이어서 내용이 상당히 부실해 보인다. 주요 보충문에서 라면의 종류가 100여 종에 이른다고 하였으니, 그 구체적인 종류를 세부 보충문으로 추가해 주면 단락으로서 어느 정도 구색을 맞출 수 있다.

다음 예문은 〈소주제문+주요 보충문+세부 보충문〉의 구조로 전개된 단락이다.

> 언어와 방언을 구분하는 첫 번째 기준은 의사소통력이다. 서로 다른 지역의 말이라도 의사소통이 잘 이루어지면 하나의 언어에 속하는 방언으로 간주하고, 의사소통이 잘 이루어지지 않으면 그 두 지역의 말은 별개의 언어로 다룬다. 예를 들어, 전라도 방언과 충청도 방언은 서로 다른 지역의 말이지만, 의사소통이 가능하므로 각각을 우리말의 하위 방언으로 간주한다.
>
> – 신지영 외, 《쉽게 읽는 한국어학의 이해》, 지식과교양, 2012, 303쪽.

경우에 따라 단락의 마지막에 맺음말을 쓰기도 한다. 맺음말은 일의 결과를 나타내거나, 단락의 내용을 정리하고 소주제를 다시 한 번 강조해 주는 역할을 한다.

> 중세 국어는 소리의 높낮이에 의해 단어 뜻이 달라지는 성조 언어의 특징을 보여 준다. 중세 국어에는 세 가지 성조소가 존재하였는데, 평성, 거성, 상성이 그것이다. 평성은 낮은 소리, 거성은 높은 소리, 상성은 처음이 낮고 나중이 높은 소리로, 평성인 '곶(花)'에는 점을 찍지 않는 반면, 거성인 '·플(草)'은 왼편에 한 점을 찍고 상성인 ':별(星)'에는 왼편에 두 점을 찍어 소리의 높낮이를 표기하였다. 성조 언어였던 중세 국어는 근대로 오면서 높낮이에 의한 의미 분화라는 특징을 잃어버리고 소리의 길이에 의해 단어 의미를 구별하는 음장 언어로 바뀌게 되었다.
>
> – 신지영 외, 《쉽게 읽는 한국어학의 이해》, 지식과교양, 2012, 343-344쪽.

위 예문은 〈소주제문+주요 보충문+세부 보충문+맺음말〉의 구조로 전개되었다. 본론 중의 한 단락이라면 맺음말을 반드시 쓸 필요는 없지만, 한 단락이 한 편의 글이라면 맺음말이 포함되어야 한다.

이렇게 〈소주제문+주요 보충문+세부 보충문+(맺음말)〉을 단락 전개의 기본 구조로 삼는다. 여기에 주요 보충문과 세부 보충문을 추가하면 단락을 여러 구조로 자유롭게 확장하여 전개할 수 있다. 다음은 단락의 기본 구조에서 다양한 방식으로 확장한 예들이다.

**뉴스 가치는 상대적이다.** 사람에 따라 기사 판단이 달라지기도 하고 시대 흐름에 따라 기사가치가 달라지기도 한다. 같은 기사를 놓고도 언론사마다 판단이 달라 크게 나가는 신문도 있고 아주 작게 나가는 신문도 있다. 한 언론사 안에서도 같은 기사를 놓고 일선 취재기자와 부장, 차장, 팀장 간에 의견이 다르고 편집담당자의 의견이 또 달라 때로 편집국 안에서 큰소리가 나는 경우도 있다. 이처럼 사람에 따라서 기사가치 판단이 다른 것을 뉴스가치의 상대성이라고 한다.

- 이원섭, 《인터넷 시대의 언론-취재와 보도》, 2007, 27쪽.

**뉴스는 무엇보다 시의적절해야 한다.** 뉴스는 글자 그대로 새로운 것이며, 새로운 것이란 시의성과 직접적 관련이 있다. 아무리 좋은 소재라도 타이밍을 놓쳐버리면 뉴스가치가 떨어진다. 그렇다고 해서 최근에 발생한 일만 뉴스가 되는 것은 아니다. 과거에 있었던 일이라도 뒤늦게 새로운 사실이 밝혀지거나 현재 중요한 의미가 생겨 평가가 달라진다면 얼마든지 뉴스가 된다.

- 같은 책, 25쪽.

**사건이나 사안이 일반 독자들과 얼마나 근접한 상태에서 발생하였느냐가 기사 판단의 중요한 요소가 된다.** 사람들은 자신과 가까운 문제일수록 관심을 갖는다. 서울에 사는 독자들에게는 경상도나 전라도 지방 소식보다는 서울과 수도권 뉴스가 더 피부에 와닿을 것이다. 외국이라도 아프리카나 남미에서 벌어진 일보다는 가까운 일본이나 중국에서 발생한 일들에 관심이 더 가게 마련이다. 근접성은 지리적으로 얼마나 떨어져 있느냐 하는 공간적 요인 외에 심리적 요인도 크게 작용한다. 우리 동포가 많이 살고 있는 미국 L.A.에서 발생한 사건은 누구나 큰 관심을 갖게 마련이다. 한두 집 건너다 보면 그곳에 사는 동포들과 연결되지 않은 사람이 드물기 때문이다.

- 같은 책, 25쪽.

위에서 첫 번째 예문은 세부 보충문이 하나 더 추가되어 〈소주제문+주요 보충문+세부 보충문+세부 보충문+맺음말〉의 구조로 전개되었다. 두 번째 예문은 주요 보충문이 두 개이며, 각 주요 보충문에 대해 세부 보충문이 각각 하나씩 붙어 있다. 세 번째 예문도 주요 보충문은 두 개인데, 각 주요 보충문에 대해 세부 보충문이 각각 두 개씩 붙어 단락의 길이가 가장 길다.

이상에서 살펴본 단락의 전개 방식을 요약하면 다음과 같다.

가. 소주제문+주요 보충문+세부 보충문+(맺음말)

나. 소주제문+주요 보충문+주요 보충문+… +(맺음말)

다. 소주제문+주요 보충문+세부 보충문+세부 보충문+… +(맺음말)

라. 소주제문+주요 보충문+세부 보충문+주요 보충문+세부 보충문+… +(맺음말)

마. 소주제문+주요 보충문+세부 보충문+세부 보충문+주요 보충문+세부 보충문+세부 보충문+… +(맺음말)

이러한 전개 방식을 염두에 두면 단락의 균형성을 유지하는 데에도 도움이 된다. 다음 예를 보자.

**3D 영상을 감상하기 위해서는 보통 특수 안경을 착용해야 하는데, 특수 안경의 종류에는 좌우측 눈에 보여주는 영상을 만드는 기준에 따라 애너글리프(Anaglyph), 셔터 글래스(Active Shutter 3D System), 필름타입패턴편광(Film Patterned Retarder) 방식이 있다.** (1)이 중, 가장 먼저 만들어진 형태는 애너글리프 방식이다. 이것은 우리가 어렸을 때 푸른색, 붉은색 필름으로 만들었던 종이안경과 관련이 있다. 애너글리프 방식은 두 대의 카메라에 각각 붉은색 필터와 푸른색 필터를 이용하여 좌측과 우측의 차이가 있는 영상을 촬영한 후 영상을 겹쳐서 만든다. 이 겹쳐진 영상을 붉은색 필터와 푸른색 필터로 만들어진 특수 안경을 착용한 후 보면, 붉은 필터를 통해서는 붉은 필터로 촬영한 영상을 볼 수 없고 푸른 필터를 통해서는 푸른 필터로 촬영한 영상을 볼 수 없다. 따라서 양쪽에 보이는 영상이 다르며, 이 영상은 뇌에서 3차원 영상으

로 인식된다. (2)셔터 글래스 방식은 동기화된 셔터 안경으로 분리가 된 두 개의 화면을 보는 것이다. 분리가 된 두 개의 화면을 디스플레이 상에서 순서대로 보여주고, 이에 동기화된 셔터 안경이 좌안과 우안의 셔터를 조절하여 열고 닫는다. 이 방식을 사용하기 위한 셔터 안경은 복잡한 회로를 이용하여 만든다. (3)마지막으로 설명할 필름타입패턴편광은 편광필터를 사용하는 방법이다. 편광필터란 특정한 방향으로 진동하는 빛만 통과시키는 필터이다. 즉, 세로줄무늬 모양의 구멍이 나있는 체라고 생각하면 된다. 빛은 전기장과 자기장이 진동하며 전파되는 전자기파이다. 전기장과 자기장의 방향은 수직을 이루고 있으며 크기가 같다. 우리가 이야기하는 편광 방향은 전기장의 방향을 말한다. 자연상태의 빛은 편광되지 않은 빛인데 이것을 편광필터에 통과시키면 특정한 방향으로 편광된 빛을 만들 수 있다. 따라서 안경의 양쪽에 서로 다른 방향의 편광필터를 부착시키면 눈의 양쪽에 서로 다른 방향의 빛이 통과하여 두 눈이 각각 다른 영상을 인식하게 된다. 이러한 원리에 의하여 우리의 뇌는 영상을 입체로 지각하는 것이다. 필름타입패턴편광 방식의 경우 셔터 글래스에 비하여 안경의 구조가 단순하기 때문에 오늘날 3D 영화에 사용이 된다.

- 학생의 글

위 예문은 첫 번째 문장을 소주제문으로 하여 주요 보충문을 세 개로 기술하였다. 각 주요 보충문에 대한 세부 보충문의 개수를 비교해 보면, 두 번째 주요 보충문은 세부 보충문이 2개밖에 되지 않지만 세 번째 주요 보충문의 세부 보충문은 9개나 된다. 세 번째 주요 보충문에 설명이 집중되어 있어 상대적으로 두 번째 주요 보충문에 대한 설명이 부실해 보이는 것이다. 물론, 주요 보충문마다 세부 보충문의 개수를 똑같게 할 필요는 없지만, 앞에서 정리한 '라'와 '마'의 구조를 기억하면 단락 내에서 보충문 간의 균형을 적절하게 맞출 수 있다.

지금까지 공부한 단락 쓰기는 본론 단락에 해당한다. 서론과 결론 단락은 〈소주제문+보충문〉으로 구성되는 일반적인 본론 단락과 그 형식이 다르다. 서론과 결론 단락을 쓰는 방법에 대해서는 절을 바꾸어서 공부하기로 한다.

연습 문제 :

1. 다음 예문을 소주제에 따라 여러 단락으로 나누어 보고, 보충문이 부족하다면 단락의 전개 방식을 생각하며 보충문을 추가해 보자.

> 한국에 라면이 처음 탄생한 것은 1963년 9월 15일. 한국전쟁의 상흔에서 채 벗어나지 못한 당시, 삼양식품 전중윤 회장이 누구나 값싸게 배불리 먹을 수 있는 음식이 필요하다는 사명을 갖고 선택한 것이 라면이다. 일본 묘조식품에서 기술을 전수받아 탄생한 '삼양라면'(당시 가격 10원)은 면발에 각종 양념을 섞은, 닭고기 맛을 기본으로 한 라면. 정부가 정책적으로 혼분식을 장려하던 시대라 삼양식품 이후 농심의 전신인 롯데 등 여러 업체에서 라면 시장에 뛰어들지만 1970년대까지 살아남은 건 삼양과 농심뿐이었다. 라면은 1970년대에 닭고기 육수 베이스에서 쇠고기 육수 베이스로 변화하며 점차 성장해 가다 1980년대에 이르러 황금기를 맞는다. 한국야쿠르트와 청보식품, 빙그레 등이 라면 시장에 진출하는가 하면 너구리, 짜파게티, 팔도비빔면, 신라면, 진라면 등 지금도 사랑받는 스테디셀러 라면이 대거 탄생했다. 그러나 1989년, 라면 업계는 우지 파동이라는 초대형 사건을 맞는다. 삼양식품이 라면 제조에 공업용 우지(소의 지방)를 썼다는 검찰의 발표와 수사로 인해 1990년대 중반까지 라면 업계는 암흑기를 보냈고, 삼양은 업계 1위의 자리를 농심에 내주고 만다. 이후 1990년 말에는 국내 라면 시장 규모가 1조원을 돌파하더니 2000년대에는 해외 시장 본격 진출과 프리미엄 라면의 등장 등 다각도의 발전기를 보냈다. 현재 라면은 100여 종의 브랜드가 치열한 각축을 벌이고 있으며 매년 쏟아지는 신제품도 십수 가지에 달한다. 한국 라면은 오늘도 변신과 변화를 거듭하고 있다. 50주년을 넘어 500주년도 거뜬할 기세로.
>
> -《KTX 매거진》, 2013년 9월호, 167쪽.

2. 다음에 제시한 화제 가운데 하나를 선택하여 한 단락의 글을 써 보자. 먼저 이야깃거리를 구체화하고 중심 생각을 덧붙여 소주제문을 쓴 다음 보충문을 추가하여 단락을 완성한다.

| 대학 | 친구 | 꿈 | 고향 | 음식 |
|---|---|---|---|---|

### 통합 과제 :

1장 계획하기에서 세운 주제와 개요에 따라 본론 단락을 써 보자.

## ✓ 글쓰기 점검표

| 점검 항목 | 점검 내용 | 자기 진단 (○ △ ×) | 오류와 수정 내용 |
|---|---|---|---|
| 단락의 개념과 구성 | 단락을 소주제에 따라 나누었는가 | | |
| | 단락의 형식을 제대로 갖추었는가 | | |
| | 단락을 소주제문과 보충문으로 구성하였는가 | | |
| 소주제문과 단락의 길이 | 소주제문이 단락의 내용과 범위를 명확하게 한정하고 있는가 | | |
| | 소주제의 범위와 단락의 길이가 적절한가 | | |
| 보충문과 단락의 전개 | 소주제문에 어긋나는 보충문이 포함되지 않았는가 | | |
| | 보충문이 소주제문을 뒷받침하기에 충분한가 | | |
| | 보충문 간에 균형을 이루었는가 | | |

## 2.3.
# 서론의 기능과 방법

| 집필하기 1<br>• 어휘와 문장의 생성 | ➡ | 집필하기 2<br>• 단락의 구성과 전개 | ➡ | 집필하기 3<br>• 서론의 기능과 방법 | ➡ | 집필하기 4<br>• 결론과 제목의 완성 |
|---|---|---|---|---|---|---|

### 서론의 역할

한 편의 글은 하나의 맥락으로 통일되게 작성하는 것이 중요하지만, 한 편의 글이 주제를 효과적으로 드러내기 위해서는 글의 각 부분이 담당해야 하는 역할도 중요하다. 하나의 맥락으로 작성하는 것을 통일성의 원리라고 부를 수 있으며, 각 부분의 역할이 적절한가의 여부를 판단하는 것을 독립성의 원리라고 부를 수 있다.

통일성의 원리가 글 전체에 작용하는 것이라면 독립성의 원리는 서론과 본론, 결론에 각각 적용되는 원리라고 할 수 있다. 즉 글의 각 부분이 독립적으로 역할을 충분하게 담당해야만 구성이 탄탄해지고, 이것이 주제와 맥락을 일관되게 유지하면서 진행되어야만 통일성을 획득할 수 있는 것이다.

통일성과 독립성이라는 서로 다른 원리가 충돌되지 않게 하기 위해서는 세 번째 요소인 유기성의 원리가 필요하다. 글이 유기적인가 그렇지 않은가는 각 부분이 담당하는 역할이 부족하거나 넘치지 않게 연결되어야 한다는 점을 의미한다. 이는 글 전체의 통일성 아래에 각 부분이 독립적으로 제시되어야 하며, 유기적으로 연결될 수 있어야 함을 의미하는 것이다.

글 전체의 통일성과 각 부분의 독립성, 부분을 연결하는 유기성을 모두 고려할 때, 한 편의 글에서 가장 중요한 부분은 서론이 될 수밖에 없다. 서론은 글의 방향성을 제시해 주어야 하며, 본론과 결론으로 내용과 주제가 이어질 수 있도록 만들어 주는 지침의 역할을 하기 때문이다. 또한 서론은 글쓴이가 현재 이야기하려는 글감에 대해 어떤 생각을 하고 있는가를 포괄적으로 보여 줄 수 있는 부분이며, 글을 어떻게 전개해 나갈 것인가를 제시하는 역할도 담당한다.

그러므로 서론은 한 편의 글에 있어서 첫인상을 좌우하는 부분이라고 할 수 있다. 아래의 예문은 서론이 글 전체에서 어떤 역할을 해 줄 수 있는가를 적절하게 보여 주는 것이다.

우주는 과거에도 있었고 현재에도 있으며 미래에도 있을 것이다. 우주를 바라보노라면 깊은 울림을 가슴으로 느낄 수 있다. 나는 그때마다 등골이 오싹해지고 목소리가 가늘게 떨리며 아득히 높은 데서 어렴풋한 기억의 심연으로 떨어지는 듯한, 아주 묘한 느낌에 사로잡히고는 한다. 우주를 바라본다는 것이 미지 중 미지의 세계와 마주함이기 때문이다. 그러므로 그 울림, 그 감정이야말로 인간이라면 그 누구나 하게 되는 당연한 반응이 아니고 무엇이겠는가.

인류는 영원 무한의 시공간에 파묻힌 하나의 점, 지구를 보금자리 삼아 살아가고 있다. 이러한 주제에 우주의 크기와 나이를 헤아리고자 하는 것은 인류의 이해 수준을 훌쩍 뛰어넘는 무모한 도전일지도 모른다. 모든 인간사는, 우주적 입장과 관점에서 바라볼 때 중요키는커녕 지극히 하찮고 자질구레하기까지 하다. 그러나 인류는 아직 젊고 주체할 수 없는 호기심으로 충만하며 용기 또한 대단해서 '될 성싶은 떡잎'임에 틀림이 없는 특별한 생물 종이다. 인류가 최근 수천 년 동안 우주에서의 자신의 위상과 우주에 관하여 이룩한 발견의 폭과 인식의 깊이는 예상 밖의 놀라움을 인류 자신에게 가져다주었다. 우주 탐험, 그것을 생각하는 것만으로도 우리의 가슴은 설렌다. 그것은 우리 모두에게 생기와 활력을 불어넣는다. 진화는 인류로 하여금 삼라만상에 대하여 의문을 품도록 유전자 속에 프로그램을 잘 짜놓았다. 그러므로 안다는 것은 사람에게 기쁨이자 생존의 도구이다. 인류라는 존재는 우주라는 찬란한 아픔 하늘에 떠다니는 한 점 티끌에 불과하다. 그렇지만 인류의 미래는 우리가 얼마나 우주를 잘 이해하는가에 크게 좌우될 것이라고 나는 확신한다.

- 칼 세이건, 홍승수 역, 《코스모스》, 사이언스북스, 2006, 36-37쪽.

칼 세이건의 우주과학 입문서인 《코스모스》의 서론은 글쓴이가 어떤 관심을 가지고 있으며, 앞으로 어떤 방향으로 글을 전개할 것인가를 포괄적으로 보여 준다. 우주라는 거대한 대상에 대하여 글쓴이는 처음에 경외감과 경탄으로 자신의 감정을 대변하다가 그에 대비되는 인류의 보잘것없음에 대해 설명한다. 그러나 이 서론의 핵심은 이 같은 거대한 우주에 대한 찬양이 아닌 인류의 도전과 호기심에 대한 것이다. 겸허한 자세로 위대하기까지 한 글감에 대해 도전적으로 접근하고 있는 것이다.

이 서론을 읽는 독자들은 글쓴이가 제시하는 시각에 따라 이제부터 시작될 우주에 대한 인류의 호기심의 역사와 도전 과정을 기대하게 될 것이다. "우주 탐험, 그것을 생각하는 것만으로도 우리의 가슴은 설렌다."고 이야기하는 표현은 이 글의 독자들에게 전이되어 앞으로 제시될 글쓴이의 이야기를 설레는 마음으로 기대하게 만든다.

### 서론의 첫머리 쓰기

학술적인 성격의 글을 쓰는가, 그렇지 않은가에 따라서 서론을 쓰는 방법은 차이가 생길 수 있다. 예술적이거나 비평적인 성격의 글은 내용을 매력적으로 돋보이게 할 수 있는 서론이 효과적이며, 설명적인 성격의 글은 설명할 대상의 일반적인 속성에 대해 이해가 쉽도록 서술하는 방법이 필요하다. 문제는 각 글의 독자와 목적에 따라 가장 효과적인 서론을 서술할 필요가 있다는 점이다.

학술적 성격의 글이 아닌 글을 서술할 때에 서론이 갖추어야 할 덕목은 독자들이 서론 부분만 읽고 나서도 글 전체의 내용에 대해 흥미를 느끼게 할 수 있어야 한다는 점이다. 매력적인 서론을 시작하는 방법에는 어떤 것들이 있을까.

- 인상적인 일화를 제시하는 방법
- 대상의 부분을 통해 전체를 소개하는 방법
- 전체에 대한 일반적인 설명을 통해 내용에 대한 관심을 유도하는 방법
- 질문을 통해 관심을 유도하는 방법
- 시사적인 사건이나 현상을 제시함으로써 글의 주제에 대한 관심을 유도하는 방법
- 통계나 수치를 제시함으로써 관심을 유도하는 방법

글의 첫머리를 시작하기 위해서는 다양한 서술 방법이 사용될 수 있지만, 위에 제시한 방식들을 활용하면 글 전체를 이끌어가기에도 편리하고 내용도 쉽게 파악할 수 있게 한다. 인상적인 일화를 제시하거나 질문을 통해서 관심을 유도하는 방법, 시사적인 사건 등을 제시하는 방법은 독자들에게 내용에 대한 환기는 물론 흥

미를 유발하는 데에 효과적이다. 이에 비하여 전체나 부분을 통해 이야기를 이끌어 가는 방식은 설명이 필요하거나 전문적인 내용을 전달할 때에 독자들이 보다 쉽게 글에 다가설 수 있도록 만들어 준다.

다음의 첫 번째 예문은 일화 중심의 서론 일부이며, 두 번째 예문은 대상의 특성을 통해 전체를 소개하는 서론의 일부이다. 비교하면서 읽어 보도록 하자.

> 2004년 여름, 멕시코 만에서 세력을 일으킨 허리케인 찰리가 플로리다를 휩쓸고 대서양으로 빠져나갔다. 그 결과 스물두 명이 목숨을 잃고 110억 달러에 이르는 손실이 발생했다. 뒤이어 가격폭리 논쟁이 불붙었다.
>
> 올랜도에 있는 어느 주유소는 평소 2달러에 팔던 얼음주머니를 10달러에 팔았다. 전력 부족으로 8월 한여름에 냉장고나 에어컨을 사용하지 못하던 많은 사람이 울며 겨자 먹기로 그 값을 고스란히 지불했다. 나무가 쓰러지는 바람에 전기톱과 지붕 수리에 대한 수요도 높아졌다. 건설업자들은 지붕을 덮친 나무 두 그루를 치우는 데 무려 2만 3000달러를 요구했다. 가정용 소형 발전기를 취급하는 상점에서는 평소 250달러 하던 발전기를 2000달러에 팔았다. 일흔일곱의 할머니는 나이 든 남편과 장애가 있는 딸을 데리고 허리케인을 피해 모텔에서 묵었다가 하루 방값으로 160달러를 지불해야 했다. 평소 요금은 40달러였다.
>
> – 마이클 샌델, 이창신 역,《정의란 무엇인가》, 김영사, 2010, 13쪽.

> 포스트모더니즘을 논의하는 데 무엇보다도 먼저 선행되어야 할 가장 중요한 문제 중의 하나는 포스트모더니즘과 모더니즘의 관계를 규명하는 일이다. 18세기 신고전주의에 대한 논의가 고대 희랍과 로마 시대의 고전주의를, 리얼리즘에 대한 논의가 19세기 초엽의 낭만주의를, 그리고 모더니즘에 대한 논의가 19세기 중엽의 리얼리즘을 출발점으로 삼지 않으면 안 되는 것처럼 포스트모더니즘에 대한 논의는 반드시 모더니즘을 출발점으로 삼지 않으면 안 된다. 그럼에도 불구하고 이제까지 많은 이론가들은 이 점을 쉽게 간과한 채 모더니즘을 충분히 논의하기도 전에 성급하게 포스트모더니즘의 논의에만 급급하였다. 특히 외국의 이론이 마치 뉴욕이나 파리의 유행 의상처럼 무분별하게 수용되기 일쑤인 우리나라의 경우 이러한 현상은 더욱 두드러지게 나타나게 마련이

다. 비유적으로 말해서 이론가들의 이러한 태도는 땅을 굳게 다지기도 전에 먼저 성급하게 그 위에 집을 짓는 행위와 조금도 다를 바 없다. 그것은 포스트모더니즘의 개념과 본질은 말할 것도 없거니와 자칫 모더니즘의 그것마저도 환원법적으로 그릇되게 파악할 위험성을 내포하고 있다.

– 김욱동, 《포스트모더니즘의 이론》, 민음사, 1992, 63쪽.

첫 예문에서 보이는 것처럼 에피소드를 중심으로 서론을 시작할 경우, 독자들은 에피소드에서 이야기되는 인상적인 사건에 관심을 갖게 되고 뒤에 나올 본격적인 내용에 대한 궁금증을 갖게 된다. 이에 비하여 뒤의 예문은 다소 어려운 대상인 포스트모더니즘에 대해 독자들의 이해를 돕기 위하여 전체적인 흐름과 특징을 서술함으로써 뒤에 설명할 내용을 파악할 수 있게 한다.

이처럼 서론의 시작은 어떤 방식으로 서술하는가에 따라 글의 목적은 물론 독자들의 흥미를 유발할 수 있는 데에까지 나아갈 수 있다. 서론을 읽었을 때에 본 내용도 읽고 싶게 만들고, 글의 방향도 파악할 수 있게 하는 것이 핵심인 것이다.

### 학술적 글의 서론

대학생들이 작성해야 할 보고서나 논문, 학술적 에세이의 경우 서론은 글 전체의 진행 방향은 물론 논점과 대상까지 제시해야 하므로 보다 체계적인 서술이 필요하다. 만일 글을 크게 세 부분으로 나누어 서술한다면, 서론은 그 도입부에 해당하므로 독자들이 글을 쉽게 이해할 수 있도록 하기 위하여 몇 가지 필수적인 내용이 담겨야 한다.

학술적인 성격을 가진 글의 서론에서 반드시 필요한 요소는 대략 3가지 정도로 구분하여 생각할 수 있다. 먼저 글쓴이가 선택한 주제와 대상이 얼마나 논의할 만한 필요성이 있는가이다. 학술적인 성격의 글은 기존의 이론이나 주장을 비판하거나 다시 고찰함으로써 논의의 가능성을 만든다. 그러므로 논의의 필요성을 제시한다는 것은 글쓴이가 앞으로 쓰려고 하는 글의 주제는 물론 대상, 관점에 이르기까지 기존의 이론이나 주장, 학설 등과 차별될 수 있다는 점을 보여 주는 것이라 할 수 있다.

기존의 연구나 주장 등에 대해 글쓴이가 문제를 제기하는 이유는 이 같은 논의의 필요성을 얻기 위한 당위적인 진술에 해당한다. 이는 글쓴이는 물론 독자들까지도 논의가 필요하다는 점을 공감하게 만들어 주는 것이며, 그렇기 때문에 서론에서 당위성이 충분히 획득되지 못하면 그 글은 출발에서부터 논지 전개가 어려워질 수밖에 없다.

문제 제기의 당위성을 서술한 뒤에 필요한 것은 자신이 논의할 대상에 대한 소개이다. 학술적인 성격의 글은 글감이 글쓴이에 의해 특정하게 한정되거나 제한됨으로써 구체화되므로 그 대상을 독자들이 이해할 수 있도록 소개해 주어야 한다. 대상에 대한 소개에서 필요한 요소는 논의의 구체성을 획득할 수 있도록 범위를 제한해 주는 것이며, 이를 통하여 보다 구체적이고 미시적인 논지를 이끌어 갈 수 있다.

가령 '한국 현대사'를 글의 포괄적인 대상으로 생각하고 있었다면, 서론에서는 이 대상에 대한 한정을 통해 범위를 좁혀 주어야 한다. '1970~80년대'와 같이 시간의 폭을 한정하거나 '정치사', '사회사' 등으로 개념의 폭을 제한하는 방식은 대상 소개에 있어서 보다 구체적인 논의를 가능하게 한다. '1970~80년대의 한국 정치사 고찰'과 같은 대상의 한정은 '한국 현대사'라는 포괄적인 대상에 비해 논점을 보다 분명하게 해 준 예이다.

대상 한정에 있어서 유의할 점은 글쓴이가 편의에 따라 임의적으로 시 · 공간 · 개념을 한정해서는 안 된다는 것이다. 시간의 폭을 제한하기 위해서는 그 같은 한정이 한국 '정치사'의 논의에 있어서 타당한 이유가 있는 경우여야 하며, 독창적으로 대상에 대한 제한을 하더라도 그 이유는 반드시 서술 과정에서 제시되어야 한다.

서론에서 대상을 제시하고 난 뒤에는 그 대상을 어떤 시각으로 볼 것인가에 대한 글쓴이의 시각이 제시되어야 한다. 문제를 제기하고 그 문제를 해결하기 위해 논의의 대상을 소개하였다면, 기존의 시각과는 다른 자신만의 관점이 드러나야 하는 것이다. 이를 방법론이라 부를 수 있는데, 학술적인 성격의 글에서는 기존의 이론이나 주장을 넘어서는 시각이 반드시 필요하므로 방법론의 창의성은 매우 중요한 요소이다.

또한 창의적이고 독창적인 시각을 만들어 내는 것은 글쓰기의 계획 단계에서부터 고려되어야 할 사항 가운데 하나이다. 글감을 선정한 후 이를 심화시키는 과정에서 독창적인 시각이 만들어질 수 있기 때문이다. 만약 '고려대학교'라는 포괄적인 글감에 대해 글을 쓰고자 할 때, 글쓴이는 1차적인 대상인 '고려대학교'의 성격에 대해 다양한 경로로 접근할 수 있다. 학교의 역사에 대해 관심을 가질 수도 있고, 학교의 상징이나 모토를 생각할 수도 있다. 뿐만 아니라 고려대학교의 교육 철학이나 학제에 대해 논의를 전개할 수도 있으며, 학교의 구성원에 대해서 글을 쓰고자 할 수도 있다. 이런 경우 각각의 관심 분야는 사고 과정의 정련과 검색을 통하여 보다 심도 깊은 논의의 차원으로 확장될 수 있으며, 이 과정에서 글쓴이만의 독창적인 시각이 접목될 수 있는 것이다.

한편, 기존의 논의를 살펴보는 것은 이 같은 독창성을 얻기 위한 좋은 방법 가운데 하나이다. 자신만의 시각을 만들기 위해서는 먼저 기존의 이론과 학설, 주장 등을 폭넓게 살펴볼 필요가 있다. 학술적 성격의 글에서는 서론에서 이 같은 기존 이론을 정리해 주기도 하며, 기존의 이론을 비판적으로 바라보고 성찰하고 고민하는 과정에서 자신만의 논점이 생겨나기도 한다.

또한 이 같은 기존 논의를 바탕으로 새로운 정보를 찾기 위해 걸어가는 과정에서 만나게 되는 많은 정보들과 또 다른 이론과 학설은 자신이 서술하려고 하는 글의 논지를 강화해 줄 뿐만 아니라 완전하게 새로운 길을 만들어주는 아이디어로 작용하기도 한다. 예를 들어 천동설을 극복하고 지동설이 등장할 수 있었던 배경은 기존의 시각을 바탕으로 새로운 관점을 만들었기에 가능했다. 그러므로 그 탐

| | |
|---|---|
| 문제제기 | • 논의의 가치와 가능성을 제시한다<br>• 기존의 이론과 학설 등에 대해 비판적으로 접근한다 |
| 대상소개 | • 논의의 구체성을 획득할 수 있도록 대상을 제한한다<br>• 제한과 한정에는 타당한 이유가 제시되어야 한다 |
| 방법론 소개 | • 자신만의 독창적인 시각을 서술한다<br>• 사고의 정련과 심화를 통해 관점을 정립한다 |

〈서론의 필수 요소〉

색의 과정이 지금까지 확인되지 않은 미지의 길이라면 독창성은 더욱 높아질 수 있다. 비록 그 길을 찾아가는 과정이 지난하고 어렵더라도 그 결과물은 더욱 빛이 날 수 있으며, 그 연구와 배움의 과정은 하나도 버릴 것이 없다.

**연습 문제 :**

1. 다음의 예문을 읽고 예술적 글의 첫머리가 가질 수 있는 특징에 대해 이야기해 보도록 하자.

> 나는 산과 바다가 맞닿은 동해안의 한 항구도시에서 유년시절을 보냈다. 그때만 해도 그 읍내에는 색채를 띤 별다른 구조물이 없었기 때문에 겨울이 되면 도시는 통째 검은색에 가까운 명도 낮고 채도 높은 어두운 빛깔로 삭막하고 음울하기 그지없는 꼴을 했다. 어항이자 군사항이었으며, 아울러 무연탄과 양회 수출항이었던 그 항구 도시는 바닷바람에 날려 도시 곳곳에 내려앉은 탄분과 양회분으로 무시로 어둡고 탁한 색채에 뒤덮여 있었다. 땡볕이 내리치는 처마 밑에서 쉬파리떼가 왕왕거리는 여름이 가고 겨울이 오면, 음울한 색채를 말끔히 뒤덮으며 눈이 내렸다. 그러면 세상천지는 검은색과 흰색으로 이루어진 단조롭기 이를 데 없는 저의 진면목을 고스란히 펼쳐보이면서 사람들을 악다구니의 수렁 속으로 밀어넣는 것이었다. 검은색과 흰색으로 이루어진 대지에 시린 발을 딛고 선 사람들은 자신의 피폐한 영혼을 두드려대는 뱃고동 소리와 찬 바닷바람에 진저리쳤다. 흑백으로 이루어진 세상은 본능을 가진 인간으로서는 공포 자체였다.
>
> 그러던 어느 날 그 무채색의 세상을 진하디진한 유채색의 범벅으로 물들이는 한 사건이 일어났다. 실로 사건은 자멸의 욕구에 허덕이고 있던 사람들의 충혈된 영혼을 숙연하게 한 카타르시스와도 같은 상징적 사건이었다.
>
> – 마르시아스 심, 〈미〉, 《현대문학상 수상작품집》, 현대문학, 2001, 11-12쪽.

2. 다음의 글을 읽고 기존의 시각을 뛰어넘는 새로운 관점의 필요성과 그에 따른 위험성에 대해 이야기해 보도록 하자.

> 우선 패러다임 변화에서 특히 유명한 경우인 코페르니쿠스 천문학의 탄생을 살펴보자. 그 전 체계인 프톨레마이오스의 지구중심 체계가 최초로 기원전 2세기부터 기원후 2세기까지 걸쳐 전개되었을 때, 그것은 항성과 행성의 변화하는 위치를 예측하는 데에 신통하리만큼 성공적이었다. 고대의 체계로서 그렇게 잘 맞는 다른 이론은 없었다. 항성에 대해서는 프톨레마이오스 천문학이 오늘날

까지도 공학의 근사법으로 널리 쓰이고 있으며, 행성에 대한 프톨레마이오스 체계의 예측은 코페르니쿠스의 것만큼 잘 맞았다. 그러나 하나의 과학이론으로서, 놀랄 만큼 잘 맞는다는 것이 완벽하게 성공적이라는 뜻은 결코 아니다. 행성의 위치와 세차 운동 두 가지에 대해서는 프톨레마이오스 체계에 근거한 예측치는 당시에 얻어진 가장 훌륭한 관측과는 잘 들어맞지 않았다. 이러한 사소한 차이를 좀더 줄여보자는 것이 프톨레마이오스의 후계자들이 수행한 정상 천문학 연구의 주요 과제로 등장했고, 그런 양상은 천상 세계의 관측과 뉴턴 이론을 일치시키려는 시도가 뉴턴의 18세기 계승자들에게 정규적인 연구 주제들을 제공했던 것과 흡사했다. 얼마 동안은 천문학자들에게 이러한 시도가 프톨레마이오스 체계로 유도했던 과거의 시도들 못지않게 성공적인 것으로 간주할 만한 이유가 충분히 있었다. 어느 특정한 모순이 드러나면, 천문학자들은 조합된 원들로 이루어진 프톨레마이오스 체계에서 일부 특수 조정을 가함으로써 거침없이 모순점을 제거할 수 있었다. 그러나 시간이 경과함에 따라서 다수 천문학자들의 정규적인 연구 노력의 총체적 결과를 바라보는 사람은 천문학의 복잡성이 그 정확성보다 훨씬 빠르게 증대되고 있다는 것 그리고 한 곳에서 보정된 모순이 다른 곳에서 나타나기가 예사라는 것을 간파할 수 있었다.

– 토마스 S. 쿤, 김명자 역, 《과학혁명의 구조》, 까치, 1999, 109–110쪽.

3. 현재 이슈가 되고 있는 시사적인 주제에 대해 1~2문단 정도로 서술하되 서론의 3요소를 모두 포함시켜 보도록 하자.

## 통합 과제 :

1장 계획하기에서 주어진 과제 중 하나를 선택하여 서론의 필수 요소를 고려하여 서론을 서술해 보도록 하자.

| 과제(택 1) | 대학 전공과 진로<br>민주주의와 경제<br>문화와 예술<br>생명과 기술 |
|---|---|

### ✓ 글쓰기 점검표

| 점검 항목 | 점검 내용 | 자기 진단 (○ △ ×) | 오류와 수정 내용 |
|---|---|---|---|
| 서론의 역할 | 글의 서론이 가져야 할 역할은 무엇인가 | | |
| 서론의 필수 요소 | 자신이 서술한 글의 서론에 필수 요소가 빠진 것은 없는가 | | |
| 학술적인 글의 서론 | 기존의 관점과 이론을 충분히 살펴보았는가 | | |
| 학술적인 글의 서론 | 기존의 관점과 이론을 넘어서는 새로운 시각이 구축되었는가 | | |
| 서론 쓰기의 실제 | 독자들이 충분히 흥미를 가질 수 있는가 | | |
| 서론 쓰기의 실제 | 대상을 충분히 제한하여 논점의 구체성을 얻고 있는가 | | |

2.4.

# 결론과 제목의 완성

| 집필하기 1 • 어휘와 문장의 생성 | ➡ | 집필하기 2 • 단락의 구성과 전개 | ➡ | 집필하기 3 • 서론의 기능과 방법 | ➡ | 집필하기 4 • 결론과 제목의 완성 |
|---|---|---|---|---|---|---|

## 결론의 완성

결론과 제목 완성은 글쓰기의 과정 중 집필하기의 마지막 단계에 해당한다. 결론은 서론에서 제기한 문제의식을 환기하면서 본론에서 밝힌 주요 내용을 간단히 요약하는 단락이라고 볼 수 있다. 또한 자신이 강조하고자 하는 주제를 한 번 더 강조하거나 새로운 견해를 제시해 볼 수도 있다.

앞서 서론의 기능에서 한 편의 글이 주제를 효과적으로 드러내기 위해서는 글 전체의 통일성과 각 부분의 독립성, 부분을 연결하는 유기성이 중요하다고 강조한 바 있다. 결론에서는 이러한 세 요소가 충족되면서 글이 완성될 수 있도록 해야 하기 때문에 성급하게 글을 마무리한 인상을 주면 안 된다. 미봉책(彌縫策) 제시, 중언부언(重言復言) 등의 방식으로 엉성하게 결론을 구성해 버리면 그동안 공들인 노력이 무용지물이 되어 버리기 때문이다. 완성도 있는 글을 위해서는 차분하게 생각을 정리하면서 안정적인 결론이 구성될 수 있도록 끝까지 집중력을 유지해야 한다. 독자들은 결론을 읽고 난 후 글 전체의 핵심을 다시 한 번 환기하고 그 의미를 반추(反芻)하는 경향이 있다. 그러므로 결론을 읽은 후에 독자에게 여운이 남고 주제가 더욱 선명하게 기억된다면 아주 훌륭한 글이라고 평가될 가능성이 높다.

결론에서는 주로 본론의 핵심 내용을 강조하기 위한 여러 방법들이 동원되기도 하고 동시에 새로운 과제나 대안이 제시되기도 한다. 1) 논제 환기 및 주제 요약, 2) 문제 해결 방향과 대안의 제시, 3) 주제의 강조를 위한 인용이나 사례 제시 등이 결론 구성 방식의 대표적인 사례라고 볼 수 있다.

1) 논제 환기 및 주제 요약

지난 며칠간 우리 사회에 가장 많이 회자된 단어를 맞히려고 통계 조사까지 할 필요는 없다. 틀림없이 삼파전일 것이기 때문이다. '복', '건강', '행복'. 그런데 유독 이번 새해에는 '행복'이 강세다. '국민행복시대'라는 표어를 들고 대통령에 당선된 분이 계셔서일까? 아니나 다를까, 서울시의 신임 교육감도 신년사에서 '행복'을 꺼내들었다. "행복한 학생이 성공한다. 이것이 서울 교육이 행복교육이어야 하는 이유다." 하지만 뭔가 이상하다. 행복이 성공을 위한 수단이란 뜻인가? 그가 정말로 그렇게 믿는다면 교실은 별로 행복해질 것 같지 않다.

(본론 생략)

행복에 관한 한 우리는 후진국이다. 이런 맥락에서 박 당선인이 '국민행복시대'를 내건 것은 적절한 선택이었다. 하지만 어떻게 해야 국민을 행복하게 만들 수 있단 말인가? 행복 연구자의 말에 귀를 기울여야 한다. 우선, 기본적인 경제가 안 되는 국민들에게는 최소한의 만족감을 위해 직업과 소득부터 챙겨줘야 한다. 반면, 중산층에게는 그 이상의 부가 더 많은 행복을 담보하지 않을 것이기 때문에 다른 방식이 필요하다. 국가행복지수에서 최상위인 덴마크와 평범한 미국을 비교한 연구에서 그 둘을 가른 것은 "잃어버린 지갑이 되돌아올 것이라고 믿는가?"에 대한 대답 차이였다. 즉 사회, 기업, 정부에 대한 신뢰도가 국민행복지수의 또 다른 변수인 것이다. 마지막으로 최상위 부유층을 "기분 좋다고 쇠고기 사먹겠지"의 무한반복으로부터 탈출시킬 방법도 필요하다. 연구에 따르면, 그들을 행복의 나라로 이끌 수 있는 거의 유일한 방법은 자선과 기부의 기쁨을 알게 하는 길이다. 경제만 이야기하지 말자. 행복해지는 법은 다양하다. 맞춤형 행복 프로젝트가 가동되어야 한다.

– 장대익, 〈행복해지는 법은 다양하다〉, 《한겨레 신문》, 2013년 1월 2일.

위의 예문은 한 신문 칼럼의 서론과 결론에 해당하는데 서론을 보면 글쓴이가 '행복'이라는 화두를 중심으로 글을 시작하고 있음을 알 수 있다. 특히 '행복이 성공을 위한 수단이란 뜻인가?'라는 물음에 보이듯이 글쓴이는 행복의 실질적 의미와 추구 방향에 대해서 적극적인 문제 제기를 하고 있다. 그런데 결론을 살펴보면 글쓴이는 '행복에 관한 한 우리는 후진국이다'라는 명제로 단락을 시작하면서 서론의 논제를 환기하고 있음을 알 수 있다. 이어 본론에서 전개한 행복 추구의 방향성에 대한 자신의 견해를 다시 한 번 요약하고 강조하는 방식으로 결론을 구성하고 있다. 이는 결론을 구성하는 일반적인 방식이라고도 볼 수 있는데 특히 자신의 견해를 비교적 선명하게 드러내며 강조하고자 하는 글일 경우 그 효용성이 배가 될 수 있다.

2) 문제 해결 방향과 대안의 제시

산업현장에서 일하는 생산직 노동자의 절반이 50대 이상이라는 조사 결과가 나왔다. 20대 청년층이 8%에 불과한 점을 감안하면 기형적인 인력구조다. 우리 사회가 안고 있는 인구 고령화 못지않게 생산현장의 노쇠화는 미래 우리 경제의 큰 짐이다. 이른바 베이비붐 세대(1955~1963년생)가 산업현장의 주류를 형성하고 있는 탓이다. 이들이 한꺼번에 퇴직할 경우 숙련된 기술 인력의 공동화 현상이 불 보듯 뻔하다. 이들의 현장 경험을 전수할 수 있는 체계적인 프로그램과 고용의 유연성을 확보할 필요가 있다. 우리 산업구조의 세대교체도 절실하다. 미래 먹거리에 대한 과감한 투자를 통해 새로운 성장 동력을 확보하지 않으면 한국경제의 미래를 담보할 수 없다.

(본론 생략)

베이비붐 세대의 은퇴는 우리가 10년 안에 풀어야 할 주된 과제 중 하나다. 은퇴 후 일자리와 사회복지 체계의 대대적인 수술이 뒤따르지 않으면 사회적 혼란이 불가피하다. 산업현장에는 이들의 경험과 노하우를 살릴 수 있는 준비를 서둘러야 한다. 고령화에 따른 고임금 구조를 극복하려면 임금피크제를 도입하는 것도 대안의 하나다. 우리 사회의 만성적인 생산직 기피 현상도 극복해야 한다. 향후 20~30년 후를 내다본 신성장동력 발굴이 무엇보다 중요하다. 정부의 연구개발 지원과 대기업의 과감한 투자를 통해 미래 먹거리 업종에서 일자리를 만들어야 산업현장의 고령화 문제도 해결할 수 있다.

– 〈산업현장의 노령화 대비책 서둘러야〉, 《경향신문》, 2013 09월 09일 사설 중에서

위의 예문은 한 신문 사설의 서론과 결론에 해당한다. 사설은 언론사의 편집 방향이 선명하게 드러나는 대표적인 논설문에 해당하는데 위의 예문에서 글쓴이는 산업 현장의 노령화 문제를 지적하면서 그 해결 방향을 제시하고 있다. 서론에서 현재 사회의 위기가 구체적 수치를 통해 환기되고 있으며 결론에서는 이러한 문제를 해결하기 위한 노력의 필요성이 강조되고 있다. 특히 '임금피크제'와 같은 구체적 대안이 제시됨으로써 글쓴이의 주장에 대한 설득력이 더욱 강화되었다. 이처럼 결론에서 단순히 문제 해결의 필요성과 중요성을 추상적으로 반복하기보다 해결을 위한 대안까지 제시해 보는 것은 논지의 설득력과 글의 완성도를 향상케 하는 좋은 방법이 될 수 있다.

3) 주제 강조를 위한 인용이나 사례 제시

> 신라 천년 사직을 뒤로 하고 등을 보이고 떠난 마의태자, 시집가는 누이의 뒷모습, 수평선 위로 한 점이 되는 사라지는 배, 모습은 보이지 않고 울음소리만 차츰 작아지는 기러기, 늙은 아버지의 눈빛, 깜빡거리며 줄어드는 촛불, 곱게 물드는 석양과 단풍 등에 우리 마음이 흔들리는 것은, 거기서 소멸을 보았기 때문이다. 그때가 바로 우리 삶에서 문학이 반짝이는 순간이다.
>
> 꽃은 떨어지는 향기가 아름답습니다.
> 해는 지는 빛이 곱습니다.
> 노래는 목마친 가락이 묘합니다.
> 님은 떠날 때의 얼굴이 더욱 어여쁩니다.
>
> \- 한용운, 〈떠날 때의 님의 얼굴〉
>
> 현재 지구상에는 6천 8백 개 정도의 언어가 있는데, 평균 2주에 하나씩 사라지고 있다고 한다. 그 밖에 하루하루 우리 주위에서 사라지는 것들은 또 얼마나 많은가? 사라지는 것들에 문학이 마음을 주지 않으면 끝내 자신도 설 자리가 없을 것이다.
>
> \- 이승수, 〈사라지는 것들 앞의 찬란한 슬픔〉, 《문학이 태어나는 자리》, 산처럼, 2009. 48-49쪽

위의 예문은 한용운 시인의 유명한 시 구절을 인용하면서 결론을 구성하고 있는 사례에 해당한다. '소멸'을 주제로 하고 있는 이 글은 다양한 문학적 사례와 함께 필자의 의견을 개진하고 있고 결론에서는 이러한 주제 의식을 더욱 선명하게 드러내고자 시의 일부를 인용하고 있는 것이다. 한용운의 시를 제시한 후 사라져 가는 언어들의 수를 구체적으로 보여 줌으로써 필자는 '소멸'이라는 단어를 직접적으로 표현하지 않고도 독자의 공감대를 넓히고 주장의 설득력을 높이고 있음을 알 수 있다. 이처럼 유명한 글의 일부나 사례를 결론에서 인용하는 방식은 글쓴이가 자신의 주장을 강조하기 위한 좋은 방법들 중 하나라고 볼 수 있다. 그러므로 인용문을 선택할 때에는 자신의 주장을 강조하고 심화 · 발전시키는 방향성에 부합하는지를 반드시 검토한 후 신중하게 진행하는 것이 좋다.

### 결론의 유의사항

**문제 환기**
- 서론의 화제와 논제를 환기한다
- 본론에서 구체화된 논의에 대해 언급한다

**주제 강조**
- 글의 중요한 핵심 내용을 강조한다
- 인용, 사례 등의 방식으로 주제를 강조한다

**제언**
- 자신만의 창의적 문제 해결 방법이나 대안을 제시한다
- 사고의 정련과 숙고를 통해 정리의 방향을 고민한다

### 제목의 완성

제목은 글의 종류에 상관없이 주제나 제재, 저자의 관점 등을 간략히 드러내는 것으로 글의 핵심 내용을 가늠케 하는 중요한 요소라고 볼 수 있다. 비슷한 내용의

여러 글들이 있을 때 글의 방향성을 선명하게 보여 주면서도 흥미를 유발하게 하는 제목이 있다면 대부분의 독자는 그 글을 먼저 선택하여 읽게 될 것이다. 그러므로 글을 통해 점점 자신을 효과적으로 표현하는 것이 중요해지는 시대에 선명하면서도 참신한 제목을 선정하는 것은 글의 완성 과정에서 화룡점정(畵龍點睛)과 같은 작업이라고 볼 수 있는 것이다.

그러나 실제 학생들이 글을 쓸 때 제목의 중요성을 간과하는 경우가 많다. 자신이 수강하는 교과목명을 제목으로 사용하거나 제목을 생략한 채 자신의 이름과 학번만을 명기하여 제출하기도 한다. 그렇지만 앞서 언급했듯이 글의 제목은 일종의 지도와 같은 것으로 글 내용에 대한 집약적인 정보를 담고 있어서 독자로 하여금 제목만 보더라도 글이 대체적으로 어떠한 방향으로 진행될 것인지에 대한 기대를 불러일으킬 수 있어야 한다. 따라서 반드시 독자들의 관심을 유도할 수 있는 효과적인 제목을 구상하면서 글을 쓰는 습관을 길러야 할 것이다.

제목을 완성하는 과정에 정답이 있는 것은 아니지만 일반적으로 전체적인 글의 주제를 압축하면서 몇 개의 핵심어를 추론하여 짧은 문장이나 몇 개의 구(句)로 재구성하는 경우가 많다. 특히 설명문이나 논설문과 같이 전달 목적이 선명한 글일 경우 이러한 제목 선정의 방식이 효과적이다. 또한 동일한 내용이라 하더라도 글의 종류나 목적, 독자 등에 따라 다양한 제목을 구상해 볼 수 있다. 논문과 같은 학술적인 글에서는 대부분 글의 내용을 그대로 드러내는 명사형 제목이 많이 사용되고 문학과 같은 창조적인 글쓰기에서는 문장 형식으로 비유적인 표현들이 사용되기도 한다. 가령 작가 임화의 작품에 대해 글을 써야 할 때 '임화 문학의 재인식'과 같은 제목은 학술 논문에 어울리며, '오빠의 탄생 - 누이 콤플렉스와 부모 버리기'는 문학 비평문에 어울리는 제목이라 할 수 있다.

또한 문학적 글이거나 내용과 형식이 보다 자유로운 글일 경우 본론에서 활용한 비유가 있다면 응용을 해 본다거나 상황이 비슷한 다른 사례에 빗대어 보는 등의 방식으로 참신한 제목을 구성하는 것도 좋은 방법이 될 수 있다. 처음부터 제목을 달고 글을 쓰려고 하기보다 주제를 설정하고, 떠오르는 제목들을 구상해 두었다가 글을 쓰는 과정에서 검토하면서 수정하는 것도 효과적인 방법이다. 그러나 독자의 관심을 유도하고 흥미를 자극하기 위해 지나치게 선정적이거나 주제에서 벗어나는 내용으로 제목을 다는 것은 오히려 글의 수준을 저하시키는 부작용을 낳기도 한다. 그러므로 글의 주제를 집약하고 참신하면서도 글의 종류와 수준에 맞는 제목을 구상하기 위한 노력이 필요하다. 다음은 2013년 주요 인터넷 서점에서 스테디셀러 상위권에 위치한 책의 제목들이다.

- 멈추면, 비로소 보이는 것들
- 엄마를 부탁해
- 아프니까 청춘이다
- 정의란 무엇인가
- 딸아, 외로울 때는 시를 읽으렴

위의 책 제목들을 살펴보면 대체로 청유형이나 의문형 등이 활용되면서 독자와의 적극적인 공감이나 설득의 측면이 강조되고 있음을 알 수 있다. 다수의 독자를 대상으로 하는 일반적인 대중 서적들의 경우 간략하면서도 호기심이 유발될 수 있는 제목들이 선정되는 경우가 많다. 독자들이 제목에 흥미를 느끼게 되면 책을 구매하여 직접 그 내용을 읽어 보려 하는 경우가 많아질 수밖에 없기 때문이다. 나아가 책의 핵심 내용이 명확하게 반영된 제목이라면 그 효용성과 파급력은 극대화될 수 있다. 그런데 이러한 대중 서적과 달리 전문 학술 서적이나 논문들의 제목은 대상 독자의 상정 범위가 다르기 때문에 보다 간결하고 선명해야 한다. 다음 사례들은 학술 서적과 논문들의 제목에 해당한다.

- 생명공학 시대의 법과 윤리
- 정치학의 이해
- 고전문학과 여성주의적 시각
- '역사란 무엇인가'를 넘어서
- 근대의 특권화를 넘어서 — 식민지 근대성론과 내재적 발전론에 대한 이중비판

위에 제시된 제목들을 보면 학술적 지식의 대상이나 범위가 명확하게 제시되고 접근 방법이나 목적도 동시에 확인된다. 마지막 사례에서 보이듯이 부제를 달아 글의 목적을 보다 선명하게 제시하는 것도 좋은 방법이 될 수 있다. 이처럼 대학교 이상에서 접하게 되는 학술 서적의 제목들은 일반적인 대중 서적들과 차이를 보인다. 그러므로 대학교 초년생이 수업 시간에 보고서를 제출할 경우에는 글의 핵

심 내용이 간명하게 전달될 수 있게 하는 제목을 선정하는 것이 바람직하다. 지나치게 범위가 넓거나 추상적인 내용, 감정적이거나 독특한 표현 등은 오히려 연구 내용과 의미를 전달하는 데 있어 방해가 될 수 있기 때문이다.

## 연습 문제 :

1. 다음 글의 결론과 제목(단락별 소제목 포함)은 어떤 점에서 효과적인지 분석해 보고 수정의 방향에 대해서도 토론해 보자.

### 왜 다시 이상(李箱)인가?

문학과 예술에서 상상력의 빈곤을 문제 삼게 될 때마다 우리는 이상과 그의 문학을 떠올린다. 시인이자 소설가, 1930년대를 살았던 천재 문인. 오래전의 이 작가는 오늘날에도 많은 작가와 독자들을 매혹시킨다. 이상의 짧은 생애는 삶의 모든 가능성을 보여주는 극적인 요소로 가득 차 있다. 그의 개인적인 문학 활동, 특이한 행적과 여성 편력, 도쿄에서의 죽음 등은 풍문처럼 떠도는 이야기 속에서 과장되기도 하였고, 사실과 다르게 왜곡되기도 하였다. 이상의 문학에 대해서는 그가 남겨놓은 문학 작품의 양보다 훨씬 많은 여러 가지 주석이 붙어 있다. 그는 희대의 천재가 되기도 하였고, 전위적인 실험주의자로 지목되기도 하였다. 그가 철저하게 19세기를 거부한 반전통주의자였다고 말한 사람도 있다. 한편으로 그의 문학이 일본에서 일어났던 신감각파 시운동의 영향권에 있었다고 평가 절하한 사람도 있다.

이상은 사물에 대한 감각적 인식을 둘러싼 문화적 조건과 그 변화에 일찍 눈을 떴던 예술가다. 그는 어린 시절부터 미술에 관심을 두면서 근대 회화의 기본적 원리를 터득하였고, 경성고등공업학교 건축과에 재학하는 동안 근대적 기술 문명을 주도해온 기하학과 물리학 등에 관한 깊은 이해를 가지게 되었다. 그리고 새로운 예술 형태로 주목받기 시작한 영화에 유별난 취미를 키웠다. 문명과 예술의 모든 영역에 대한 이상의 폭넓은 관심과 지식은 그가 남긴 문학의 구석구석에 잘 드러나 있다. 그의 문학에서는 새로운 것에 대한 반짝이는 호기심을 감지할 수 있다. 현재의 독자들도 이상의 열렬한 호기심에 동화돼 세상을 새롭게 보는 눈에 대해서 생각해 보게 된다.

#### 문명과 예술의 모든 영역에 관심

이상 문학에서 가장 빛나는 부분은 사물에 대한 새로운 시각의 발견이다. 이상은 사물을 본다는 것이 단순히 눈앞에 존재하는 사물의 외적 형상을 인지하는 것이라고 여기지 않았다. 그것은 사물을 관찰하는 과정과 함께 주체를 둘러싸고 있는 환경 속에서 주체까지도 포함하는 여러 개의 장(場)을 함께 파악하는 일이었다. 그는 사물에 대한 물질적 감각을 정확하게 드러내기 위해 사물의 전체적인 형태와 중량감은 물론 그 내적 속성까지도 꿰뚫어 볼 수 있는 특이한 시선과 각도를 찾아내었다. 그리고 자신이 발견한 시각을 통해 사물의 존재와 그 가치를 새롭게 인식할 수 있는 새로운 문학의 기법을 만들어냈다.

이상은 누구보다 먼저 근대사회에서의 인간 존재에 의문을 표시하고 그 가치를 놓고 심각하게 질문하였다. 하지만 그는 자신의 문학을 통해 인간의 삶에 대한 어떤 궁극적인 해답을 제시하고자 욕심 부리지는 않았다. 그는 끊임없이 발전해가는 기술 문명의 세계를 지켜보면서 거기에 대응하는 인간의 변화와 주체의 분열을 주목하였고, 모든 근대적인 것에 대해 회의하고 그 가치를 부정하게 되었다. 주체의 절대성과 이성에 대한 신뢰를 중시하는 근대적 가치 체계를 놓고 볼 때, 이 모든 것을 부정하는 이상 문학은 한국문학에서 커다란 충격이 될 수밖에 없었다.

이상 문학은 이상 이전에 한국에서 유행했던 서정시의 시적 진술법이라든지 소설의 서사 기법만으로는 이해하기 어렵다. 그의 시는 낭만주의 시처럼 읊조리기 쉽지 않다. 그의 소설은 리얼리즘적 관점을 통해 이해하기에는 그 성격이 너무나 모호하고 그 서사구조와 의미가 애매하다. 그의 문학은 부르주아 계급의 삶을 전체적으로 묘사하고 그 전망을 노래했던 기존의 문학과는 그 성격을 달리한다. 이상은 사물에 대한 보다 직접적이고 감각적인 인식을 중시한다. 그는 인간의 삶에 숨겨져 있던 현상과 본질의 대립, 부분과 전체의 부조화를 찾아내면서, 모든 사물의 외관의 무의미성을 강조하는 데에 더욱 주력한다. 그렇기 때문에 이상 문학은 세계에 대한 인식뿐만 아니라 사물을 대하는 주체의 시각 자체를 새롭게 변형시킬 수 있는 획기적인 방법을 제시할 수 있게 된다. 이상 문학이 상상력의 하부 구조를 열고 사물의 실체에 도달할 수 있는 비밀스러운 통로로 인정받게 된 이유가 여기 있다. 그의 문학은 독자들에게 '다른 눈'을 가질 것을 일러준다. 1930년대에 쓰인 이상의 작품이 현재에도 유효하게 읽히는 이유다.

사물을 새롭게 보는 방식 일깨워줘

이상 문학은 새로운 것을 찾는 독자들의 호명에 의해 다시 살아난다. 그리고 독자들에게 사물을 새로운 시각으로 보는 방식을 일깨워주면서, 사물에 대한 '새로운 시각'이 왜 중요한가를 말해주고 있다. 모든 사물은 시각을 달리하여 보면 그 숨겨진 부분이 드러난다. 뒤집어 보고 자세히 들여다보면, 내면의 새로움도 발견할 수 있게 된다. 이상 문학은 오늘의 현실 속에서 다시 살아나 이렇게 말한다. '시각을 바꾸어 사물을 보라! 모든 사물은 다른 각도에서 볼 때만 새로운 모습을 드러낸다.'

– 권영민, 《동아일보》, 2012년 4월 28일.

2. 다음 글의 단락을 구분해 보고 제목의 적절성과 그 이유에 대해 토론해 보자.

윤리는 기억이다

봉준호 감독의 '살인의 추억'은 좋은 영화다. 지난 세기의 1986년에서 91년에 이르기까지 10명의 여인이 살해된 화성 연쇄살인사건을 우리는 기억하고 있다. 범인이 붙잡히지 않아 결말을 보지 못한 사건, 그래서 잊어버린 숙제처럼 되어 있는 이 사건에서 이렇게 높은 감동을 얻어낼 수 있다는 것은 정말 놀라운 일이다. 영화는 웃음으로 시작한다. 주인공 형사가 '딸딸이'라는 이름이 알맞은 경운기를 타고 등장하고, 형사반장이 사건현장으로 미끄러져 떨어지고, 안개 속에서 나타나는 서울 형사가 강간범으로 오인되어 얻어터질 때 관객들은 모두 웃음을 터뜨린다. 애매한 혐의자를 경찰서 지하실에 잡아다 놓고 군화발로 짓이길 때까지도 이 웃음은 아직 관객들의 입가에 남아 있다. 멀지 않은 과거에 우리는 그렇게 살았던 것이다. 그 몰골이 아무리 비참하더라도 이제는 강 건너 불이 되었으니 한바탕 웃음으로 넘겨 버릴 수 있을 것만 같다. 그러나 애써 눌러두었던 우리의 상처가 그렇게 살았던 과거 속에서 솟아올라 생생하게 피를 흘리기 시작할 때, 왜 그렇게 살아야 했던가를 묻지 않을 수 없게 될 때, 객석은 비애와 분노의 감정에 휩싸인다. 거의 절대적이라고 해야 할 거대한 악과 마주 섰던 관객들은 영화가 끝날 때 모두 패배의 이력을 하나씩 빈손에

움켜주고, 고전비극을 보았을 때처럼 숙연한 마음으로 극장 문을 나서게 된다. 그 끔찍한 범죄로부터 인간의 한계가 무엇인지를 배웠다고 말해야 할까. 사실 우리의 80년대는 거대한 범죄로부터 시작했다. 이 5월만큼 아름다웠던 그 해의 5월에 광주에서 무고한 사람들이 무더기로 피를 흘리며 쓰러지고 젊은 희망은 무참하게 꺾여버렸지만, 공식적으로 그 범죄자는 아직까지 밝혀지지 않았다. 우리는 그 범죄자들을 몰라서도 처단하지 못했고 알고도 처단하지 못했다. 영화가 다루고 있는 화성 연쇄살인사건이 또한 그러하다. 한 시대를 공포의 도가니로 몰아넣고 꼬리를 감춘 악은 직접 희생을 당한 주민들과 수사관들, 영화를 만든 사람들과 보는 사람들, 그리고 우리 모두를 악에 바치게 만들고, 시시로 우리 가슴을 후벼 생생한 상처를 만들어낸다. 그러나 영화는 80년대의 정치와 사회에 대한 이런 은유를 제시하는 것으로 그치지 않는다. 영화는 그 시대에 폭압적인 군사 권력이 실제의 수준에서도 이 끔찍한 연쇄살인사건과 어떻게 공모하고 있었는지를 밝힌다. 오직 백성을 겁주기 위한 등화관제훈련은 범인에게 안전하게 살인을 저지르도록 돕고, 수사기록을 더듬는 수사관의 노력을 방해한다. 범죄를 감시하고 범인을 체포해야 할 경찰력은 시위를 진압하기 위해 엉뚱한 곳에 배치된다. 게다가 문모 경관의 성추행 사건까지 끼어들어 결정적인 순간에 수사에 혼선을 빚게 만든다. 연쇄살인사건은 정치권력이 생산하는 일상의 공포가 우리의 삶을 위협하고 파괴하던 정황을 직접적이고 강렬하게 드러내어 보여 준 것이라고 말해도 결코 지나치지 않다. 시는 기억술이라는 말이 있다. 비단 시만이 아니라 모든 예술은 왕성했던 생명과 순결했던 마음을, 좌절과 패배와 분노의 감정을, 마음이 고양된 순간에 품었던 희망을 내내 기억하고 현재의 순간에 용솟음쳐 오르게 하는 아름다운 방법이다. 기억이 없으면 윤리도 없다고 예술은 말한다. 예술의 윤리는 규범을 만들고 권장하는 데에 있는 것이 아니라 순결한 날의 희망과 좌절, 그리고 새롭게 얻어낸 희망을 세세연년 잊어버리지 않게 하는 데에 있기 때문이다. 기억만이 현재의 폭을 두껍게 만들어 준다. 어떤 사람에게 현재는 눈앞의 보자기만한 시간이겠지만 또 다른 사람에게는 연쇄살인의 그 참혹함이, 유신시대의 압제가, 한국동란의 비극이, 식민지시대의 몸부림이, 제 양심과 희망 때문에 고통당했던 모든 사람의 이력이, 모두 현재에 속한다. 미학적이든 사회적이든 일체의 감수성과 통찰력은 한 인간이 지닌 현재의 폭이 얼마나 넓은가에 의해 가름된다. 그래서 영화의 끝에서 전직 형사 박두만이 우리를 똑바로 쳐다볼 때, 그 시선은 이런 질문을 쏘아 보낸다. 당신이 잊고 있는 것은 무엇이며 기억해야 할 것은 무엇인가.

– 황현산, 《밤이 선생이다》, 문학동네, 2013, 202-205쪽.

3. 다음 글의 결론을 완성한 후 제목을 고민해 보자

처음으로 마련하는 내 집, 우리는 어떤 기준으로 고를까? 역세권에 위치하고 학군이 좋아야 할 것, 재건축의 가능성이 높으며 대지 지분이 높을 것. 혹시 이런 기준으로 집을 구해 오지는 않았던가? 집은 우리가 가장 오랜 시간을 보내는 공간임에도 불구하고 그동안 '투자 대상' 혹은 '아이들의 교육자리 터' 정도로 생각해 온 것이 한반도 도시인들의 솔직한 현실이다.

알랭 드 보통은 자신의 저서 《행복의 건축》에서 '공간이 그 안에 살고 있는 사람의 희망과 일치했을 때 우리는 그곳을 집이라 부른다'고 했다. 내가 꿈꾸고 희망해 온 공간에서 생활할 때 비로소 우리는 그곳에서 행복할 수 있다. 그러기에 우리가 집을 고를 때 제일 먼저 해야 할 일은 우리 내면의 희망을 읽는 일이어야 한다.

신경건축학자라면, 이를 행복감을 표상하는 세로토닌이 많이 분비되고 스트레스 호르몬인 코르티솔이 적게 분비되는 집을 찾으라고 해석해 줄 것이다. 정신과 의사인 에스더 스턴버그는 이런 표현이 전혀 삭막하지 않다고 주장한다. 그는 자신의 저서 《힐링 스페이스》에서 사람들은 자연과 함께할 때 행복감을 느낀다고 주장한다. 몸이 아픈 환자들은 발코니가 넓고 창이 커서 나무와 꽃이 잘 보이는 공간에서 더 빨리 치유된다. 치매 환자들은 숲길을 산책하고 정원에서 차를 마실 때 인지기능이 오래 유지된다. 공간이 삶을 치유하는 일은 늘 벌어지는 일이라고 역설한다.

설거지를 하면서도 거실의 가족들과 대화를 나눌 수 있는 아일랜드 키친에서 큰 만족감을 느낀다는 보고도 있다. 아일랜드 키친에서 애착 형성 호르몬인 옥시토신의 분비가 늘어난다는 얘기다. 책을 읽을 때 가장 행복한 사람은 서재가 반드시 있어야 하고, 가족과의 대화가 필요하다면 거실은 대화할 수 있는 분위기로 꾸며져야 한다. 우리 가족이 언제 행복한지를 알아야 좋은 집을 발견할 수 있다. 아마도 20년쯤 후에는 모델하우스가 최첨단으로 바뀌게 될 것 같다. 예를 들어 고객이 들어오면 제일 먼저 '호르몬 패치'를 채워 줄지 모르겠다. 고통스러울 때 분비되는 코르티솔과 엔도르핀을 측정하고, 화목할 때 분비되는 세로토닌과 옥시토신을 재서 어떤 타입의 집 구조에서 우리 가족이 가장 행복한지 데이터를 통해 알려 주려고.

공간과 건축이 인간의 사고와 행동에 미치는 영향을 측정하고 이를 바탕으로 더 나은 건축을 탐색하는 학문을 '신경건축학'이라 부른다. 인간은 본래 인공건축물 안에서 생활하는 존재이니 건축이 우리의 몸과 뇌에 미치는 영향을 탐구하는 것이야말로 얼마나 중요한 학문인가! 그동안 건축이 인간의 마음과 행동에 미치는 영향을 제대로 측정하려고 노력하지 않았다는 사실이 오히려 더 놀랍다.

다행히 이제는 휴대용 뇌파측정기가 간편하면서도 정확하게 대뇌활동을 측정할 수 있어 건축과 디자인, 환경 등이 인간의 사고와 행동에 미치는 영향을 탐구할 수 있게 됐다. 신경건축학 덕분에 우리는 천장이 높은 공간에서 창의적인 발상이 더 많이 나온다는 사실을 알게 됐다. 혁신이 탄생할 업무공간은 푸른색 계통의 인테리어가 더 적절하며, 혁신의 실마리가 도처에 산재한 공간을 직원들에게 마련해 줘야 한다고 역설한다.

또 에스더 스턴버그는 치매 환자들을 위한 요양원은 기숙사처럼 복도식 구조면 불편하다는 사실도 밝혔다. 기억력이 현저히 떨어져 자신의 방도 제대로 못 찾는 분이 많기 때문이다. 박물관을 방불케 할 만큼 옛날에 쓰던 물건들을 진열해 놓아 기억을 되살리려는 노력을 요양원이 적극적으로 해야 한다고 설파한다. 이미 미국과 독일은 신경건축학 덕분에 요양원의 건축구조가 많이 바뀌었다. 솔직히 고백하자면 아직 신경과학은 건축물과 공간에 의한 뇌 속 변화를 잘 측정하고 해석할 만큼 발달하지 못했다. 섣부른 해석이나 확대 적용은 때론 위험할 수도 있다. 아직 갈 길이 멀다는 얘기다.

- 정재승, 《중앙일보》, 2013년 6월 28일.

**통합 과제 :**

1장 계획하기에서 세운 주제와 개요에 따라 결론과 제목을 완성해 보자.

| 과제(택 1) | 대학 전공과 진로<br>민주주의와 경제<br>문화와 예술<br>생명과 기술 |
|---|---|

### ✓ 글쓰기 점검표

| 점검 항목 | 점검 내용 | 자기 진단 (○ △ ×) | 오류와 수정 내용 |
|---|---|---|---|
| 논제 환기 | 서론에서 제기한 문제 제기에 호응을 이루는 결론인가 | | |
| 주제 요약 | 본론의 각 단계에서 제시한 핵심 내용이 통합적으로 요약, 정리되고 있는가 | | |
| 해결 방향이나 대안 제시 | 문제 제기가 중심이 되는 글일 경우 결론에 새로운 대안이나 전망이 제시되어 있는가 | | |
| 강조를 위한 방식 | 사례나 인용 등과 같은 방법을 통해 좀더 효과적인 주제 전달을 고민해 보았는가 | | |
| 제목의 적절성 | 글의 주제와 제목이 호응을 이루고 있는가 | | |

# 3. 수정하기

글을 수정하는 과정은 글쓰기를 완성하기 위한 마무리 단계로 흔히 퇴고(推敲)의 과정이라 불린다. 글을 쓰는 주요 목적은 상정된 독자나 타인에게 자신의 생각을 전달하는 것이므로 이러한 의도가 잘 반영되었는지를 확인하는 것은 매우 중요한 작업이라고 볼 수 있다. 특히 본인이 글을 몰입해서 쓸 때에는 미처 발견하지 못했던 여러 문제들이 퇴고의 과정에서 발견되는 경우가 많다. 따라서 이 단계에서는 최대한 객관적인 시각에서 글을 비판적으로 살펴보려는 노력이 요청된다. 글쓴이는 이 과정 속에서 보다 정확한 어휘나 문장을 발견할 수 있고 나아가 자신의 생각과 의견을 재점검하며 발전시켜 나갈 수도 있다. 특히 단기간에 좋은 글을 쓴다는 것은 불가능하며 시간과 여유를 두고 여러 번 다듬고 수정해 보는 것이 글의 질적 향상을 위한 가장 좋은 방법임을 기억해야 한다. 다음은 20세기 초 유명한 문장가인 이태준(李泰俊, 1904~1970)이 《문장강화(文章講話)》라는 책을 통해 '퇴고의 중요성'을 강조하며 제시한 사례들인데 되새겨 볼 만하다.

> … 소동파(蘇東坡)가 〈적벽부(赤壁賦)〉를 지었을 때 친구가 와 며칠 만에 지었냐고 물으니까 "며칠은 무슨 며칠, 지금 단번에 지었네"하고 말했다. 그러나 동파가 밖으로 나간 뒤에 자리 밑이 불쑥해서 들쳐보니 여러 날을 두고 고치고 고치고 한 초고(草稿)가 한 무더기나 쌓였더란 말이 있다. 고칠수록 좋아지는 것은 글쓰기의 진리다. 이 진리를 버리거나 숨기는 것은 어리석다. 같은 중국

> 문호라도 구양수(歐陽脩) 같은 이는 퇴고를 공공연하게 자랑삼아 하였다. 초고는 반드시 벽 위에 붙여놓고 방에 들어가고 나올 때마다 읽어보고 고쳤다. 그의 명작 중 하나인 〈취옹정기(醉翁亭記)〉의 초안을 쓸 때 첫머리에서 저주(滁洲)의 풍광을 묘사하는데 첩첩이 둘린 산을 여러 가지로 묘사해보다가 고치고 고치어 나중엔 "저주 둘레는 온통 산이다(環滁洲山也)"란 말로 만족했다는 것은 너무나 유명한 이야기거니와, 러시아의 문호 도스또예프스키가 똘스또이를 부러워한 것도 그의 재주가 아니라, "그는 얼마나 느긋하게 원고를 쓰고 앉았는가!" 하고 원고료에 급하지 않고 얼마든지 퇴고할 시간적 여유가 있었음을 부러워한 것이다. … 아무튼 두 번 고친 글은 한 번 고친 글보다 낫고, 세 번 고친 글은 두 번 고친 글보다 나은 것이 진리다. 예나 지금이나 명문장가치고 퇴고에 애쓴 일화가 없는 사람이 없다.
>
> – 이태준 지음, 임형택 해제, 《문장강화(文章講話)》, 창비, 2013, 224-225쪽.

위의 예시들에 보이듯이 역사에 남을 만큼 훌륭한 문인들도 퇴고하기의 과정에 상당한 노력을 기울였음을 알 수 있다. 시간적 여유를 충분히 갖고 글을 여러 번 수정해 보는 것은 명문(名文)이나 명작(名作)을 창작하기 위해 필수적으로 거쳐야 하는 과정인 것이다. 유명한 문인들의 경우도 이러한데 공식적 글쓰기를 시작하는 초보자의 입장에서 퇴고라는 작업에 더욱 많은 노력을 기울여야 함은 당연지사이다. 글을 써 본 경험도 많지 않은데 시간에 쫓겨 급히 완성해 버리면 여러 오류와 문제점들이 고스란히 드러날 수밖에 없기 때문이다. '고칠수록 좋아지는 것은 글쓰기의 진리'라는 예시문의 구절을 기억하면서 수정하기의 필요성과 중요성을 확고하게 인식할 필요가 있을 것이다.

## 3.1. 수정하기의 기본 원리

**첨가**

- 자신의 의도나 글의 주제가 선명하게 드러나지 못한 부분
- 각 단락 내 논지의 근거나 뒷받침 사례가 불충분한 부분
- 문장 단위 내 어휘나 구성 성분이 적절치 못한 부분

**삭제**

- 논지 일탈이 발견되거나 더 적절한 내용이 삽입될 수 있는 부분
- 유사한 내용이 반복되거나 부적절한 논거가 사용된 부분
- 매끄럽지 못한 접속어나 불필요한 단어 등이 발견되는 부분

**재배열**

- 주제의 논리적 흐름과 전개가 뒤엉키거나 끊어진 경우
- 단락의 배치나 논거의 순서가 부적절한 부분
- 문장 성문 내 호응 관계가 어긋나거나 어휘 배열이 어색한 부분

## 3.2. 수정하기의 실제 방법과 적용

앞서 살펴본 첨가, 삭제, 재배열이라는 기본 원리를 통해 글을 수정할 때 가장 중요한 점은 우선 글 전체의 흐름이 자신이 전달하고자 한 주제와 유기적으로 연계되는지를 살펴보는 것이다. 주제와 내용이라는 거시적 방향성을 살펴본 후에 단락과 구성, 표현과 문장이라는 하위 단계로 고쳐 가는 방법이 적절하다.

**주제와 내용의 수정**

- 주제가 전체 흐름을 통해 일관적으로 표현되고 있는가
- 주제문이나 제목이 글의 내용과 유기적으로 연계되고 있는가
- 글의 내용이 논리적으로 전개되고 있는가

**단락과 구성의 수정**

- 각 단락의 연결이 자연스럽게 이루어지고 있는가
- 각 단락들이 글 전체와 균형을 이루며 유기적으로 구성되고 있는가
- 각 단락 내의 소주제와 뒷받침 논거들의 연계성이 적절한가

**표현과 문장의 수정**

- 문장 내 주술 호응, 중의적 표현, 번역투 등과 같은 어법 문제는 없는가
- 문장 내 어휘 사용과 문장 사이의 연결성이 적절한가
- 맞춤법, 띄어쓰기, 문장 부호의 사용 등이 적절한가

## 3.3. 실제 분석 사례

아래 글은 '지구가 하나 되어 가는 세계화 시대에 자국의 문화적 정체성이나 다양성은 보호되어야 하는지, 만일 보호되어야 한다면 구체적으로 어떤 정책을 통해서 가능할지에 대해 논의해 보자.'라는 문제에 대한 한 학생의 글이다. 먼저 주제와 내용의 측면에서 1차 수정을 한 후에 2차 수정을 통해 단락과 구성, 세부적 표현과 문장 단위를 고쳐 나가는 것이 적절하다.

### 1차 수정하기

문화적 정체성 보호와 대책

Ⓐ 통신과 교통수단의 급속한 발전으로 우리는 점점 가속화되는 세계화의 시대에서 살고 있다. 과거에는 다른 나라에 직접 방문하는 것이 시간이 많이 소모되는 일이었지만, 현시대에선 내 방에서도 다른 나라의 사람들의 얼굴을 보고 대화를 나누는 것이 대단하게 여겨지지 않는다. 이런 세계화 시대에서는 다른 국적과 가치관을 가진 사람들이 그들의 생각과 주장을 허물어진 벽을 넘어 공유하며, 대부분의 분야에서 나라의 국경이 허물어지고, 각국의 다양한 문화의 교류도 활발해진다. 하지만 문화 역시 세계화의 과정 속에서 그 나라 고유의 문화를 유지할 수 있는 지에 대한 대립과 갈등이 존재한다. 이것은 세계화 과정을 거치며 자국의 문화가 다른 지배적 국가의 문화에 동화되어 그 나라의 문화적 정체성이 사라지거나 위태로운 위치에 놓일 가능

성이 다분하기 때문이다.

Ⓑ 문화라는 것은 어느 순간 생성되는 것이 아니라, 오랜 시간을 거치며 형성되는 것이다. 그렇기 때문에 민족의 문화는 국가의 정체성이라고도 할 수 있으며, 그 나라의 역사와 민족의식을 압축해놓은 것이라 할 수 있다. 또한 현 시대에선 문화정체성의 유지가 문화를 생산하여 보급하는 우위의 국가가 될 것이냐 아니면 다른 국가의 문화를 받아들여 동화되는 국가로 전락하느냐의 문제로 연결되기 때문에 그 의미는 국가경쟁력의 면에서도 중요하다. 그러므로 세계화 시대로 나아가는 이 시대에 자국의 문화적 정체성은 보호되고 유지되어야한다.

Ⓒ 세계화의 추세 속에서 여러 나라들이 공존하는 지구촌이 형성된다고는 하지만 실질적으로는 강대국들이 약소국보다 우위에 있다는 것은 부정할 수 없을 것이다. 국가 간의 분쟁을 조정하고 공존을 위해 만들어진 국제법도 현실에서는 미국과 같이 경제적, 군사적으로 강한 나라들 앞에서는 그저 형식적인 것일 뿐이라 생각한다. 그러므로 문화 측면에서도 강대국과 약소국의 차이가 발생할 것이다. 수많은 국가들이 하나의 존재로 모인다면, 다양한 문화들이 모인다기 보다는 강한 국가의 문화를 중심으로 다른 나라의 문화가 동화될 것이라 생각한다.

## 문제점과 수정 방향

Ⓐ 단락은 급속한 세계화의 현황과 문화적 획일화의 위험성을 제기하고 있다. 논지의 방향은 적절하나 내용이 다소 진부하고 반복적이다. 또한 Ⓑ 단락에서는 문화의 개념과 가치를 통해 문화적 정체성과 그 필요성을 강조하고 있다. 글의 전반부인 만큼 마지막 문장과 같은 단정적 논리는 더욱이 생략하는 것이 좋다. 더욱이 논제에서 정체성뿐만 아니라 다양성의 문제도 언급했기 때문에 문화적 다양성의 가치에 대해서도 설명해 줄 필요가 있다. 그리고 Ⓒ 단락부터는 본격적인 논의가 시작되어야 하는데 Ⓐ와 Ⓑ단락의 논지가 반복되면서 설득력이 부족한 단락이 되고 말았다. Ⓒ 단락은 모두 삭제하고 일부 내용만을 Ⓐ단락에 흡수 · 통합하는 것이 적절해 보인다.

Ⓓ 언어의 측면에서도 대부분의 나라들에서는 영어가 통용되는 점을 살펴볼 수 있다. 우리나라의 한글이 그 우수성을 인정받았다하더라도 영어를 사용하는 나라들이 세계에서 힘을 발휘하기 때문에 공용어가 영어가 되었다. 그 때문에 취직을 하기 위해서는 면접이나 자기소개서를 쓸 때 영어는 필수조건이 되었고, 우리 주변의 많은 것들이 영어로 불린다. 그리고 문학 작품의 경우에서, 고은 시인처럼 한글의 다양한 표현법을 담은 시들이 영어로 번역될 때 한글만큼 다양한 표현법을 나타내기에는 그 한계가 있기 때문에 작품의 가치를 인정받지 못한다고 생각한다. 언어뿐만 아니라 음식이나 가요 등 생활 문화에서도 이런 현상은 나타난다. 이런 현상이 지속되다 보면 우리의 문화 정체성은 미래에 다른 국가의 문화에 동화 되는 모습을 보일 것이다. 그러므로 세계화의 바람 속에서도 우리들은 다른 나라의 문화를 무조건 받아들이는 것이 아니라 자국의 문화적 정체성을 보호하고 후시대에 전달해주어야 할 의무가 있다.

Ⓔ 빠르게 변화는 세계 속에서 자국의 문화를 유지하고 보호하는 일은 힘들 것이다. 하지만 개인적, 국가적 차원의 대처가 있다면 해낼 수 있을 것이라 생각한다. 우선 무엇보다 중요한 것은 자국의 문화에 대해 파악하는 것이다. 개방적인 시대를 지나고 있는 지금도 외국의 문화들이 쏟아져 들어오고 있다. 이렇게 많은 문화들 중에서 국가의 고유한 문화를 찾아내는 것이 대책들을 세우는데 전제조건이다. 그리고 그 전제조건 위에서 우선 문화에 대한 교육을 강조할 필요가 있다. 국민들은 초, 중, 고등학교에서 12년 동안 정규교육을 받지만 지속적으로 문화에 대한 관심을 키울 수 있는 내용들은 거의 없다. 그 때문에 대부분의 국민들이 자국의 문화는 어떤 것인지, 현재는 어떤 상황에 놓여있는지, 이를 발전시키고 보전하려면 어떤 노력이 필요한가와 같은 문화에 대한 지식이 부족하다. 단순히 수학여행이나 소풍으로 문화를 수박 겉핥기식으로 느껴보는 것이 아니라, 학교가 나서서 문화 관련 단체와 교류하고 협력해 문화에 대해 학생들이 관심을 가지고, 학습해 볼 수 있는 기회들을 많이 마련한다면 많은 이들의 자국 문화에 대한 자긍심과 그것을 보존해야한다는 인식을 가질 수 있을 것이다.

Ⓕ 둘째, 문화와 그에 대한 연구에 충분한 예산이 편성되어야한다고 생각한다. 우리나라의 경우 전통 문화, 예를 들어 국악이나 무형 문화재가 민족적, 역사

적으로 많은 의미를 담고 있다. 하지만 문화를 이어나가기에는 많은 시간과 힘이 들고, 이 일만 고집하기에는 당장 가정을 유지하는 게 힘들다는 것이 문화 계승자들의 현실이다. 그리고 이미 외국에서 유입된 대중적인 문화들이 그들을 대신하고 있다. 그렇게 때문에 쉽고 많은 돈을 벌 수 있는 직업을 찾는 젊은 사람들이 주를 이르는 현실에선, 문화를 이어가는 장인들의 기술과 정신을 배워 문화를 지속적으로 발전시키려는 제자들이 없어 그 맥이 끊기고 있다고 한다. 문화의 정체성을 지키기 위해서는 타국가의 문화에 대응할 만한 자국의 문화가 있어야한다. 그러므로 자국의 전통문화와 그에 대한 연구를 지원함으로서 흐름을 계속 이어나갈수 있게 해야 한다고 생각한다.

Ⓖ 마지막으로는 자국 문화를 더욱 발전시키는 것이다. 우리의 문화를 발전시킴으로써 세계에서 그 가치를 인정받는다면 문화의 정체성은 더욱 견고해질 것이다. 예를 들면, 한글의 가치를 더욱 알릴 수 있도록 외국인들에게 한글을 배울 수 있는 기회를 더 마련해야한다. 지자체등에서 그들을 위한 교육을 실시하고 있지만, 난이도에 따른 교재의 차이나 강사들의 수가 한정적이고 지속적으로 배우는 데는 한계가 있다. 그 한계점을 보안할 수 있도록 한글  교재를 다양하게 만들고, 집에서도 배울 수 있도록 교육 방송을 늘려야한다. 한글뿐만 아니라 우리나라의 문화를 나타내는 음식이나 음악 등에 대해서도 그것을 세계에 알릴 수 있도록 전문가들을 양성해야 한다고 생각한다. 그들을 통해 우리나라의 문화는 더욱 그 가치가 증가할 것이고, 이를 세계에 알릴 수 있도록 해외 인사들과 교류하고, 홍보해야한다.

### 문제점과 수정 방향

본격적인 해결책 제시에 앞서 Ⓓ 단락에서 '언어'의 경우를 사례로 들고 있는 것은 적절해 보인다. 그렇지만 제시되고 있는 영어 공용화의 문제점이 피상적이고 정작 중요한 언어 및 문화적 다양성과 그 필요성에 대해서는 충분하게 논증되지 못하고 있다. 또한 Ⓔ, Ⓕ, Ⓖ 단락을 통해 세 방향의 해결책을 제시하고 있는데 Ⓔ와 Ⓖ 단락의 경우 의식이나 교육적 차원의 논의라는 점에서 대체로 유사하다. 따라서 Ⓖ 단락은 삭제하고 Ⓔ, Ⓕ 단락과 통합하여 재구성하는 것이 적절해 보인다.

또한 Ⓔ 단락은 의식 · 교육적 차원, Ⓕ 단락은 제도 · 정책적 차원으로 구분하면서 논의를 보다 선명하고 체계적으로 재조정할 필요가 있다.

> Ⓗ 세계화 속에서 모든 것은 시대에 따라 변해갈 것이다. 그리고 그 변화 속도는 더욱더 가속 될 것이란 것을 알고 있다. 이 변화 속에서 우리는 많은 것들을 여러 국가와 공유하고 수용할 것이다. 세계화를 통해 많은 자원들의 교류를 통해 상호 발전해 갈 것이고, 우리의 생활 수준은 경제, 의학, 과학 등 많은 부분에서 높아질 것이다. 하지만 그 변화의 과정에서 국가가 가지고 있는 문화의 정체성은 다른 국가에 동화되어선 안된다고 생각한다. 문화 정체성은 곧 국민들이 그 나라에 속해있다는 의식을 가질 수 있게 하는 원인이라 생각한다.  물론 이 주장이 과거 흥선대원군처럼 자국의 정체성을 보호하기 위해 국가의 문을 닫고 모든 것을 거부하는 쇄국정책을 펼치자는 것은 아니다. 하지만 맹목적으로 다른 나라의 문화를 받아들이는 것이 아니라 타국에 대한 개방성을 가짐과 동시에 국가 내에서 자국 문화의 고유한 특성을 알고 그것을 보호해야한다고 생각한다. 즉, 강대국의 모습과 동화되는 것이 아니라 타국의 문화를 받아들여 자국의 문화와 공존하는 모습을 만들고, 그 속에서 지켜야 할 것을 지켜내는 것이 성공적인 세계화라 생각한다.
>
> – 학생의 글

### 문제점과 수정 방향

Ⓗ 단락은 결론으로 글 전체 흐름을 정리하면서 주제를 강조해야 하는 부분이다. 그런데 세계화의 흐름이나 해결 방향 등과 같은 내용이 앞서 전개된 논의와 평이하게 반복되는 양상을 보이고 있다. 그러므로 논지의 방향성은 유사하더라도 좀 더 심화된 고민이나 문제의식을 통해 자신의 주장에 힘을 실을 수 있는 내용으로 수정되어야 한다. 예컨대 '강대국에 동화되어서는 안 된다'와 같은 유사한 논리를 반복하기보다 '독자적 주체성을 확보한 후에 타국의 문화를 선택적 · 비판적으로 수용할 수 있어야 한다'와 같은 내용으로 전환하여 자신의 논지를 보다 설득력 있게 강조할 필요가 있는 것이다. 결론과 주제의 방향성을 고려했을 때 제목 또한 '

세계화에 휩쓸리지 않는 문화적 정체성의 필요성과 그 대책'과 같이 보다 구체적으로 재조정하는 것이 적절해 보인다.

## 2차 수정

'나는', '우리는'이라는 주어를 생략하고 보다 객관적인 문장으로 수정해야 한다. "통신과 교통 수단의 급속한 발달과 함께 세계화의 물결은 더욱 가속화되고 있다."

문장 내 다른 어휘와 중복되는 잉여적 표현이다. "자유롭게"라는 단어로 대체하자.

바로 앞의 내용과 중복되므로 삭제

세계화에 휩쓸리지 않는 문화적 정체성의 필요성과 그 대책

통신과 교통수단의 급속한 발전으로 우리는 점점 가속화되는 세계화의 시대에서 살고 있다. 다른 국적과 가치관을 가진 사람들이 그들의 생각과 주장을 허물어진 벽을 넘어 공유하며, 대부분의 분야에서 나라의 국경이 허물어지고, 각국의 다양한 문화의 교류도 활발해진다. 이러한 보편적 문화 확산의 이면에는 각 나라 고유의 문화와 점차 사라져가는 문제점이 중요하게 대두되고 있다. 실질적으로 서구 중심의 강대국들이 권력의 우위에 있기 때문에 상대적으로 약소국들의 문화적 다양성과 가치는 점차 외면당하는 것이 현실인 것이다. 그러므로 급속한 세계화의 진행과 함께 점차 서구 중심의 문화로 획일화되는 현상에 대해 보다 적극적인 문제 의식을 갖고 대책을 수립해 나갈 필요가 있어 보인다.

다음과 같이 문장 내의 의미 전달을 보다 명확하게 할 필요가 있다. "오늘날 한 국가가 문화적 정체성을 유지하려는 노력은 강대국의 문화로 흡수되지 않는 것을 의미하기 때문에 국가 경쟁력의 문제와도 직결된다."

문화라는 것은 어느 순간 생성되는 것이 아니라, 오랜 시간을 거치며 축적되어 온 역사적 산물이라고 볼 수 있다. 그렇기 때문에 민족의 문화는 곧 국가의 정체성이라고도 할 수 있으며, 그 나라의 역사와 민족의식을 압축해놓은 것이라 할 수 있다. 또한 현시대에선 문화정체성의 유지가 문화를 생산하여 보급하는 우위의 국가가 될 것이냐 아니면 다른 국가의 문화를 받아들여 동화되는 국가로 전락하느냐의 문제로 연결되기 때문에 그 의미는 국가경쟁력의 면에서도 중요하다.

언어의 경우를 사례로 들면 대부분의 나라들에서 영어가 통용되는 점을 살펴볼 수 있다. 우리나라의 한글이 그 우수성을 인정받았다하더라도 영어를 사용하는 나라들이 세계에서 힘을 발휘하기 때문에 공용어가 영어가 되었다. 그리고 문학 작품의 경우에서, 고은 시인처럼

한글의 다양한 표현법을 담은 시들이 영어로 번역 될 때 한글만큼 다양한 표현법을 나타내기에는 그 한계가 있기 때문에 작품의 가치를 인정받지 못한다고 생각한다. 언어뿐만 아니라 음식이나 가요등 생활 문화에서도 이런 현상은 확산될 수 있다. 그러므로 주체적인 문화의 가치와 실체를 확립하고 강대국의 문화에 휩쓸리지 않기 위한 적극적인 대처가 요청된다.

급속한 세계화의 흐름 속에서 자국의 문화를 유지하고 보호하는 일이 쉽지 않은 상황임은 분명하다. 이렇게 많은 문화들 중에서 국가의 고유한 문화를 찾아내는 것이 대책들을 세우는데 전제조건이다. 그러므로 무엇보다 시급한 것은 자국 문화의 가치와 중요성에 대한 시민의식을 확립해 나가는 것이다. 자국 문화에 대한 주체적 의식이 확립되어야만 세계 문화를 수용하는 과정에서 보다 객관적이고 비판적인 시각을 유지할 수 있기 때문이다. 그리고 이러한 의식 확립을 위해서는 문화의 전통과 현재, 가치 등에 대한 적극적이고 체계적인 교육을 진행할 필요가 있다. 국민들은 초, 중, 고등학교에서 12년 동안 정규교육을 받지만 지속적으로 문화에 대한 관심을 키울 수 있는 내용들은 거의 없다. 그 때문에 대부분의 국민들이 자국의 문화는 어떤 것인지, 현재는 어떤 상황에 놓여있는지, 이를 발전시키고 보전하려면 어떤 노력이 필요한가와 같은 문화에 대한 지식이 부족하다. 단순히 수학여행이나 소풍으로 문화를 수박 겉핥기식으로 느껴보는 것이 아니라, 학교가 나서서 문화 관련 단체와 교류하고 협력해 문화에 대해 학생들이 관심을 가지고 학습해 볼 수 있는 기회들을 많이 마련한다면 많은 이들이 자국 문화에 대한 자긍심과 그것을 보존해야한다는 인식을 가질 수 있을 것이다.

의미가 불문명한 문장으로 전후 흐름상 삭제하는 것이 적절해 보인다.

다음과 같이 내용을 구체화할 필요가 있다. "입시 위주의 과목들로 인해 문화적 소양과 관심을 함양케 하는 과정은 부족한 것이 현실이다."

"피상적으로"

둘째, 자국의 전통 문화를 발굴 · 연구하는 작업과 동시에 변용과 재생산을 통해 전통 문화를 세계화하는 작업을 정부가 적극적으로 지원해 나가야 한다. 예를 들어 우리나라의 국악이나 무형 문화재는 민족적, 역사적으로 많은 의미를 담고 있으며 세계적으로 소통될 수 있는 잠재적 가능성과 역량도 충분하다. 하지만 문화를 이어나가기에는 많은 시간과 힘이 들고, 이 일만 고집하기에는 당장 가정을 유지하는 게

논의가 반복적이고 추상적이다. 다음과 같이 수정하는 것이 적절하다. "그러나 문화를 전수받으려면 오랜 시간과 노력이 소요될 뿐만 아니라 경제적인 어려움도 크기 때문에 많은 이들이 이를 회피하는 것이 사실이다."

힘들다는 것이 문화 계승자들의 현실이다. 그리고 이미 외국에서 유입된 대중적인 문화들이 그들을 대신하고 있다. 그렇게 때문에 쉽고 많은 돈을 벌 수 있는 직업을 찾는 젊은 사람들이 주를 이루는 현실에선, 문화를 이어가는 장인들의 기술과 정신을 배워 문화를 지속적으로 발전시키려는 제자들이 없어 그 맥이 끊기고 있다고 한다. 문화의 정체성을 지키기 위해서는 타 국가의 문화에 대응할만한 자국의 문화가 있어야한다. 그러므로 자국의 전통문화와 그에 대한 연구를 지원함으로써 흐름을 계속 이어나갈수 있게 해야 한다고 생각한다.

'그들을'을 지칭하는 의미가 불분명하다. "나아가 이미 대중들은 서구에서 유입된 문화에 익숙해져 버린 경우가 많다."로 수정하는 것이 적절해 보인다.

'지원함으로써'로 수정

서구 중심의 세계화는 이미 전 세계 사람들 생활의 곳곳에 영향을 미치고 있다. 이 과정에서 다양한 정보와 자원들이 교류할 수 있게 되면서 삶이 질적으로 향상되고 있는 등의 순기능이 있는 것도 사실이다. 그러나 일부 강대국의 일방적인 힘의 논리에 다양한 약소 국가들의 문화적 정체성과 다양성이 훼손되는 오늘날의 문제 상황은 반드시 해결되어야 한다. 이를 위해서는 시민 의식을 함양케 하기 위한 체계적이고 지속적인 교육이 선행되어야 할 것이다. 이 과정에서 사람들은 자국 문화에 대한 자긍심과 주체성을 확립할 수 있고 타 문화를 비판적 · 선택적으로 수용할 수 있는 혜안을 지니게 될 것이다. 나아가 국가의 정책 수립과 재정적 지원 등을 통해 가치 있는 전통 문화가 유지되면서 동시에 보편적 가치를 확립할 수 있도록 노력해야 한다. 전 세계에 현존하는 언어는 6,900개 정도인데 향후 100년 내에 절반 이상이 소멸될 것이라고 많은 언어학자들은 예측하고 있다. 생물 다양성의 소멸이 곧 생태계 파괴와 직결되듯이 언어를 포함한 각 문화의 정체성을 유지케 하는 노력이 없다면 결국 풍요로운 인류의 역사와 문화는 점차 다양한 빛을 잃어가게 될 것이다. 무수한 민족들이 자신들의 역사와 문화를 상실해 가며 소수의 언어만을 사용하게 된다면 그 미래는 너무 끔찍하지 않은가.

## 총평

앞서 살펴본 1차 수정하기의 과정을 통해 주제나 내용의 부문에서 발견된 문제점을 고치고 단락 내 구성이나 전체 흐름상 부적절한 부분을 조정한 후에 2차 수정하기를 진행해 보았다. 어휘나 표현, 문법적 오류 등의 문제는 전체 내용이나 구성 문제가 해결된 후에 수정해야 중복 작업을 피할 수 있기 때문이다. 초고를 살펴보면 표현하고자 하는 주제가 다소 진부하고 반복적인 논리로 전개되고 있음을 쉽게 발견할 수 있다. 그로 인해 불필요한 단락이 있는 것은 물론 단락 내의 논지도 선명하게 드러나지 않는 부분이 많다. 이러한 문제점이 집약된 부분이 결론이라 할 수 있는데 결론을 통해 글쓴이의 주장이 오히려 모호해지고 힘을 잃게 되는 결과가 초래되고 말았다. 2차 수정에서 진행한 청색 표시들은 이러한 문제점들을 수정 · 보완하여 재구성한 내용에 해당한다. 또한 어색한 문장이나 문법 오류들을 수정함으로써 보다 간결하고 명확하게 내용이 표현될 수 있도록 하였다.

연습 문제 :

1. 아래 글은 수업 시간에 한 학생이 반 동료들을 예상 독자로 상정한 후 작성한 자기소개서이다. 점검표에 따라 수정하기를 진행해 보자.

'이끌려 가는 삶이 아닌 네가 원하는 삶을 살아라.' 내가 10년 후에 어떤 모습일지는 아무도  모른다. 그러나 10년 후의 나의 모습이 어떤 모습이든지 현재 내가 해 줄 수 있는 가장 가치 있는 말이 아닐까한다. 짧은 경험이나마 지금껏 내가 살아오면서 중요하게 느낀 것은 누군가가 정해준 나의 삶보다는 내가 직접 성찰하여 내 삶의 방향을 정하는 것이 보다 나은 삶의 방식이라는 점이다. 어떻게 보면 뻔한 말이다. 자신의 삶을 자신이 결정하지 않으면 누가 할 수 있겠는가? 그러나 수많은 사람들이 알게 모르게 주위 환경과 사람들의 영향을 받으면서 그 기대와 조건에 맞게 자신의 꿈을 바꾸고 현재의 모습에 안주하면서 살아간다. 혹은 자신이 전부터 목표해왔던 꿈에 안착했다 할지라도 어렸을 적 한때의 꿈을 성장한 후 치열한 고민의 과정도 없이 맹목적으로 좇아온 사람들 또한 많다.

나는 어렸을 적 꿈이 참 많았다. 고고학자, 천문학자, 탐정, 경찰 등등. 그런데 이런 다양한 직업 중 특히 끌리는 게 있었다면 탐정이랄까? 내가 초등학생 때 아버지가 내 꿈을 물으셨다. 나는 탐정이라고 말했고 아버지 반응은 '그냥' 비웃음 이였다. 사실 아버지 입장에서 보면 현실적인 반응 이였다. 우선 탐정이라 인정되는 직업이 대한민국에는 존재하지 않는다. 또한 한 범죄의 심판 자체가 추리소설이나 영화에서처럼 단순히 탐정의 추리와 증명만으로 그리 쉽사리 해결되는 것이 아닌 것을 어른들은 알고 계셨기 때문이다. 하지만 아버지는 비웃음에만 그치지 않고 탐정과 가장 비슷한 직업이라며 검사라는 직업을 소개해주셨고 그 때부터 아버지의 자식 세뇌교육이 시작되었다. 중학교를 거치고 고등학교 3학년에 이르기 까지 아버지는 알게 모르게 나에게 '검사'라는 단어를 각인시키셨고 나는 그게 나의 목표라고 생각했었다.

하지만 이 꿈에 문제점은 무엇인가? 우선 치열한 고민의 과정이 생략 되었다는 점이다. 나는 단순히 추리만화나 소설 등을 즐겨보는 것 그 이상도 그 이하도 아닐 수도 있다. 누군가가 어떤 골치 아픈 사건을 훌륭하게 풀어내는 과정을 즐기는 것이 내가 그 사건을 풀어내는 입장에서 머리를 싸매는 상황을 즐기는 것과는 일치하지 않을 수도 있기 때문이다. 두 번째는 나의 노력의 부족이다. 만약 내가 정말 검사, 보다 본질적으로 탐정이란 직업에 매혹을 느꼈다면 아주 기초적인 것부터 의식적으로 노력을 했을 것이다. 그러나 나는 최근까지도 집안에 새로 들여놓은 가구를 2일 후에나 알아차리는 아주 형편없는 관찰력을 갖고 있고 사람 이름 하나 제대로 외우지 못하며 논리적 추론능력 또한 뛰어난 편이 아니다. 마지막은 내가 바라는 검사란 직업에 대한 구체적 정보조차 없다. 어떻게 보면 탐정이란 직업에 가까운 직업은 검사라기 보단 형사일 수도 있다. 아버지의 추천에는 나름 꿈을 크게 키우라는 자식에 대한 암시적 바람으로 탐정의 본질적 역할보단 사회적 위치가 높은 쪽을 택했을 가능성이 있기 때문이다.

고등학교 3년, 재수 1년을 보내면서 나의 장래와 꿈을 너무 대학으로만 한정시켜 놓고 수험공부에 열중했었던 것 같다. 물론 후회는 없다. 4년의 시간에서 단기적으로 보았을 때 가장 큰 목표는 대학이었기에…. 그러나 정작 대학에 합격하고 나니 미래에 대한 불안감과 지금까지의 목표에 대한 회의감이 나를 힘들게 한다. 미래에 대한 불안감은 대학에 오고 나서 느낀 내 능력의 부족함에서 오고 목표에 대한 회의감은 위에서 말했듯 아직 한 번도 나의 꿈에 대해 진지하게 고민해보지 않았다는 점에서 몰려온다. 이런 불안감과 회의감이 언제까지 지속될지는 모른다. 최악의 상황에서 보면 10년 후에도 이런 고민에 휩싸여 있을 수도 있다. 그래서 2가지 상황으로 나눠보고 싶다. 내가 10년 후 특정 직업을 갖고 살아가고 있을 때와 아직도 고민에 휩싸여 있을 때. 전자의 나에게는 이렇게 물을 것이다. "진정 현재 너의 모습이 네가 원하는 모습이야? 현실에 휘둘려 어쩔 수 없이 선택한 삶이 아니고?" 후자의 나에게는 이렇게 말할 것이다. "이끌려 가는 삶이 아닌 네가 진정 원하는 삶을 살아."

– 학생의 글, 〈이끌리지 말고 이끌어라〉

2. 자신이 쓴 글 한 편을 선정하여 점검표에 따라 수정하기를 진행해 보자.

통합 과제 : 1장 계획하기, 2장 집필하기를 통해 완성된 글에 대해 수정하기를 진행해 보자.

| 과제(택 1) | 대학 전공과 진로<br>민주주의와 경제<br>문화와 예술<br>생명과 기술 |
|---|---|

## ✓ 수정하기 점검표

| 점검 항목 | 점검 내용 | 자기 진단 (○ △ ×) | 오류와 수정 내용 |
|---|---|---|---|
| 주제 | 주제가 전체 글의 흐름에 일관적으로 나타나고 있는가 | | |
| | 주제와 제목이 효율적으로 연계되고 있는가 | | |
| 내용 | 내용의 전개가 논리적인가 | | |
| | 불필요하거나 보완되어야 할 내용은 없는가 | | |
| 단락 | 각 단락의 연결과 흐름이 자연스러운가 | | |
| | 단락 내 논지와 논거들이 유기적 호응을 이루고 있는가 | | |
| 구성 | 각 단락들의 기능과 배치가 적절한가 | | |
| | 각 단락들이 글 전체와 균형을 이루며 구성되고 있는가 | | |
| 문장 | 문장 내 주술 호응, 중의적 표현, 번역투 등과 같은 어법이 잘 지켜지고 있는가 | | |
| | 한 문장의 길이와 문장들 사이의 연결성이 적절한가 | | |
| 표현 | 맞춤법, 띄어쓰기, 문장 부호의 사용 등과 같은 어법 오류는 없는가 | | |
| | 문장 내의 어휘나 표현이 모호하지는 않은가 | | |

제3장

# 글쓰기의 방법과 유형



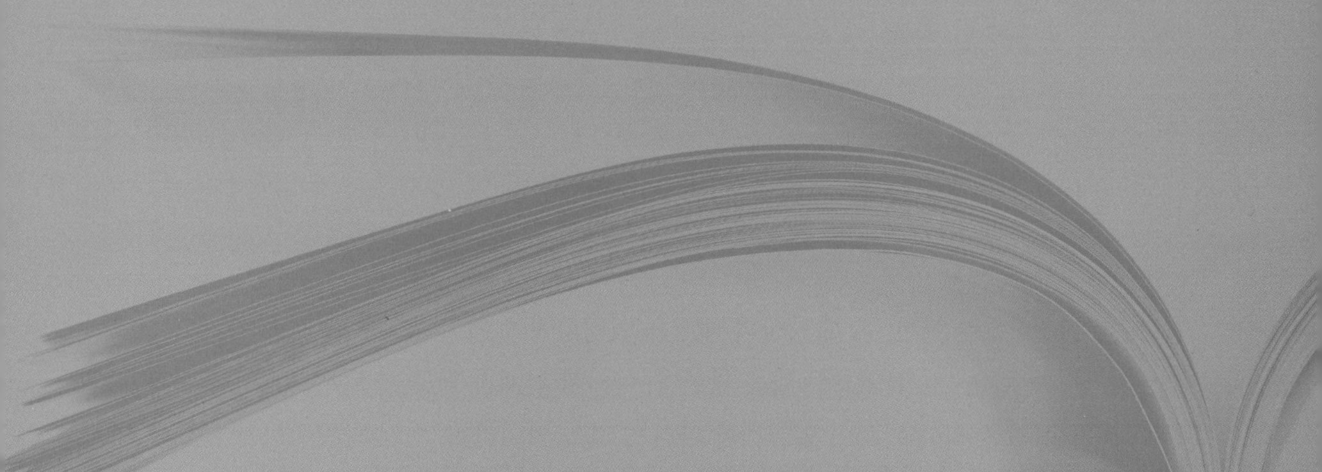

# 1. 서술의 방법

글을 쓰는 서술 방법에는 다양한 것들이 있다. 어떤 서술 방법을 활용하는가에 따라 글은 논리적이 될 수도 있고, 설득적이 될 수도 있다. 이 장에서는 다양한 서술 방법에 대해 알아보도록 하자.

## 1.1. 비교와 유추, 구분과 분류

| 서술의 방법 1<br>• 비교와 유추, 구분과 분류 | ➡ | 서술의 방법 2<br>• 서사와 묘사, 인과와 논증 |
|---|---|---|

### 비교

비교란 어떤 두 개 이상의 대상을 설명함에 있어서 특정한 조건을 가지고 동일한 시각으로 살펴보는 것을 말한다. 여기서 전제가 되는 특정한 조건이란 비교 대상의 층위와 기준이 일치해야 한다는 것을 의미하며, 이것이 일치하지 않으면 대상 사이의 비교는 성립하기 어렵다.

또한 비교는 대상 사이의 특성을 찾아내기 위한 서술 방법이기 때문에, 그 비교 결과 도출되는 공통점과 차이점을 모두 포괄하고 있는 개념이라 할 수 있다. 우리가 흔히 알고 있는 대상의 차이를 밝히는 대조 역시 비교의 영역에 포함된 것이다.

**연습 문제 :**

다음 글을 읽고 비교의 서술 방법에서 전제된 기준 개념을 찾아보자.

> 프로이트와 라캉 사이에는 많은 차이가 있는데, 여기서는 그 차이를 논하고자 한다. 즉 그들이 에고, 무의식, 꿈, 그리고 오이디푸스 콤플렉스에 대해 서로 다른 개념을 가진 것에 논의의 초점을 맞출 것이다.
>
> 프로이트의 초기 저작에서 에고는 현실 원리, 무의식은 쾌락 원리에 결부되어 있다. 후기에 프로이트는 그의 이론을 다시 형성한다. 에고는 부모와의 동일시를 통해 형성된다. 주목해야 할 점은 프로이트는 결코 에고가 환상적이라고 말하지 않았다는 것이다.
>
> 반면, 라캉의 논의는 이와 대조적이다. 그가 말하는 동일시는 개인을 안정되게 만들지만 동시에 우리를 우리 자신에게 멀어지게 한다. 라캉은 프로이트가 개인의 욕망과 그 만족에서 출발했으며 사회적 영역을 무시했다고 말한다. 라캉에게 있어 주체 대 주체의 관계는 상호주체라고 하는데, 이는 바로 처음부터 있었던 것이다.
>
> 프로이트는 분석의 목표가 욕망을 '에고의 조화'로 통합시키는 것이라 믿었다. 물론 라캉은 그러한 문구를 결코 사용하지 않았다. 프로이트에게 무의식이 협박하는 측면을 가졌다면, 라캉에게 있어 무의식은 '진리'와 진정성이 중심이었다. 그럼에도 불구하고 라캉은 무의식이 지식의 대상이 될 수 없다고 믿었는데, 에고는 그 자체를 투영하고 나서 그 자체를 인식하는 데에는 실패하는 것이기 때문이다. 그렇기에 자아가 그 자체를 반영할 수 있다는 '자기를 안다'는 개념은 가능하지 않다.
>
> – 마단 시럽, 전영백 역, 《후기구조주의와 포스트모더니즘》, 조형교육, 2005, 31-32쪽.

실제 글쓰기에서 비교의 서술 방법을 사용할 경우, 비교할 대상의 조건이 일치해야 한다는 점에서 글쓴이는 비교의 기준점을 명확하게 만들 필요가 있다. 예를 들어 글쓴이가 "양심적 병역 거부 문제"를 글감으로 생각하고 있어서 각국의 사례를 비교하고자 할 때, 비교 대상국이 병역과 관련한 조건이 일치하는가를 먼저 살펴보아야 하는 것이다. 한국과 같은 징병제이자 의무병제의 경우와 미국과 같은 모병제와 지원병제의 경우는 서로 다른 조건을 가지고 있다는 점에서 "병역 거부"가 일어나는 조건은 당연히 다를 수밖에 없기 때문에 이 두 나라의 단순한 비교는 어렵다.

그러므로 이 같은 유사하면서도 차이가 있는 대상을 비교할 경우에는 비교의 준거가 되는 기준 개념을 보다 분명하게 전제함으로써 층위를 일치시킬 수 있다. 병역 제도를 기준으로 하여, 징병제와 모병제의 차이를 살펴보거나 하는 것은 단순하게 일 대 일 비교를 함으로써 생겨나는 논리적인 모순을 피할 수 있게 한다. 위의 읽기 자료에서 글쓴이가 첫 문단에서 제시하는 기준 역시 대상 사이의 비교를 분명하게 하기 위한 전제이다.

한편, 공통점과 차이점을 두 개 이상의 대상에서 찾아내려고 하는 이유는 이 특성을 활용하여 글쓴이가 이야기하고자 하는 논점을 강화하기 위해서이다. 논점의 강화는 독자와의 관련성을 제외하고 설명할 수 없으므로, 독자의 이해를 보다 분명하게 만들기 위한 방법으로서 비교의 서술 방법이 자주 사용된다고 할 수 있다. 독자들에게 논지를 분명하게 보여주기 위해서는 다음과 같은 세부적인 비교의 방법을 고려해 볼 수 있다.

- 하나의 기준을 전제하고 나열된 대상에 적용하는 방법
- 공통적인 성격을 가진 비교 대상을 소개하고 차이를 찾아 설명하는 방법
- 여러 가지의 기준을 전제하고 비교 대상의 특성을 뽑아 병렬적으로 설명하는 방법

## 유추

비교의 방법 가운데 서로 개념과 층위가 다른 대상을 설명함에 있어서 논리적 추론 과정을 통한 유사성을 보여 주는 것을 유추의 서술 방법이라 한다. 유추의 방법은 대상 사이의 유사성을 바탕으로 서술하는 것이지만 위에서 살펴본 비교와는 그 논리적 관계성에 차이가 있다. 비교가 유사한 대상을 특정한 공통 조건으로 살펴보는 것이라면, 유추는 대상 자체의 속성이 서로 다른 것을 비교할 때 논리적 관계 속에서 유사성을 추출하는 것이기 때문이다.

또한 유추는 기본적으로 비유를 전제로 하는 것이기 때문에 논리적 상상력을 바탕으로 한다. 이는 비교가 논리적 구조가 유사한 것을 우선 전제로 하는 것과는 다른 것이다. 유추는 서로 완전하게 다른 범주의 것도 설명할 수 있게 하기 때문에 표면적으로 지시하는 것과 의미상으로 지시하는 것 사이를 연결하기 위한 논리적 상상력을 필요로 한다. 즉 밀접한 논리의 유사성이 아닌 논리의 상상력이 두 대상을 유추의 관계로 묶을 수 있게 하는 것이다.

논리적 상상력이란 사고 과정을 통하여 대상과 대상, 개념과 개념 사이의 간극을 채워 주는 것을 의미한다. 글을 쓰는 행위를 요리하는 과정과 비교하여 설명한다면, 두 대상 사이의 기본 속성은 다르지만 유추를 통한 설명은 가능하다. 밥을 할 때 쌀을 씻는 행위를 글쓰기의 앞 단계에 비유하거나 뜸을 들이는 행위를 퇴고의 과정에 빗댄다면 이는 동일한 조건을 통한 대상의 비교가 아니라 과정과 단계의 유사성을 활용한 유추에 해당한다. 이때 밥 짓기와 글쓰기 사이의 논리적 관계를 만들어 주기 위해 논리적 상상력이 동원되는 것이다.

유추는 이처럼 서로 다른 분야의 대상을 비교의 대상으로 삼을 수 있기 때문에 독자들에게 쉽게 다가설 수 있다는 장점이 있다. 어려운 개념을 지닌 대상을 친숙한 것으로 비교함으로써 독자의 이해를 돕는 것이다.

뿐만 아니라 유추는 언어를 통한 논리적 상상력을 기반으로 해서 다른 분야와의 교섭을 가능하게 하고 서로 다른 시각으로 대상을 바라보게 할 수 있다는 점에서 창조적인 서술 방법이다. 글쓴이가 유추로 설명할 수 있는 대상을 탐구하는 과정에서 다른 분야의 창조적인 시각이 투영될 수 있기 때문이다.

**연습 문제 :**

다음 글에 사용된 유추의 방법은 어떤 대상 사이의 유사성을 가지고 서술되었는지 이야기해 보자.

> 선인께서 일찍이 말씀하셨다. "가난한 친구와 궁한 친척은 잘 대접하기가 정말 어렵다. 진실로 청렴한 선비와 고상한 벗은 비록 지극히 가난하고 궁할지라도 친구나 친척을 찾아 관부에 오려고 하지 않는다. 나를 찾아오는 자는 대개 조심성도 없고 어리석거나 구차하고 비루한 사람들이니, 혹은 그 얼굴이 밉살스럽고 이야기조차 흥미가 없으며, 혹은 무리한 일을 청탁하고 요구가 끝이 없으며, 혹은 닳아빠진 신발을 신고 남루한 옷차림에 이가 득실거리며, 혹은 내가

일찍이 액운을 만나 궁했을 때에는 전혀 돌보거나 불쌍하게 생각지도 않던 자들이다. 형세가 좋아지니까 아첨하며 붙는 그 정상이 밉살스러워서 내가 온화하고 흡족히 대접하기가 극히 어려운 것이다."

대개 사람을 접대하는 것은 글을 짓는 것과 같다. 좋은 제목을 가지고 잘 짓는 것은 잘한다고 일컬을 게 없으며, 반드시 어려운 제목으로 묵묵히 생각하여 남달리 문장에 운율을 주고, 번쩍 빛이 나게 하며, 쨍그렁 소리가 나게 하는 것이 고수(高手)이다. 이런 사람을 만나면 마땅히 측은히 여겨 사랑해주고, 반갑게 영접하며, 얼굴빛도 유쾌하게 하며, 웃음과 말씨도 화평하고 즐겁게 하고, 따뜻한 방에 재우고 풍성하게 음식을 먹이고 새 옷을 주되, 돌아갈 때에는 그의 돈주머니도 넉넉히 채워주어 낭패 보지 않도록 하는 것이 좋다. 옛날에 참판 이기양이 의주부윤으로 있을 때 이런 사람들을 잘 대우하여 달포도 못 되어 칭찬하는 소리가 온 세상에 가득하였다. 그가 화를 입자 눈물짓는 자가 유독 많았으니 이런 일도 소홀히 할 수가 없는 것이다.

– 정약용, 다산 연구회 편역, 《정선 목민심서》, 2005, 72–73쪽.

## 구분

구분은 어떤 대상을 기준을 만든 뒤 이를 바탕으로 나누어 설명하는 서술 방법을 말한다. 분류의 하위 개념으로서 구분은 상위 개념에 해당하는 대상을 하위 개념으로 나누는 것을 말하기도 한다. 그러나 대학 글쓰기에 있어서 구분의 서술 방법은 기준을 논리적이고 창의적으로 만든다는 점에서 다소 차이가 있다. 우선 어떤 대상이든 기준을 제시한 후 나눌 수 있다면 구분의 방법이 되므로 개념 자체는 단순하다고 생각할 수 있지만, 그 기준이 논리적 타당성을 얻어야 하므로 실제는 상당히 까다로운 서술 방법이라 할 수 있기 때문이다.

예를 들어 "키가 큰 한국인의 집단"은 수학에서는 집합이 될 수 없는 모호한 기준이 반영된 대상이다. 그러나 이는 구분의 서술 방법에서는 충분히 가능한 논의 대상이 될 수 있다. 글쓴이가 '크다'와 '한국인'에 대한 기준을 제시할 수 있다면, 구분의 서술 방법은 이미 적용된 것이기 때문이다.

하지만 이 같은 임의의 기준은 아무렇게나 만들 수 있고, 자의적으로 제시할 수 있는 것이 아니다. 이 기준에는 독자들이 이해하고 공감할 수 있는 충분한 논거가 반영되어야 하고, 타당성도 획득할 수 있어야 하기 때문이다. "키가 크다"라는 명제를 구분 개념으로 사용하기 위해서는 "왜 크고 작음을 나누어야 하는가.", "무엇을 크다 작다고 부를 수 있는가.", "크고 작은 것의 기준은 무엇이며 어디부터인가." 등에 대한 기준이 모두 제시되어야 하고, 이것은 독자들에게 타당성을 얻을 수 있는 것이어야 한다.

구분의 서술 방법을 사용하기 위하여 전제되는 논리적 타당성과 그 기준의 예시를 다음의 읽기 자료를 통해서 살펴보도록 하자.

> 인간은 철학하는 동물이다. 철학하는 활동은 최소한의 지적 능력을 갖춘 사람이면 누구나 할 수 있으며 또한 해야만 하는 인간의 보편적이며 필수적인 정신활동이다. 인생의 과정에서 철학하는 활동이 왕성한 시기는 크게 셋으로 구분된다.
>
> ① 처음 언어를 배우고 질문을 하기 시작하는 3세 전후의 시기이다. 어린 아이들은 주위의 어른들이 감당하기 힘들 정도로 끝없이 질문을 던지며 알고자 한다. 그 질문하는 능력을 드높여주고 스스로 답을 찾아갈 수 있도록 도와주면 그 어린이는 일찍이 지적으로 독립할 수 있게 된다.
>
> 주변의 무관심 내지 냉대로 질문을 포기하였던 아이들이 ② 청소년 시기에 접어들면서 또 다시 '내가 누구이며 왜 사느냐, 어떻게 살아야 하나?' 하고 철학적 질문에 빠져든다. 혼자서 고민하며 잠들지 못하는 밤을 보내기도 하고 또래 그룹과 어울리며 갑론을박하는 세월을 보내다가 생활전선으로 나가면서 진지한 질문에서 벗어나 세상사에 빠져들게 된다.
>
> ③ 그러나 황혼이 다가오면 다시 자신의 삶을 되돌아보며 삶의 의미를 되묻게 된다. 진지한 삶을 사는 사람은 철학활동을 통해 자신의 생각을 보다 풍요롭게 하고 삶의 의미를 새기며 문제 상황에 접해 그 문제를 잘 해결할 수 있는 능력을 지니게 된다.
>
> 우리는 어린 시절부터 학교교육을 통해 정답만을 너무 강조해왔다. 교과서에서 중요한 부분에 표시하여 외우게 하고 그것을 다시 내뱉는 것이 교육인 양 착각하고 단순 반복 학습을 통해 문제해결력을 높이려 하고 있다. 대학입시에

서 논술이 강조되고 있는 것은 이러한 교육현실을 타개하기 위한 것이다.

그러나 논술조차도 정답을 찾아 헤매도록 강요하고 있다. 평소에 생각하며 책을 읽고 글을 쓰거나 다양한 경험을 할 기회를 제공하지 않으니 제시된 문제의 성격을 제대로 파악하지도 못하고 암기한 배경지식만을 나열하는 천편일률적인 논술 답안이 양산되고 있다.

아이는 어른이 제시하는 정답만을 외우는 기계가 아니라 스스로 완전한 인격체로 성장할 수 있어야 한다. 자기 행동에 책임질 수 있는 아이가 되도록 하려면 먼저 스스로 생각할 수 있어야 한다. 아이들이 자유롭게 생각의 날개를 펴고 근거를 제시하며 자기주장을 할 수 있도록 기회를 제공해야 한다.

가정에서 부모와 자녀가 대등한 입장에서 근거 있는 주장으로 문제를 해결하며, 학교에서 다양한 해답의 가능성을 열어두고 자기주장을 펼칠 수 있는 기회를 제공해야 한다. 가정과 학교에서 부모가 자녀를, 교사가 학생을 완전한 인격체로 대접하고 대화하는 분위기로 바뀔 때 우리 사회도 인격체의 만남으로 일상적인 대화가 가능하게 될 것이다.

철학하는 활동은 이성의 역할이다. 자신의 이성을 다른 사람의 도움 없이 사용할 수 있는 능력이 필요하다. 정의롭고 안정된 민주사회로 나아가기 위해서는 이성이 지배하는 사회를 건설해야 한다.

우리 모두가 철학하는 생활 자세를 지닐 때 우리 사회에서 독선이 사라지고 억지주장이 자리할 곳이 없어지며 서로의 인격을 존중할 수 있는 건전한 사회로 탈바꿈할 수 있게 될 것이다.

– 배석원, 《경향신문》 기고문, 2007년 7월 8일.

위의 글에서 글쓴이는 "철학하는 활동이 왕성한 시기"를 3가지로 구분하고 있다. 이는 자신의 삶에 대해 질문을 하거나 호기심이 왕성한 시기 등을 포괄하고 있으며, ①~③의 서술 뒤에는 각각 그 시기를 무엇 때문에 구분했는가에 대한 보충 설명이 제시되어 있다. 만일 이 글쓴이가 위의 밑줄 친 부분 뒤에 어떠한 추가 설명도 넣지 않는다면, 이와 같은 구분은 논리적인 타당성도 없을뿐더러 독자들에게 설득력을 갖기도 힘들 것이다. 그러나 글쓴이는 각각의 구분 기준에 언어의 획득과 왕성한 질문의 시기, 정체성의 혼란과 탐구의 시기, 삶의 성찰과 반성의 시기라는 서술을 통해 논리적 타당성을 얻고 있으며, 독자들은 글쓴이의 구분 기준에 대해 충분한 공감과 이해를 얻을 수 있는 것이다.

## 분류

분류는 어떤 상위 개념에 해당되는 대상을 하위 개념으로 나누거나 하위 개념의 것을 상위 개념으로 묶는 것을 의미한다. 세부적으로는 상위 개념을 하위로 나누는 것을 구분의 방식이라고 하기도 하나 모두 분류의 방식 가운데 하나이다. 분류의 예를 들어 보자면 상위 개념으로서 자동차를 분류할 경우, 하위 개념에 승용차, 승합차, 버스, 화물차 등이 위치하는 것을 말한다. 서술 방법에 있어서도 분류는 이 같은 상위 개념과 하위 개념 사이의 관계를 보여 주기 위해 사용되며, 주로 상위 개념이 가지고 있는 일반적 속성을 설명한 뒤 분류된 각각의 하위 개념을 상세하게 설명하는 방식으로 사용된다.

유의할 것은 유사한 상위 개념과 하위 개념 사이에도 그 개념적 속성이 변화하지 않는 것만이 분류의 서술 대상이 될 수 있다는 점이다. 앞에 언급한 자동차는 하위 개념으로 분류된 것들 역시 기계적으로 움직이고 타는 것이라는 속성을 잃고 있지 않지만, 자동차의 하위 개념에 핸들, 와이퍼, 트랜스미션, 타이어 등을 배치시킨다면  탈 것에 대한 속성을 잃고 만다. 이 같은 경우는 분류의 서술 방법이 아니라 대상을 구성 요소로 나누는 '분석'의 방식을 취하고 있는 것이므로 분류와는 구별해야 한다.

### 연습 문제 :

다음의 글에서 사용된 분류와 구분의 서술 방법을 모두 찾아 각각의 특성을 이야기해 보도록 하자.

> 만일 미의식을 구성으로 본다면 우리는 미의식의 범주를 해학과 풍자와 반어와 파국으로 분류할 수 있다. 파국은 질문과 공허, 추구와 좌절을 구조의 두 핵으로 삼는다. 이때 추방되는 사람이 아니라 추방하는 사람의 시각에서 파국을 재구성하면 풍자가 된다. 풍자의 핵심은 흥을 깨는 엄숙주의자의 추방에 있다. 웃음의 대상이 되는 배금주의자와 권위주의자를 처리하는 방법에 따라 풍자와 해학이 구분된다. 풍자는 공격하고 비판하나 해학은 용서하고 화해한다. 풍자의 구조적 명백성은 반어의 구조적 모호성과 대조된다. 반어적 구성의 사건들은 적대적 모순과 화해적 통일의 중간 지대에서 전개된다. 반어적 구성에서 대립은 어느 한 편의 일방적인 승리로 종결되지 않는다. 작가는 반어에서 묘사 주체와 묘사의 대상으로부터 다 같이 거리를 취하고 그 어느 편의 속박도 받지 않으려는 태도를 취한다. 그는 세상을 빈정거리고 자기를 빈정거린다. 이것이 반어의 특징인 무지의 지이다.
>
> 국문학의 미의식은 얼마든지 새롭게 분류될 수 있다. 다만 이론은 구체적인 작품 분석에 유효하다고 증명되지 않으면 가치 없는 것이 되므로, 연구자는 작품에서 출발하여 작품으로 돌아가는 순환 운동을 꾸준히 계속해야 한다.
>
> – 김인환, 〈한국문학의 미의식〉, 《언어학과 문학》, 고려대학교출판부, 1999, 197쪽.

이번 절에서는 글을 쓸 때 자주 사용하게 되는 논리적 서술 방법 가운데 유추와 비교, 구분과 분류에 대해 살펴보았다. 글을 씀에 있어서 이 같은 서술 방법을 사용하는 이유는 자신이 쓰는 글을 독자들이 보다 쉽게 이해하도록 만들고, 글이 논리적 타당성을 얻을 수 있게 하며, 독자들에게 체계적으로 정보를 제시하기 위해서이다. 그러므로 글을 쓰는 과정에서는 다양한 서술 방법을 연습하고 활용함으로써 보다 효과적인 글쓰기의 방법을 탐구할 필요가 있다.

## ✓ 글쓰기 점검표

| 점검 항목 | 점검 내용 | 자기 진단<br>(○ △ ×) | 오류와<br>수정 내용 |
| --- | --- | --- | --- |
| 서술의 방법 | 다양한 서술 방법에 대해 이해하고 있는가 | | |
| 비교 | 비교를 통한 서술 방법을 활용할 수 있는가 | | |
| 유추 | 비교와 유추의 서술 방법상 차이점을 이해하고 있는가 | | |
| 구분 | 구분 기준이 타당성을 얻기 위한 방법을 숙지하고 있는가 | | |
| 분류 | 분류의 방법을 적절하게 사용할 수 있는가 | | |

1.2.

# 서사와 묘사, 인과와 논증

| 서술의 방법 1<br>• 비교와 유추, 구분과 분류 | ➡ | 서술의 방법 2<br>• 서사와 묘사, 인과와 논증 |
|---|---|---|

## 서사

서사는 대상의 행동이나 변화를 시간의 흐름에 따라 서술하는 글쓰기 방식이다. 문학적 글쓰기에 많이 사용되지만, 여행기나 관찰(실험) 보고서의 경우도 서사 형식을 가지는 경우가 많다. 일정하게 시기를 구분하고 그 사이 일어난 일들을 차례로 기술하는 방식은 대부분 서사적 글쓰기에 해당한다. 글을 읽는 사람이 사건의 추이나 전말을 명확하게 이해한다면 좋은 서사가 될 것이다.

시간의 흐름에 따른 서술이라도 매 순간의 미세한 변화를 모두 기록할 수는 없다. 여러 행위나 사건들을 글의 목적이나 주제에 맞게 선택하고 배열해야 한다. 선택을 할 때는 글의 주제나 목적, 대상을 고려해야 한다. 배열은 선택한 각각의 행위나 변화를 일정한 질서에 따라 서로 연결시키는 일이다. 서사가 중요한 표현 방법인 이유는 우리 삶이 시간의 흐름에 따라 이루어지기 때문이며, 시간을 계기로 삼을 때 사건이나 행동의 변화를 가장 자연스럽게 표현할 수 있기 때문이다.

이른 새벽에 온 성 안이 떠나가도록 대포 소리가 요란했다. 상점가에서는 아침 일찍 일어나 가게 문을 열고 문 앞에서 딱총을 늘어놓고 터뜨렸다. 나는 급히 일어나 가상루(歌商樓)로 갔다. 여러 사람들과 함께 모여 조용한 이야기들을 하다가 숙소로 돌아왔다. 식사를 마친 후 또 여럿이들 손을 마주잡고 거리 구경을 나섰다.

– 박지원, 리상호 역, 《열하일기》, 보리, 2004, 134쪽.

신부는 초록 저고리 다홍치마로 겨우 귀밑머리만 풀리운 채 신랑하고 첫날밤을 아직 앉아 있었는데, 신랑이 그만 오줌이 급해져서 냉큼 일어나 달려가는 바람에 옷자락이 문 돌쩌귀에 걸렸습니다. 그것을 신랑은 생각이 또 급해서 제 신부가 음탕해서 그 새를 못 참아서 뒤에서 손으로 잡아당기는 거라고, 그렇게만 알곤 뒤도 안 돌아보고 나가 버렸습니다. 문 돌쩌귀에 걸린 옷자락이 찢어진 채로 오줌 누곤 못 쓰겠다며 달아나 버렸습니다.

그러고 나서 40년인가 50년이 지나간 뒤에 뜻밖에 딴 볼일이 생겨 이 신부네 집 옆을 지나가다가 그래도 잠시 궁금해서 신부방 문을 열고 들여다보니 신부는 귀밑머리만 풀린 첫날밤 모양 그대로 초록 저고리 다홍치마로 아직도 고스란히 앉아 있었습니다. 안쓰러운 생각이 들어 그 어깨를 가서 어루만지니 그때서야 매운재가 되어 폭삭 내려앉아 버렸습니다. 초록 재와 다홍 재로 내려앉아 버렸습니다.

– 서정주, 〈신부〉, 《질마재신화》, 일지사, 1975.

첫 번째 인용문은 글쓴이가 자신의 경험을 적은 것이다. 이른 새벽부터 아침을 먹은 다음까지 보고 들은 일 등을 일기 형식으로 써 놓았다. 서사는 직접 경험한 사건뿐 아니라, 발생할 것으로 예상하거나 이루고 싶은 일을 기술할 때도 사용할 수 있다. 두 번째 인용문은 서정주의 시 작품으로 짧은 이야기 형식이다. 글쓴이의 경험이기보다 전해 들은 이야기로 생각된다. 서사는 과거, 현재, 미래의 사건에 모두 사용할 수 있으며 글쓴이의 경험이 아니라도 가능하다.

첫 번째 먹이는 6~7일 만에 동이 나고, 남은 것은 다리와 껍질 따위의 잔해뿐이다. 이때쯤 12mm가량 자란 애벌레가 처음 뚫었던 가슴의 구멍을 통해 밖으로 나온다. 자라는 동안 애벌레가 허물을 벗는데, 벗어 버린 껍질이 곧잘 그 구멍에 걸린다. 탈피 후 조금 쉬었다가 두 번째 먹이를 먹는데, 이때쯤의 애벌레는 매우 튼튼하다. 하지만 귀뚜라미는 침에 쏘인 지 벌써 1주일이 지났으니 혼수상태만 깊어졌을 뿐이다. 따라서 힘 빠진 귀뚜라미가 움직여봤자 애벌레는 겁낼 필요도, 경계할 필요도 없다. 이제는 부드럽고 액체가 많은 배부터 먹는다. 곧 세 번째 먹이를 거쳐, 마지막의 네 번째는 10여 시간 만에 먹어치운다. 귀뚜라미는 내장이 모두 먹히고 몸은 텅 빈 껍질만 남을 뿐이다. 다섯 번째를 주었으나 거들떠보지도 않는다. 아주 조금 먹는 녀석도 있으나 다이어트를 하려는 건 아니다. 애벌레는 지금까지 한 번도 똥을 배설하지 않았다. 귀뚜라미를 네 마리씩이나 먹었으니 창자가 터질 만큼 부풀어 올랐을 테니, 더 준 먹이에 걸신들린 듯이 식욕이 일지는 않을 것이다.

– 장 앙리 파브르, 김진일 역, 《파브르 곤충기》 1, 현암사, 2006, 133~144쪽.

서사적 글쓰기는 보고서나 연대기, 기행문 등에도 많이 사용된다. 이 인용문의 경우 사실의 기록이며 글쓴이의 생각이나 정서가 거의 들어 있지 않다는 점에서 비문학적 서사라 할 수 있다. 서사를 시간의 흐름에 따라 풀어내는 이야기라고 한다면, 우리 삶도 하나의 서사를 이룬다고 할 수 있다. 매일 겪는 일상도 하나의 서사이며 이것들이 모여 완성되는 인생도 한 편의 서사일 것이다.

## 묘사

어떤 대상에 대해 그림을 그리거나 사진을 찍어 보여 주듯이 서술하는 일이 묘사이다. 그러나 묘사는 단지 형상을 표현하는 데 그치지 않는다. 어떤 대상의 내적 속성이나 머릿속의 생각도 보고 듣고 만지는 듯이 표현할 수 있다. 이것이 묘사가 지닌 재미라고 할 수 있다. 글을 읽는 독자가 보이는 듯이, 들리는 듯이, 혹은 만지고 있는 듯이 대상을 느낄 수 있다면 좋은 묘사가 될 것이다.

노량진역에 이르는 전찻길은 초라하고 더러웠다. 포장한 지 너무 오래되어 길에는 흙먼지가 일고 돌이 여기저기 굴러 있었다. 길 양쪽에 다 쓰러져 가는 집들, 날품팔이 일꾼들이 찾아드는 장국밥집, 녹슨 함석지붕이 찌그러져 있었고 흙먼지가 쌓인 책방, 조선기와를 올린 비틀어진 이층집, 복덕방 포장이 찢기어 너풀거린다. 겨울이면 강바람이 불어와서 춥고, 여름이면 다 망가진 아스팔트가 눅눅하게 녹아서 더운 바람이 일던 곳, 그 거리에 겨울 여름 없이 낡은 전차가 오가고 도시락을 든 가난한 월급쟁이, 학생들, 노동자들이 줄을 지어 기다리고 서 있었는데, 언제, 어느 때, 서러운 세월의 추억도 잊어 버린 노인과 같았던 거리가 다 부서지고 지금은 시체가 되어 누워 있다. 이 부서진 거리를 위해

슬퍼하고 우는 사람은 아무도 없다.

– 박경리, 《시장과 전장》, 현암사, 1964.

소설의 일부인 이 인용문은 1950년대 노량진역을 묘사한 것으로 폐허를 떠올리게 한다. "녹슨 함석지붕이 찌그러져 있었고 흙먼지가 쌓인 책방, 조선기와를 올린 비틀어진 이층집, 복덕방 포장이 찢기어 너풀거린다."에서 '찌그러지다, 비틀어지다, 찢기다, 너풀거리다' 등이 대상을 표현하는 말들인데, 이것들을 바꾸면 전혀 다른 분위기를 전달할 수 있다. 만약 "함석지붕이 오목하고 흙먼지가 앉은 책방, 조선기와를 올린 기웃한 이층집, 복덕방 포장이 바람에 들썩인다"고 말했다면, 폐허의 느낌은 조금 누그러질 것이다. 묘사는 보이는 그대로를 옮기는 방법이 아니라, 글쓴이의 느낌이나 표현을 대상에 덧붙여 표현하는 방법이기도 하다.

과목 여귀과, 개화 5~6월, 높이 30~100cm

특징 여러해살이풀 / 원줄기는 둥근 기둥모양이고 많은 세로줄이 있으며 홍자색이 돌고 잎과 더불어 신맛이 난다. 뿌리잎은 무더기로 나고 긴 타원모양으로 끝이 둔하며 밑은 화살촉모양이다. 줄기잎은 어긋나게 붙고 위로 올라갈수록 작아지면서 원줄기를 감싼다. 받침잎은 잎집 같고 얇다. 고깔꽃차례에 연한 녹색, 녹색의 꽃이 돌려 붙는다.

결실 6~7월 / 여윈열매(수과)

자생 전국 각지 산과 들, 길가, 언덕 등 습기 있는 양지

– 김태정, 《쉽게 찾는 야생화》, (주)현암사, 2010, 35쪽.

이 글은 '수영'이라는 한국의 야생화에 대한 설명이다. 글쓴이의 생각이나 느낌을 최대한 배제한 상태에서, 읽는 사람이 대상의 생김새를 잘 이해할 수 있도록 하고 있다. 문학적 묘사에 대해 비문학적 묘사라고 불리는 이런 글쓰기 역시 전형적인 묘사적 글쓰기이다.

## 연습 문제 :

1. 다음은 〈장편2〉라는 김종삼의 시 작품이다. 시간적 공간적 배경과 등장인물, 사건 등을 추가하여 더 긴 서사를 써 보자.

> 조선총독부가 있을 때
> 청계천변 십 전 균일상(均一床) 밥집 문턱엔
> 거지소녀가 거지장님 어버이를
> 이끌고 와 서있다
> 주인 영감이 소리를 질렀으나
> 태연하였다
>
> 어린 소녀는 어버이의 생일이라고
> 십 전짜리 두개를 보였다
>
> – 김종삼, 〈장편 2〉, 《시인학교》, 시현실사, 1977.

2. 다음은 야구 경기의 결과를 다룬 신문 기사의 일부이다. 이 기사의 내용을 바탕으로 자신이 직접 경기를 관람했다고 전제하고, 경기장에 도착하기까지의 과정과 경기 관람 이후 돌아올 때까지의 과정을 서사의 방식으로 써 보고, 경기장과 경기의 모습을 묘사의 방식으로 써 보자.

> '한국인 첫 PS 선발승'… 역사 써내려가는 류현진
>
> 미국 프로야구 로스앤젤레스 다저스의 '괴물 투수' 류현진(26)이 역대 한국인 메이저리거 가운데 처음으로 포스트시즌(PS) 선발승을 거두며 최초의 기록을 써내려가고 있다.
>
> 류현진은 15일(한국시간) 미국 캘리포니아주 로스앤젤레스 다저스타디움에서 열리는 미국 프로야구 내셔널리그 챔피언십시리즈(NLCS · 7전 4승제) 3차전에 선발 등판, 7이닝을 무실점으로 틀어막고 승리 투수가 됐다.

미국 야구에 진출한 한국인 투수 가운데 처음으로 거둔 포스트시즌 선발승이다.

다저스가 남은 챔피언십시리즈에서 승승장구해 월드시리즈까지 진출한다면 류현진의 최초 기록 행진은 앞으로도 계속 이어질 전망이다.

-《연합뉴스》, 2013년 10월 15일.

3. 다음 그림은 우리나라 밤하늘에 나타나는 봄철과 가을철의 별자리 지도이다. 한두 개의 별자리를 골라 그 위치 변화를 계절의 흐름과 연관시켜 서사의 형태로 쓰고, 별자리의 모양을 묘사하는 글을 써 보자.

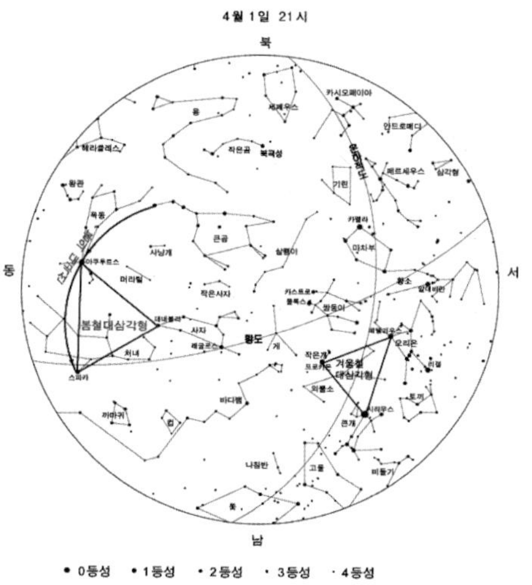


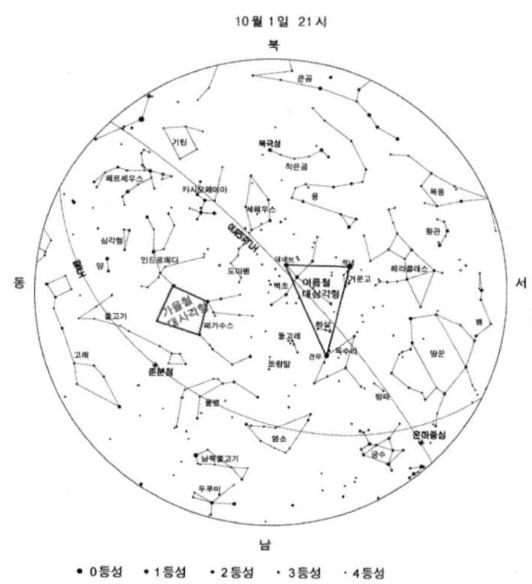


봄철 별자리- 사자자리, 작은사자자리, 살쾡이자리, 목동자리, 왕관자리, 사냥개자리, 처녀자리, 까마귀자리, 머리털자리, 천칭자리, 바다뱀자리, 육분의자리, 컵자리

가을철 별자리- 페가수스자리, 안드로메다자리, 페르세우스자리, 도마뱀자리, 삼각형자리, 양자리, 물고기자리, 조랑말자리, 남쪽물고기자리, 물병자리, 염소자리, 고래자리.

(자료출처 : 한국천문연구원
http://astro.kasi.re.kr/Main/ContentViewForm.aspx?MenuID=1440
http://astro.kasi.re.kr/Main/ContentViewForm.aspx?MenuID=1442)

## 인과

어떤 현상이나 사건은 다른 현상이나 사건과 연결되어 있다. 화재와 연기처럼 두 개, 혹은 그 이상의 일들이 연속되어 일어났을 때, 시간적으로 앞선 것을 원인이라 하고 뒤의 것을 결과라고 할 수 있다. 소설이나 희곡 등 이야기를 가진 글은 물론이지만 역사적 사건이나 사회적 현상, 증상의 진행이나 생물의 생장 등을 관찰하고 기록하는 글에도 인과는 중요한 요소이다. 어떤 현상의 원인을 찾거나, 결과를 분석하고 예상하는 글 역시 인과적 글쓰기에 해당할 것이다.

주렴 밖에 성긴 별이
하나 둘 스러지고

귀촉도 울음 뒤에
머언 산이 다가서다.

촛불을 꺼야 하리
꽃이 지는데

꽃 지는 그림자
뜰에 어리어

하이얀 미닫이가
우련 붉어라.

묻혀서 사는 이의
고운 마음을

아는 이 있을까
저허하노니

꽃이 지는 아침은

울고 싶어라.

— 조지훈, 〈낙화〉, 《청록집》, 1946.

바람이 불면 꽃잎이 떨어진다. 그렇지만 낙화의 원인을 바람뿐이라고 말할 수는 없다. 각각의 인과는 서로 연쇄되어 복잡한 상호 관련 속에 놓여 있기 때문이다. 꽃이 지는 일의 원인은 바람일 수도 아닐 수도 있다. 조지훈의 〈낙화〉는 여러 사물과 사건의 인과를 바탕으로 구성되어 있다. 이 작품이 묘한 울림을 주는 이유는 눈에 보이지 않는 인과관계를 시인이 포착하여 써 놓았기 때문인지 모른다. 단선적인 시간의 선후가 아니라 두 사건, 혹은 그 이상의 사건들이 얽힌 여러 양상을 파악한다면 글은 깊이와 넓이가 더해질 것이다.

## 논증

논증의 어떤 견해나 주장을 적절한 논거를 통해 옹호하는 글쓰기이다. '나는 저녁노을이 좋다'는 진술은 논증할 필요가 없지만, '학기 초보다 학기 말의 문구류 가격 상승률이 높다'는 진술은 논증이 필요하다. 전자의 경우 자신의 느낌을 주관적으로 표출하는 것이지만, 후자는 그 타당성을 확인해야 하는 주장이기 때문이다. 대학에서의 글쓰기는 논증이 필요한 경우가 많다. 연구 논문은 물론 보고서의 경우도 의미 있는 결론을 도출해 내기 위해서는 논증의 과정을 거쳐야 한다.

읽기 자료 :

다음 글에서 주장과 논거를 찾아보자.

이런 현실은 성장률 둔화 탓도 있지만 성장해도 예전만큼 일자리가 늘지 않기 때문이다. 특히 제조업에선 과거와 같은 일자리 창출력을 기대하긴 어려워졌다. 고학력화로 청년들의 일자리 눈높이가 높아진 사정도 있다. 대기업 선호도는 강해지고 중소기업은 구인난에 허덕이는 구조적인 문제가 심해진 것이다. 그렇기에 정부는 늘 청년 일자리를 놓고 고민해왔다. 이번 정부도 국외와 공공부문 일자리를 늘리고 중소기업 취업 확대를 위한 인센티브를 도입하고 있다. 그러나 양질의 일자리 만들기와는 동떨어진 움직임도 포착된다. 공공기관이 내년 시간제 일자리 채용을 청년 중심으로 하려 한다는 지적이 그것이다. 자칫 청년들이 시간제 일자리 확대 정책의 희생양이 될까 봐 걱정이다. 보다 근본적이고 창조적인 해법을 찾아야 할 때다. 일자리를 늘리는 투자에 대한 인센티브를 강화하고 일자리 창출력이 큰 서비스업 육성에 힘을 더 쏟을 필요가 있다. 과감한 규제 완화도 뒤따르길 기대한다.

– 〈청년 취업난에 근본적 해법 필요하다〉, 연합뉴스, 2013년 11월 10일.

제1장에서 설명한 사실에 의해 가축의 경우, 사용하는 부분은 강하고 크게 되며 사용하지 않는 부분은 약하고 작게 된다는 것과, 그리고 이들 변이는 거의 대부분 유전된다고 나는 생각한다. 자유로운 자연 상태에서는 조상의 형태를 알 수 없기 때문에, 오랫동안 계속되어 온 사용 및 불용의 작용을 판정할 만한 비교의 표준이 없다. 그러나 많은 동물이 불용의 작용으로 설명될 수 있는 구조를 가지고 있다. 오웬 교수가 이미 지적한 바와 같이, 자연계에는 날지 못하는 새만큼 크나큰 변태(變態)는 없지만 이러한 날지 못하는 새는 허다하다. 남아메리카의 바다거북오리는 수면을 퍼득이며 날아갈 수 있을 뿐, 그 날개는 아일레스버리라고 하는 집오리의 날개와 거의 같은 상태에 있다. 커닝엄에 의하면, 이 새는 성장하면 나는 힘을 잃고 말지만 어렸을 때는 날 수 있다고 한다. 그것은 주목할 만한 사실이다.

땅에서 먹이를 구하는 큰 새는 위험을 피할 때 외에는 함부로 날지 않으므로, 맹수들이 살지 않는 바다 가운데 있는 많은 섬에 현재 서식하고 있거나 또는 최근까지 서식하고 있었던 많은 새들이 거의 날개가 없는 상태인 것은 날개를 사용하지 않았기 때문인 것으로 확신한다. 실제로 타조는 대륙에서 살며 날아서 피할 수 없는 위험에 처해 있지만, 비교적 작은 네발짐승과 마찬가지로 발길질을 해서 적으로부터 몸을 지키고 있다. 타조의 먼 조상은 들기러기와 같이 나는 습성을 지니고 있었으나, 세대를 거듭함에 따라 몸의 크기와 무게가 증가하여 더욱 다리가 많이 사용되고 날개는 그다지 사용되지 않아서 결국 날 수 없게 된 것이라고 상상된다.

– 찰스 다윈, 홍성표 역, 《종의 기원》, 홍신문화사, 2007, 133~134쪽.

연습 문제 :

다음 표는 서울시에 거주하는 대학생의 주거비 부담과 관련한 자료이다. 이 표를 참고로 대학 생활의 문제를 찾아 인과를 분석하고 해결 방안을 주장하는 글을 써 보자.

(단위: 만원)

| 구분 | 항목 | 평균(비율) |
|---|---|---|
| 소득 | 부모님 지원 소득 | 63.74(0.80) |
| | 자기 소득 | 15.43(0.19) |
| | 기타 소득 | 0.51(0.01) |
| | 총 소득 | 79.67 |
| 주거비 | 월 임차료 | 28.15(0.89) |
| | 수도광열비 | 1.69(0.05) |
| | 공동주택관리비 | 1.98(0.06) |
| | 총 주거비 | 31.77 |
| 보증금 | 전세 | 6,950.00 |
| | 월세 | 671.08 |
| 생계비 | 식료품비, 의류비, 교통비, 통신비 | 37.88 |

– 배병우 · 남진, 서울시 거주 대학생의 주거비 부담능력 분석, 《서울도시연구》 제14권 제1호, 2013. 3.

## ✓ 글쓰기 점검표

| 점검 항목 | 점검 내용 | 자기 진단 (○ △ ×) | 오류와 수정 내용 |
|---|---|---|---|
| 서사 | 서사적 글쓰기를 잘 이해하고 활용할 수 있는가. | | |
| 묘사 | 대상을 감각적 표현으로 묘사할 수 있는가. | | |
| 인과 | 인과에 대해 이해하고 원인이나 결과를 찾아낼 수 있는가. | | |
| 논증 | 주장과 논거를 적절히 제시하고 논증할 수 있는가. | | |

# 2. 글쓰기의 유형

## 2.1. 창조적 글쓰기

| 글쓰기의 유형 1<br>• 창조적 글쓰기 | ➡ | 글쓰기의 유형 2<br>• 설득적 글쓰기 | ➡ | 글쓰기의 유형 3<br>• 학술적 글쓰기 |
|---|---|---|---|---|

창조적 글쓰기는 소설이나 시 등 문학에서의 글쓰기를 주로 의미하지만 반드시 거기에 한정된 것은 아니다. 자연과학이나 사회과학 분야에서도 글쓴이의 상상력이나 다양한 비유를 활용한 글이 적지 않다. 무엇에 대해 쓰느냐도 중요하지만, 얼마나 새롭고 개성 있는 글이냐의 문제가 창조적 글쓰기를 결정한다.

그러나 창조적 글쓰기가 이해하기 어렵거나 사용된 적 없는 표현을 만들려는 노력의 결과는 아니다. 완전한 무에서 글을 쓰는 작업은 신의 영역일 것이다. 기발한 착상이나 낯선 표현을 찾기보다 누구나 쓸 수 있었지만 아무도 그렇게 쓰지 않은 표현을 찾는다는 생각이 필요하다. 다르게 보고, 다르게 생각하는 자세, 대상을 향한 깊은 관심과 세심한 관찰이 요구되는 일이다.

화재 현장을 보도하는 기사에서 '화마(火魔)가 할퀴고 간'이라는 표현을 흔히 본다. 가을 들판을 '황금 들녘'이라고 부르거나 초겨울이 시작될 때 '겨울의 문턱에 들어서다'와 같이 말하는 경우도 마찬가지다. 너무 익숙해서 편안하게 들릴지는 모르지만 창조적이라고 하기는 어려운 표현들이다. 화재 현장을 가까이서 지켜본 사람이라면 그것이 방화였는지 실화(失火)였는지, 다친 사람은 없는지 등이 궁금해진다. 주변 사람들의 반응도 여러 가지일 것이다. 화마라는 표현으로 싸잡아 표현하기에는 화재의 원인이나 결과가 단일하지 않고 거기 얽힌 삶의 양상들도 다양하다. 아무리 잘 쓴 글이라도 익숙한 대상을 상투적인 표현으로 쓴다면 창조적인 글이 되기는 어렵다.

창조적인 글의 저자는 글 쓰는 재미를 알고 그것을 누군가 읽어 주는 데 즐거움을 느끼는 사람이기도 하다. 창조적인 글을 쓰기 위해서는 많은 독서와 훈련이 필요하지만 타인과 즐겁게 소통하려는 마음 역시 중요하다. 무관심하게 지나치던 대상이나 사건을 끈질기게 들여다보고, 지금까지 알지 못했던 것들을 발견할 때, 그것을 최대한 흥미 있게 전달하려는 태도가 필요하다. 창조적 글쓰기란 천재적 능력이 아니라 세계에 대한 관심과 노력의 결과이기 때문이다.

우리집 정원에서 호두나무 씨를 뿌리던 다람쥐를 생각해 보라. 혹은 둑을 쌓아 새로운 물웅덩이를 만들어내는 비버를 떠올려 보라. 생물은 예로부터 주변 환경을 스스로 만들어내는 지질학적 힘이었다. 다른 존재들을 위해 끊임없이 새로운 생존 환경을 만들어낸 것은 생물 자신이었다. 예를 들어 수백만 년 전 원시바다에 살던 남조식물은 산소를 생산함으로써 공기로 호흡하는 생물을 처음으로 창조해냈다. 바다는 무대와 배우가 구분되지 않는 전형적인 생태계다. 텅 빈 물속에서는 유일하게 사용할 수 있는 공간이 다른 존재들의 몸이기 때문에 어딘가에 둥지를 틀고 사는 동물들은 야밤의 등불이 벌레들을 끌어당기듯 다양한 생물들을 끌어들였다. 그때문에 열대 바다의 산호나 북해 조수간만 지대의 조개 뱅크는 새로운 생물들이 추가되면서 생존 영역이 점점 확장되었다. 생명의 윤무에 동참하는 모든 존재들은 생존 전술의 가짓수를 더 늘려준다. 그래서 수백만 년 동안 지속되어 온 해안 모래톱 속에는 점점 정교하게 발전해나간 복잡성의 역사가 담겨 있고, 상호 작용의 새로운 구조들이 층을 이루고 있으며, 새로운 생명의 설계를 위해 점점 더 많은 생태적 지위가 생산되었던 것이다. 다윈의 모델로는 열대우림뿐 아니라 해안에 펼쳐진 생명의 오아시스도 어떻게 그렇게 다양하게 생성될 수 있었는지 제대로 설명할 수 없다.

– 안드레아스 베버, 박종대 역, 《모든 것은 느낀다》, 프로네시스, 2008, 232~233쪽.

사람 이외의 동식물은 유전자 정보나 본능에 따라 움직일 뿐이라고 생각하기 쉽다. 이런 생각은 '나'를 중심으로 세상이 펼쳐진 듯한 착각을 불러일으킨다. 여러 사물들이 지닌 차이를 무시하고 한두 가지 생김새나 잘 알려진 속성으로만 그것을 이해하고 표현하게 된다. 이 인용문의 글쓴이는 다람쥐나 비버 등은 물론 원시 바다의 남조식물도 창조적 능력을 가졌다고 말한다. 자연과학 지식을 바탕으로 쓴 글임에도 전혀 딱딱한 느낌을 주지 않으며, 다윈의 이론이 불완전하다고 주장하는 일도 자연스럽다. 문학작품을 읽는 듯한 느낌을 주는 이 글은 대상에 대한 관심과 이해가 개성 있고 풍요로운 표현으로 이어지는 예이다.

1+3

3+1

3+1　1+3

1+3　3+1

1+3　1+3

3+1　3+1

3+1

1+3

線上의一點 A

線上의一點 B

線上의一點 C

A+B+C=A

A+B+C=B

A+B+C=C

二線의交點 A

三線의交點 B

數線의交點 C

3+1

1+3

1+3 3+1

3+1 1+3

3+1 3+1

1+3 1+3

1+3

3+1

(태양광선은, 凸렌즈때문에수렴광선이되일점에있어서혁혁히빛나고혁혁히불탔다, 태초의요행은무엇보다도대기의층과층이이루는층으로하여금凸렌즈되게하지아니하였던것에있다는것을생각하니樂이된다, 기하학은凸렌즈와같은불작란은아닐른지, 유우크리트는사망해버린오늘유우크리트의초점은도처에있어서인문의뇌수를마른풀과같이소각하는수렴작용을나열하는것에의하여최대의수렴작용을재촉하는위험을재촉한다, 사람은절망하라, 사람은탄생하라, 사람은탄생하라, 사람은절망하라)

1931. 9. 11

– 이상, 〈선에관한각서 2〉, 《조선과 건축》, 1931.

이 인용문은 시인 이상이 1931년《조선과 건축》에 실었던 작품이다. 우리가 흔히 생각하는 시의 형식과는 아주 많이 다르다. 좋은 시인지 아닌지는 물론 이 글이 정말 시인지조차 의문이 생긴다. 그러나 1931년이라는 발표 시기로 볼 때, 당시로선 매우 낯설고 새로운 형식의 글이었음에 틀림없다. 한국어 사용의 폭과 가능성 역시 조금 더 넓어졌다고 할 수 있을 것이다. 자신의 관찰이나 생각을 기하학적 지식에 담아 시로 쓰는 일은 창조적 글쓰기의 한 예이다.

### 연습 문제 :

1. 각자의 전공 지식을 활용하여 다음을 설명하는 글을 써 보자.
   1) 시내버스가 모두 육면체(六面體)인 이유
   2) 아침이면 잠이 깨는 이유
   3) 멀리 있는 사물은 작아 보이는 이유
   4) 어린 생물들이 성장을 멈추지 않는 이유
   5) 흥겨운 음악을 들으면 몸이 들썩거리는 이유
   6) 그림자의 길이가 시간에 따라 달라지는 이유

2. 다음은 소설의 일부로 6·25 전쟁 후 월남민들이 모여 살던 동네를 묘사한 부분이다. 다음에 이어질 이야기를 지어 보자.

> 저만치 골목 막다른 곳엔, 누런 시멘트 부대 종이를 흰 실로 얼기설기 문살에 얽어맨 철호네 집 방문이 보였다. 철호는 때에 절어서 마치 가죽끈처럼 된 헝겊이 달린 문걸쇠를 잡아당겼다. 손가락이라도 드나들 만치 엉성한 문이면서 찌걱찌걱 집혀서 잘 열리지를 않았다. 아래가 잔뜩 잡힌 채 비틀어진 문틈으로 그의 어머니의 소리가 새어 나왔다.
>
> –이범선, 〈오발탄〉, 《현대문학》, 1959. 10.

2.2.

# 설득적 글쓰기

| 글쓰기의 유형 1<br>• 창조적 글쓰기 | ➡ | 글쓰기의 유형 2<br>• 설득적 글쓰기 | ➡ | 글쓰기의 유형 3<br>• 학술적 글쓰기 |
|---|---|---|---|---|

설득적 글쓰기란 설득을 목적으로 하는 글쓰기이다. 먼저 다음의 읽기 자료를 보면서 독자를 설득하기 위해 고려해야 할 요소들에 대해 생각해 보자.

오늘날 비즈니스는 대부분 팀 단위로 운영되며, 팀 구성원들은 권위를 싫어하는 베이비붐 세대와 X세대들이다. 이런 이유 때문에 오늘날 비즈니스에서 설득은 그 어느 때보다 중요한 관리도구가 되었다.

흔히 알려진 것과 달리 설득이란 자신의 생각을 다른 사람에게 납득시키거나 상대방이 자신과 같은 방식으로 사물을 보게 만드는 행위가 아니다. 설득이란 상대방에게서 배우고 공통의 해결책을 찾기 위해 협상하는 과정이다. 이 과정은 네 단계로 이루어진다. 첫째, 신뢰를 얻는다. 둘째, 공통의 토대를 발견하기 위해 노력한다. 셋째, 명백한 증거를 제시한다. 넷째, 감정적으로 교감한다.

첫 단계인 신뢰를 얻는 일은 '전문성'과 '관계'를 통해 가능하다고 필자는 말한다. 전문성은 제품이나 프로세스에 대한 지식이 있음을 뜻하며, 관계는 상대방의 말에 귀를 기울이고 상대방을 위해 일한 이력이 있다는 뜻이다. 하지만 신뢰를 얻은 후에도 주장하는 견해가 상대방이 수긍할 수 있는 것이어야 하며, 나아가 흥미를 끌 수 있어야 설득에 성공할 수 있다. 설득하는 사람은 상대방이 자신의 견해에서 어떤 이익을 얻을 수 있는지를 분명하게 설명할 수 있어야 한다.

이런 속성 때문에 설득 과정에는 증거를 제시하는 일이 포함된다. 이때 증거는 일반적인 차트나 스프레드시트가 아니다. 설득을 잘하는 사람은 자신의 견해에 생동감을 부여하기 위해 생생하고 때로는 과장된 이야기와 은유, 사례를 사용한다. 그리고 설득을 잘하는 사람은 상대방의 감정 상태를 정확하게 감지하고 반응하는 능력을 가지고 있다. 경우에 따라 자신의 감정을 억누르기도 하고 격앙시킬 줄도 알아야 한다.

설득은 조직에서 커다란 장점이 될 수 있다. 그러기 위해서는 먼저 설득이 무엇인지부터 알아야 한다. 설득은 통찰력, 계획, 타협이 요구되는 힘든 과정이다.

– 제이 콘저, 〈효과적으로 설득하려면〉, 로버트 치알디니 외, 민영진 역, 《설득의 기술》, 21세기북스, 2009, 19쪽.

여러분 자신은 설득을 어떻게 정의하고 있는지 잠시 생각해보자. 만일 여러분이 내가 만난 대부분의 비즈니스맨들과 같다면 설득이란 다음과 같은 비교적 간단한 과정이라고 생각할 것이다. 먼저, 자신의 견해를 분명하게 밝힌다. 그런 다음, 대략적인 근거를 제시하고 데이터에 근거하여 강한 주장을 펼친다. 마지막으로 거래 단계에 들어가서 거래를 성사시키기 위해 노력한다. 이렇게 자신의 아이디어를 상대방에게 납득시키기 위해 논리와 끈기, 개인적 열정을 동원하는 것이 설득이라고 생각한다. 하지만 실제로 이런 방법으로 다른 사람을 설득할 가능성은 거의 없다.

그렇다면 설득을 잘하기 위해서는 어떻게 해야 할까? 설득은 '학습'하고 '타협'하는 과정이다. 다시 말해서 설득이란 '발견'하고 '준비'하고 '대화'하는 과정이라고 할 수 있다. 다른 사람을 설득할 준비를 하는 데는 몇 주일 또는 몇 개월이 걸린다. 상대방에 대해 파악하고, 논쟁하려고 하는 자신의 견해를 면밀히 검토해야 하기 때문이다. 설득을 잘하는 사람은 말을 시작하기 전에 자신의 견해를 모든 각도에서 살펴본다. 상대방은 내 견해를 따르기 위해 시간과 돈을 얼마나 투자해야 할 것인가? 내가 근거로 제시한 증거에 취약점은 없는가? 대안으로 검토해야 할 다른 견해가 있는가?

대화는 설득 과정이 시작되기 전과 설득 과정 도중에 이루어진다. 설득을 잘하는 사람은 설득 과정이 시작되기 전에 상대방이 어떤 의견을 갖고 있는지, 관심사는 무엇인지, 어떤 시각을 갖고 있는지에 대해 더 잘 알기 위해 대화하는 방법을 사용한다. 이 단계에서 대화는 학습의 형태를 띠지만 협상의 출발점이 되기도 한다. 주장하는 견해의 이점에 대해 상대방이 토론하도록 만들고, 솔직한 피드백을 제공하고, 상대방이 다른 해결책을 제안하도록 만든다. 이 방법은 느리고 시간이 오래 걸리는 것처럼 보인다.

하지만 설득에 성공하려면 상대방이 무엇에 관심이 있는지, 무엇을 필요로 하는지 고려하여 그에 맞게 자신의 견해를 시험하고 수정해야 한다. 설득을 잘하는 사람은 다른 사람들의 말에 귀를 기울일 뿐만 아니라 상대방의 관점을 받아들여 공통의 해결책을 찾는다.

설득에는 흔히 타협이 포함되며 상대방을 설득하려면 실제로 타협해야만 한다. 설득을 잘하는 사람들이 공통적으로 마음이 열려 있고 독단적이지 않은 이유는 아마 이 때문일 것이다. 이들은 설득 과정에 들어갈 준비가 되어 있다. 흥미롭게도 이런 접근법은 그 자체로 매우 설득력이 있다. 설득하는 사람이 상대방의 의견을 열심히 들으려 하고 상대방의 필요와 관심사에 맞춰 자신의 견해를 바꾸려고 하면 사람들은 대부분 매우 긍정적인 반응을 보인다. 설득하는 사람을 더 신뢰하고, 더 주의 깊게 귀를 기울이며, 혹시 속거나 조종당할까 걱정하지 않는다. 설득하는 사람이 유연한 태도를 보이면 상대방도 기꺼이 양보할 생각을 한다. 설득을 잘하는 사람들은 이런 역학관계를 잘 알기 때문에 설득 과정에 들어가기 전에 적절한 타협안을 미리 준비해서 들어간다.

- 앞의 글, 22-23쪽.

다른 사람을 설득하는 방법에는 이성에 호소하는 방법과 감성에 호소하는 방법이 있다. 설득하는 글이라고 하면 대개 논증의 방식을 떠올리는데, 이는 이성에 호소하는 방법이다. 설득하는 글이라 하더라도 장르에 따라 독자의 감성에 호소하여 설득하는 방법을 사용하기도 한다.

감성에 호소하는 설득문의 대표적인 예는 광고문이다. 논리적인 사고보다는 독자의 감성과 감정을 자극하여 설득한다.

안전운전 - 오직 운전만 하세요

"보고 싶어"라는 말을 하지 마세요.
"사랑해" 문자도 보내지 마세요.
"좋아요."도 누르지 마세요.

아무 것도 하지 마세요.

세상 그 어떤 아름다운 말도
당신 없인 무의미하기 때문입니다.

사랑한다면 오직 운전만 하세요.

- 2013년 방송 공익광고, KOBACO 공익광고협의회.
(http://www.kobaco.co.kr/businessintro/about/about_tv_detail_list.asp)

국민희망

"먹으면 힘이 나는 어깨쭉피자입니다"
"뒤집을수록 맛있는 전, 패자부활전입니다"
"막힘없이 쌩쌩 달리는 대통운수입니다"
"어서 오세요! 행복을 나누는 복집, 국민의행복입니다"

국민 한 사람 한 사람의 희망이 모여
함께 행복한 대한민국을 만들어 갑니다.

- 2013년 방송 공익광고, KOBACO 공익광고협의회.
(http://www.kobaco.co.kr/businessintro/about/about_tv_detail_list.asp)

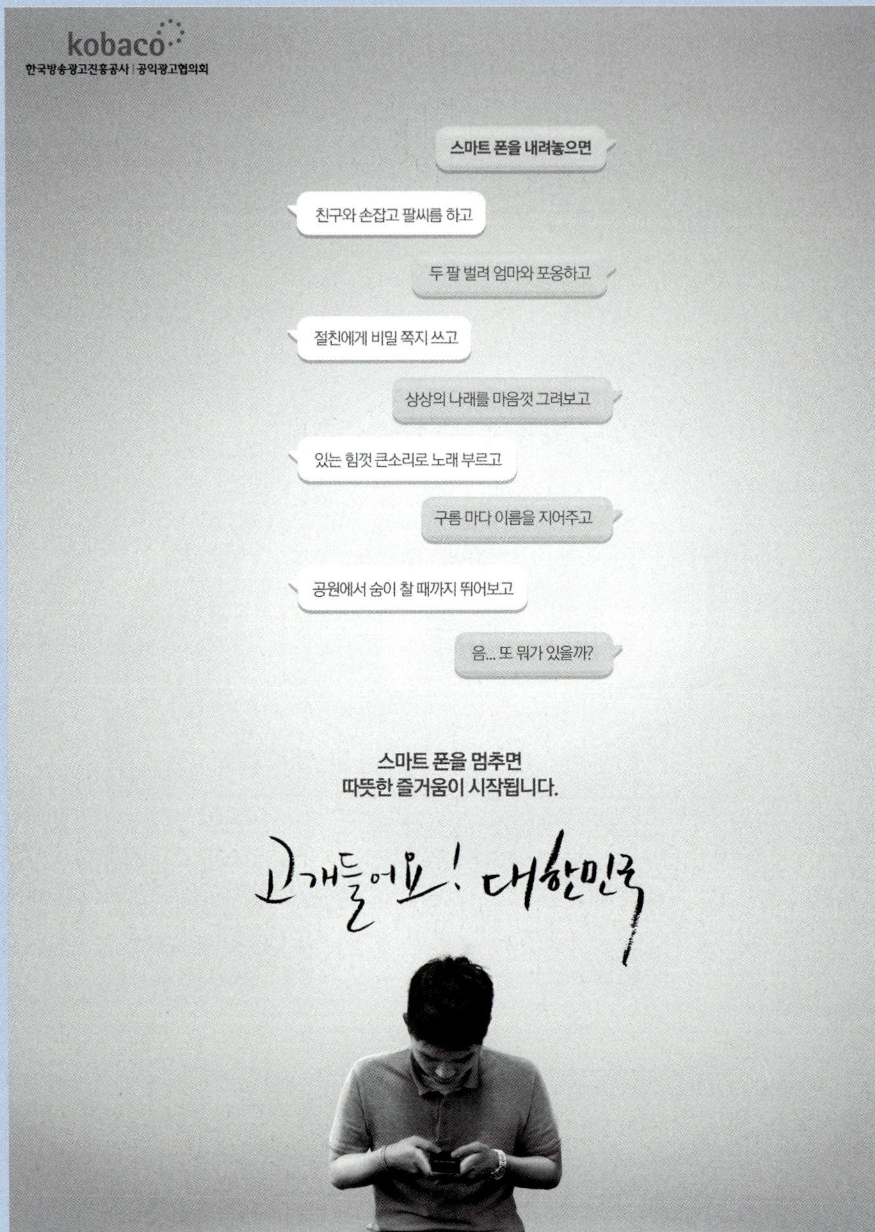


- 2012년 공익광고제 일반부 장려상 수상작, KOBACO 공익광고협의회.
(http://www.kobaco.co.kr/businessintro/about/generation_prize.asp)

이성에 호소하는 설득문은 흔히 논술문 혹은 논증문이라 부른다. 독자에게 필자의 의견이나 주장을 설득하기 위해서 타당한 근거나 이유를 들어 설명하고 증명하는 글이다. 이러한 글들은 필자의 의견이 분명하게 드러나며, 논증의 방식을 사용함으로써 독자의 논리적인 사고에 기대어 설득한다. 신문의 사설이나 칼럼, 비평문, 기소문, 학술 논문, 기획안, 제안서 등이 이러한 유형에 속한다.

평화와 안녕을 기원하는 엄마의 '축제' 봉준호 감독 〈마더〉

메마른 갈대들이 바람에 흔들린다. 들판을 헤치고 한 중년의 여인이 화면 속으로 걸어 들어온다. 그러더니 그녀 또한 갈대처럼 몸을 흔든다. 춤사위라기엔 조금 엉성하고 싱겁다. 마치 기타 선율에 맞춰 추는 것 같지만 사실 음악은 우리에게만 들린다. 우리와 마주보는 이 여인의 표정도 가늠할 수 없다. 웃는 것 같기도 하고 우는 것 같기도 하다. 이 놀랍고 압도적인 '김혜자의 춤'은 영화를 함축하는 빛나는 오프닝 시퀀스다. 앞으로도 보기 힘든 명장면으로 기록될 것이다. 영화 〈마더〉는 이미 이 춤 하나로 모든 걸 말해 버린다. 어느 날 살인죄를 뒤집어 쓴 아들 도준(원빈)을 구하기 위한 엄마(김혜자)의 고독한 사투, 장르적 관점에서도 이 스토리는 간결하고 명확하다. 그러나 모성이라는 뜨거운 에너지를 극단으로 밀어 붙이는 이 영화의 실험은 그리 간단치 않다. 〈마더〉를 단순히 모자란 아들에 대한 어머니의 '바보 같은 사랑'으로 보기엔 무리가 있다.

**오히려 이 영화는 아들 혹은 대리 남편의 평화와 안녕을 기원하는 한 판의 굿, 제의처럼 느껴진다.** 살인사건을 풀어가는 서스펜스의 방식, 가족을 지키려 스스로 괴물처럼 변해가는 엄마의 모습은 〈살인의 추억〉, 〈괴물〉과 겹쳐진다. 혹은 〈피아니스트〉(미하엘 하네케)의 전복적인 내러티브와 가혹한 모녀관계를 연상시킨다. 그러나 스릴러로 봤을 땐 영화 속에 제시된 단서들이 조금은 허술하고 석연치 않다.

반면 엄마가 무엇을 지켜야 하며, 무엇을 희생해 왔으며, 무엇을 해야 하는지는 명백하게 도드라진다. 엄마는 하나뿐인 아들(심지어 남편과도 같은)을 지키기 위해, 사회라는 괴물에게 제물을 바치고 위로해야 하는 무녀(巫女)가 되어야 하는 것이다. 극중 혜자는 침술로 민간치료와 출산에 관여하는 주술사다. 동네 아낙들은 그녀들의 남편이 아닌 혜자의 침술과 약재로 아이가 생기길 기다린다.

아무래도 이상하다. 어둡고 음울한 동굴-터널-골목으로 치환되는 약재상이야말로 삶과 죽음을 관장하는 장소인 것이다.

또한 우리는 봉준호 영화를 통해 번번이 제물로서 누가 희생돼 왔는지도 알고 있다. 연쇄살인범에 의해 살해된 것도, 괴물의 손아귀에 끝까지 들려있던 것도, 생계를 위해 매춘으로 이끌리는 것도 바로 소녀들이다. 항상 괴물들은 강인한 엄마가 될, 아직은 여린 처녀를 제물로 원한다. 아니면 순수한 상태의 아이를 잡아먹는다. 그들은 역설적이게도 가장 보호받아야 하는 먹이사슬 최하단에 위치해 있는 존재다.

이제 엄마는 눈을 질끈 감고 아들을 위해 타인의 아들딸을 제물로 바친다. 또 다른 도준과 같은 바보 종팔이를 바치고, 모든 사건의 목격자인 고물상 노인을 죽인다. 희생양의 피로 아들을 구하는 데 성공을 거두지만 이미 엄마는 반은 미친 상태다. 모성으로 모성을 반하는 이율배반적인 상황이 연출된다. 영화에서 가장 공포를 주는 대목은 바로 이 미친 모성이다.

아들 도준은 아정에게 돌을 던졌던 것과 같은 방식으로, 5살 때 엄마가 건넨 박카스 병을 기억해내고, 엄마의 범죄를 목격한 듯 침통을 건넨다. 죄가 또 다른 죄로 돌아오는 순환 고리 속에서 엄마는 구원받지 못한다.

엄마는 고통을 잊게 만드는 그 침을 결국 자신의 허벅지에 찌른다. 그리곤 다시 일어나 춤을 춘다. 이것은 자학의 행위며, 다른 한편으로는 자위의 춤이다. 마치 고통을 잊고자 하는 처연한 몸부림처럼 보이기도 한다. 관광버스 바깥에서 담아낸 이 눈부신 엔딩 시퀀스는 그래서 어쩌면 착각이 아닐까 고개를 갸웃하게 만든다. 흥겹게 춤을 추고 있는 어머니들의 저 막춤이 알고 보니 춤이 아닌 게 아닐까. 사실 우리가 잘못 본 건지도 모르겠다. 영화 〈마더〉는 엄마의 착각과 오해를 통해, 우리의 판단 오류를 보여주는 이상한 영화임에 틀림없다. 어찌됐든 피와 광기로 물든 엄마의 축제는 끝났다. 춤인 듯 아닌 듯 소리 없는 몸부림과 함께.

- 유종수, 2010 동아신춘문예 영화평론 부문 당선작.
(http://www.donga.com/docs/sinchoon/2010/09_1.html)

위 예시문은 영화 봉준호 감독의 영화 〈마더〉에 대한 비평문이다. 이 글에서 영화 〈마더〉에 대한 필자의 중심적인 의견은 세 번째 단락의 "이 영화는 아들 혹은 대리 남편의 평화와 안녕을 기원하는 한 판의 굿, 제의처럼 느껴진다"이다. 그 근거로, 영화 속에서 엄마는 하나뿐인 아들을 지키기 위해 사회라는 괴물에게 제물을 바치고 위로해야 하는 소위 무녀(巫女)와 같은 상황임을 들었다. 아들을 지키기 위해 다른 이들을 죽임으로써 제물로 삼아 위로하고 자신의 허벅지에 침을 찔러 춤을 추는 모습에 근거한 해석이다. 엄마가 침술과 약재로 민간 치료와 출산에 관여하는 주술사의 역할을 하는 사람이라는 점도 엄마를 무녀로 보는 필자의 시각에 한몫하였다.

이유나 근거를 들어 필자의 의견을 논리적으로 전개하는 글이라고 해도 독자의 공감을 이끌어 내기 위해서 때로는 감성에 호소하는 방법을 사용하기도 한다. 다음 연설문을 보자.

자유가 아니면 죽음을 달라!

(패트릭 헨리, 윌리엄스버그, 세인트 존 성당, 1775년 3월 23일)

방금 이 의회에서 연설을 마친 훌륭한 신사 여러분의 능력은 물론이고 그들의 애국심까지 저는 누구보다 높이 삽니다. 하지만 각기 다른 사람들이 같은 주제를 다른 시각으로 바라볼 때도 있는 법입니다. 따라서 제가 드리는 말씀이 그분들의 견해와 상반된다고 해서 제가 그들을 무시한다고 생각하지는 마시기 바랍니다. 저는 제 생각을 거리낌 없이 자유롭게 말씀드리겠습니다. 지금은 격식을 차릴 때가 아닙니다.

우리 의회가 직면한 문제는 이 나라에 절체절명의 사안입니다. 제가 볼 때 이 문제는 다름 아닌 자유인이 되느냐, 노예가 되느냐의 문제입니다. 워낙 심각한 문제이기 때문에 이에 대해서는 자유로운 논쟁이 펼쳐져야 합니다. 그래야 우리는 비로소 진실에 도달할 수 있으며, 우리가 신과 이 나라를 위해 짊어진 막중한 책임을 완수할 수 있습니다. 이렇게 중대한 시기에 누군가의 신경을 거스를지 모른다는 두려움 때문에 제 생각을 억눌러야 한다면 이는 국가에 대해 반역을 저지르는 것이며, 제가 지상의 그 어느 군주보다 더 경외하는 하느님을 저버리는 것이 됩니다.

의장님, 인간은 희망이라는 환상에 빠지기 마련입니다. 우리는 고통스러운 진실로부터 눈을 감고, 사이렌(바다에 살면서 아름다운 노래 소리로 선원들을 유혹한 뒤 위험에 빠뜨렸다는 그리스 신화 속 존재)의 아름다운 노래에 귀를 기울이다가 이내 마수로 변해버리기 쉽습니다. 이것이 자유를 위한 원대하고 험난한 투쟁에 뛰어드는 현명한 인간으로서 할 일입니까? 여러분 역시 눈이 있어도 보지 못하고 귀가 있어도 듣지 못한 채 일시적인 구원만 생각하는 무수한 군중 틈에 서려는 것입니까? 저는 어떠한 정신적 고통이 따르더라도 기꺼이 있는 그대로의 사실을 알아낼 것입니다. 최악의 사태를 파악하여 이에 대비할 것입니다.

제 발길을 인도해 줄 등불은 단 하나, 바로 경험의 등불입니다. 미래를 판단하는 길은 과거를 비추는 것밖에 없습니다. 과거를 비춰보며 저는 지난 10년간 영국 정부가 한 일 중에 의원들과 의회가 즐거이 위안을 삼으면서 지금의 희망을 정당화할 수 있는 것이 무엇이 있는지 알고 싶습니다.

얼마 전 우리가 청원서를 제출하면서 본 그들의 음흉한 미소가 그렇습니까? 여러분 그것을 믿지 마십시오. 그 미소는 결국 덫이 되어 여러분의 발목을 잡을 것입니다. 한 번의 키스로 배반당하는 고통을 겪지 마십시오. 우리의 청원을 너그러이 받아주면서 어떻게 한편으로는 우리의 바다를 뒤덮고 육지를 암흑으로 물들게 할 전쟁을 준비할 수 있는지 자문해보시기 바랍니다. 사랑과 화해를 위한 일에 함대와 군대가 정녕 필요한 것입니까? 우리가 화해할 의향을 얼마나 보이지 않았기에 우리의 사랑을 되찾는 데 무력이 필요한 것입니까?

여러분, 우리 자신을 기만하지 맙시다. 기만은 전쟁과 복종을 불러옵니다. 기만은 군주가 최후의 수단으로서 의지하는 것입니다. 신사 여러분, 전열을 갖추는 것이 우리의 복종을 강요하기 위해서가 아니라면 무엇이겠습니까? 그밖에 다른 동기를 생각할 수 있겠습니까? 대영제국이 어떤 적을 두었기에 세계의 이쪽 편에 이 모든 해군과 육군을 집중 배치하는 것입니까? 없습니다. 영국에게는 적이 없습니다. 그들의 군대는 우리를 겨냥하고 있습니다. 그밖에 다른 누구일 수 없습니다. 그 군대는 영국 정부가 그토록 오랫동안 만들어온 쇠사슬로 우리를 묶고 못질하기 위해 파견된 것입니다.

그렇다면 우리는 그들에 대항하기 위해 무엇을 해야 하겠습니까? 그들과 논쟁을 벌여야 할까요? 여러분, 논쟁이라면 지난 10년 동안 부단히도 시도했습니다. 이 문제에 대해 우리가 새로이 내놓을 만한 것이 있기는 합니까? 없습니다. 우리는 이 문제를 가능한 모든 각도에서 살펴보았지만 모두 허사였습니다. 그들 앞에서 머리를 조아리며 간청하고 애원해야 할까요? 우리가 아직 써 보지 않고 남아 있는 말이 또 무엇이 있습니까?

여러분께 청하건대 우리 자신을 기만하지 맙시다. 우리는 다가올 폭풍을 피하기 위해 할 수 있는 모든 것을 다 했습니다. 청원도 하고 항의도 했으며, 애원도 해 보았습니다. 국왕 앞에 엎드려도 보았고, 영국 정부와 의회의 압제를 멈추게 해달라며 중재를 간청하기도 했습니다. 결국 우리의 청원은 무시당했고 우리의 항의는 폭력과 모욕만 불러들였습니다. 우리의 애원은 묵살되었습니다. 우리는 국왕의 발아래에서 멸시를 받고 쫓겨났습니다! 이런 일을 당하고도 우리는 평화와 화해라는 가망 없는 희망에 헛되이 매달리고 있습니다. 더 이상 희망은 없습니다. 자유를 갈망하십니까? 우리가 그토록 오랫동안 싸워 지켜온 헤아릴 수 없이 많은 특권을 보존하고자 합니까? 우리가 그토록 오랫동안 수행해 온 고귀한 투쟁을, 그 영광스러운 목적을 달성할 때까지는 결코 그만두지 않겠다고 맹세해 온 이 고귀한 투쟁을 비열하게 그만둘 뜻이 없습니까? 그렇다면 우리는 싸워야 합니다! 거듭 말씀드립니다. 우리는 싸워야 합니다! 무력에 호소하고 신께 호소하는 것만이 우리에게 남은 유일한 길입니다!

여러분, 우리는 너무 약하기 때문에 그처럼 강력한 적에 맞설 수 없다고 합니다. 그렇다면 우리는 언제쯤 더 강해지겠습니까? 다음 주, 아니 내년이면 됩니까? 우리가 무장해제를 당하고 영국 경비병이 우리의 집집마다 주둔할 때쯤이면 강해집니까? 우유부단하게 가만히 앉아 있으면서 어떻게 힘을 모을 수 있단 말입니까? 반듯이 누워 희망이라는 기만적인 유령을 껴안고 있다가 이내 적군에게 손발마저 꽁꽁 묶이게 되면 효과적인 저항 수단은 어디서 어떻게 얻는단 말입니까?

여러분, 자연을 다스리는 신께서 우리에게 내려주신 수단을 적절히 사용하면 우리는 결코 약하지 않습니다. 우리가 소유한 이 나라에서 자유라는 신성한 대의로 무장한 수백만 병사들은 적군이 보낸 그 어떤 힘 앞에서도 무너지지 않을 것입니다.

더군다나 여러분, 이 전투에서 우리만 외롭게 싸우지는 않을 것입니다. 국가의 운명을 관장하는 공정한 하느님께서 우리와 함께 싸울 원군을 보내주실 것입니다. 전쟁은 강자들만 하는 것이 아닙니다. 항상 경계하고 적극적으로 행동하는 용감한 사람들도 전쟁을 할 수 있습니다.

여러분, 우리에게는 선택의 여지가 없습니다. 비열하게 다른 선택을 바란다 해도 물러나기에는 너무 늦었습니다. 우리에게 후퇴란 없습니다. 굴복과 노예 제도로부터의 후퇴만 있을 뿐입니다! 우리가 묶일 쇠사슬은 이미 만들어져 있습니다! 그 쇠사슬이 철거덕거리는 소리가 보스턴 평원 위에서 들려올 것입니다! 이제 전쟁은 피할 수 없습니다. 그렇다면 뛰어듭시다! 거듭 말씀드립니다. 전쟁에 뛰어듭시다!

사태의 심각성을 완화하는 것은 모두 부질없는 일입니다. 여러분은 "평화! 평화를!"이라고 외치실지 모릅니다. 하지만 평화는 없습니다. 사실상 전쟁은 시작되었습니다! 무기들이 절걱거리며 맞부딪치는 소리가 북쪽에서 몰려오는 강풍을 타고 우리의 귀에 들려올 것입니다! 우리 형제들은 이미 전쟁터에 나가 있습니다.

그런데 우리는 왜 여기서 이렇게 빈둥거리고 있는 것입니까? 여러분이 원하는 것은 무엇입니까? 여러분이 얻게 될 것은 무엇입니까? 쇠사슬과 노예제도라는 대가를 내어줄 만큼 목숨이 그렇게 소중하며 평화가 그렇게도 달콤하단 말입니까? 어림도 없는 소리입니다! 다른 사람들이 어떤 길을 택할지 저는 알 수 없습니다. 그러나 나에게는 자유가 아니면 죽음을 주십시오!

- 에드워드 험프리 편, 홍선영 역, 《사람의 마음을 움직이는 위대한 명연설》, 베이직북스, 2011, 27-33쪽.

위의 글은 미국 독립혁명의 지도자 패트릭 헨리(1736~1799)가 영국으로부터 미국의 독립전쟁을 촉구한 연설문이다. 당시 영국의 식민지였던 미국은 영국에 무력 투쟁하기를 꺼리는 분위기였으나, 자유가 아니면 죽음을 달라고 항변한 헨리의 이 연설은 미국인들에게 자유에 대한 의지를 고취시킴으로써 미국 독립전쟁의 도화선이 되었다.

이 글의 전체적인 구조는 주장과 이유, 근거로 이루어진 논술문의 형식을 취하고 있다. 자유를 원한다면 영국에 무력 투쟁을 해야 한다는 주장을 설득하기 위해, 우리는 평화와 화해를 원하지만 영국은 우리의 애원을 묵살하고 전쟁을 준비함으로써 복종을 강요하려 한다는 점을 이유로 내세웠다. 그리고 평화와 화해를 위해 10년 동안 청원, 항의, 애원을 해 왔지만 돌아온 것은 폭력과 모욕이었다는 점, 영국이 함대와 군대를 집중 배치하고 있는 현 상황을 그러한 판단의 근거로 들었다.

하지만 글의 어조와 수사법을 보면 설의법과 비유법을 통해 감정을 자극하는 선동적인 글이다. "이것이 자유를 위한 원대하고 험난한 투쟁에 뛰어드는 현명한 인간으로서 할 일입니까?"는 자신과 다른 의견을 가진 사람들을 현명하지 못한 인간으로 매도한다. 또 "우리가 그토록 오랫동안 수행해 온 고귀한 투쟁을, 그 영광스러운 목적을 달성할 때까지는 결코 그만두지 않겠다고 맹세해 온 이 고귀한 투쟁을 비열하게 그만둘 뜻이 없습니까?"에서는 투쟁을 고귀한 것으로, 투쟁하지 않는 것을 비열한 것으로 단정하여 전쟁에 반대하는 이들을 비열한 사람으로 매도함으로써 그들의 자존심을 자극하였다. "국왕의 발아래에서 멸시를 받고 쫓겨났다"라는 표현 역시 독자(청자)의 자존심을 건드리는 표현이다. 게다가 영국으로부터 받게 될 핍박을 "쇠사슬로 우리를 묶고 못질"한다거나 "쇠사슬이 철거덕거리는 소리가 보스턴 평원 위에서 들려올 것"이라는 표현으로 비유하여 과장되게 극단적으로 묘사함으로써 영국에 대한 적개심과 분노를 불러일으키고 있다.

**연습 문제 :**

1. TV 광고 중에서 카피는 기억에 남지만 광고의 대상이 무엇인지 생각나지 않는 광고가 있다면 이야기해 보고 그 이유를 생각해 보자.

2. 다음은 마키아벨리가 군주국을 통치하고 유지하는 방법과 군주의 역할에 대해 논한 《군주론》의 일부이다. 아래에서는 신생 군주국일 경우에 통치와 유지에 어려움이 있음을 설명하고, 정복자가 새로 세운 신생 군주국을 어떻게 통치하고 유지해야 하는가에 대해 자신의 의견을 피력하고 있다. 이 글에 제시된 필자의 의견과 각 의견을 뒷받침하는 근거를 찾아보고, 근거의 타당성을 높이기 위해 어떠한 근거 자료를 사용하였는지 분석해 보자.

> 그러나 신생 군주국이야말로 정말로 어려운 문제들에 봉착합니다. 첫째, 군주국이 전적으로 새롭게 생긴 것은 아니지만, 종래에 있던 군주국에 수족처럼 병합된 경우(이렇게 병합된 국가를 복합 군주국이라고 부를 수 있겠습니다), 그러한 국가의 변화 가능성은 모든 신생 군주국이 겪기 마련인 자연발생적인 난관에서 연유합니다. 즉 사람들이란 자신들의 처지를 개선할 수 있다고 믿으면 기꺼이 지배자를 갈아치우려고 하며, 이런 믿음으로 인해서 지배자에게 무기를 들고 봉기하게 됩니다. 하지만 그들은 착각에 빠진 것입니다. 왜냐하면 사람들은 뒤늦게 자신들의 상황이 악화된 것을 경험하기 때문입니다. 이러한 상황은 또 다른 자연스러우면서도 일반적인 필연성에서 비롯되기도 하는데, 신생 군주는 그의 군대를 통해서 또 국가를 정복하는 데에 따르는 무수히 많은 가혹행위를 통해서, 항상 새롭게 편입된 신민들에게 피해를 줄 수밖에 없는 상황에 처하기 마련입니다. 그 결과 당신은 군주국을 확장, 병합하면서 피해를 준 모든 사람들을 적으로 만들게 되었지만, 다른 한편 당신이 통치자가 되도록 지원한 사람들을 애초에 그들이 기대한 만큼 만족시킬 수 없기 때문에, 그들의 우애도 유지할 수 없는 상황에 직면하게 됩니다. 그렇다고 자신에게 은혜를 베푼 지원자들에게 강력한 대응책을 쓸 수도 없는 노릇입니다. 그러므로 신생 군주는 강력한 군대를 거느리고 있더라도, 새로운 지역을 점령하기 위해서는 그 지역 주민들의 호의가 항상 필수적입니다.
>
> 바로 이러한 이유들로 인해서 프랑스의 루이 12세는 단숨에 (루도비코 스포르차가 통치하던/역자) 밀라노를 병합할 수 있었지만, 마찬가지로 순식간에 잃고

말았습니다. 처음으로 루도비코의 군대는 스스로의 힘만으로도 일거에 루이 12세를 몰아낼 수 있을 만큼 충분히 강해졌던 것입니다. 왜냐하면 루이 왕에게 문을 열어 주었던 인민들은 그들이 기대했던 만큼의 이득을 누리지 못하게 되자, 새로운 군주가 초래한 불편함을 참을 수 없었기 때문이었습니다.

그러나 반란을 일으킨 나라를 다시 정복한 경우, 좀처럼 잃지 않게 된다는 것은 상당히 맞는 말입니다. 왜냐하면 새 지배자는 이전의 반란을 기화로 그의 권력을 강화하기 위해서 반역자를 처벌하며, 혐의자를 찾아내고, 자신의 통치상의 결함을 고치는 데에 더욱 무자비하고 단호하게 처신할 것이기 때문입니다. 그리하여 루도비코 공작이라는 자는 처음에는 단순히 국경 부근을 교란하는 것만으로도 프랑스 왕을 밀라노에서 몰아낼 수 있었습니다. 그러나 다시 밀라노를 프랑스에 빼앗기고 난 다음에 재탈환하기 위해서는 모든 국가들이 연합하여 프랑스 왕에게 대항함으로써 그의 군대를 패주시켜 이탈리아로부터 몰아내야만 했습니다. 앞에서 말한 이유 때문에 이런 사태가 일어났던 것입니다. 그럼에도 불구하고 프랑스인들은 두 번씩이나 밀라노를 잃게 되었습니다.

처음에 밀라노를 잃게 된 일반적인 이유들에 관해서는 앞에서 이미 논의하였습니다. 문제는 두 번째로 밀라노를 잃게 된 이유를 논의하고, 프랑스 왕에게 어떤 해결책이 있었으며, 그와 유사한 처지에 있는 지배자의 경우 어떻게 하면 병합된 영토를 프랑스 왕보다도 더 잘 유지할 수 있을 것인가를 고려하는 것입니다.

우선 말할 수 있는 것은 정복자가 새로 얻어 본국에 병합한 영토가 (본국과/역자) 동일한 언어를 사용하는 동일한 지역에 있는가 아닌가에 따라서 달라진다는 점입니다. 만약 그러한 지역이라면 그 영토를 유지하는 것은 지극히 쉬운 일이며, 게다가 그 영토가 자치에 익숙하지 못한 곳이라면, 특히 쉬울 것입니다. 그 영토를 확보하기 위해서는 단순히 그곳을 지배하던 군주의 가문을 없애 버리는 것으로 족합니다. 왜냐하면 그밖의 다른 일들에 관한 한, 주민들은 예전의 생활양식을 유지할 수 있고, 관습상의 차이가 없는 한, 평온한 삶을 지속할 수 있기 때문입니다. 그 예로 프랑스에 오랫동안 병합된 부르고뉴, 브르타뉴, 가스코뉴 및 노르망디를 들 수 있습니다. 비록 언어상의 차이가 약간 있었지만, 그 지역들의 관습은 유사했기 때문에 여태껏 별다른 어려움이 야기되지 않았습니다. 따라서 그러한 영토를 병합하여 유지하고자 결심한 사람은 누구나 다음의 두 가지 정책을 따라야 합니다. 첫째, 예전에 통치하던 군주의 가문을 제거하는 것입니다. 둘째, 그들의 법을 바꾸지 않고 새로운 조세를 부과하지 않는 것입니다. 그렇게 하면 새로운 영토와 기존의 군주국은 가장 빠른 시일 내에 통합되어 한 몸처럼 될 것입니다.

그러나 언어, 관습 및 제도가 다른 지역을 정복하여 영토로 병합하게 되면 상당한 문제가 야기되며, 이를 유지하는 데에는 대단히 커다란 행운과 엄청난 노력이 요구됩니다. 최선의 그리고 가장 효과적인 해결책은 정복자가 그 지역에 가서 친히 정주하는 것입니다. 이런 조치를 취하면, 병합된 지역은 더 안전하고 안정적으로 확보될 것입니다.

그리스에 대한 투르크의 정책이 바로 이러한 정책의 표본입니다. 만약 투르크가 직접 통치하려고 하지 않았더라면, 그리스를 확보하기 위해서 취한 그 밖의 다른 어떤 정책도 충분하지 못했을 것입니다. 왜냐하면 현지에 가서 직접 살게 되면 사고가 일어나자마자 곧바로 알 수 있어 효과적인 조치를 신속하게 내릴 수 있기 때문입니다. 그러나 만약 그렇지 않으면, 사고가 일어나서 이미 해결이 불가능할 때가 되어서야, 비로소 사태의 심각성을 알게 됩니다. 더욱이 직접 그 지역에 살게 되면 당신의 관리들은 신민들을 함부로 약탈하지 못할 것입니다. 또 신민들은 통치자에게 직접 호소할 수 있기 때문에 만족해할 것입니다. 그 결과, 순순히 행동하는 신민들은 당신에게 헌신하며, 그렇지 않고 다른 뜻을 품은 자들은 당신을 두렵게 여길만한 이유를 가지게 될 것입니다. 그러한 국가를 공격하고자 하는 외국 세력은 누구라도 매우 주저하게 될 것입니다. 이 모든 점을 고려할 때, 새로운 영토에 정주하여 직접 통치하게 되면, 그 영토를 결코 쉽게 잃지 않을 것입니다.

차선의 다른 해결책은 이른바 정복한 영토의 거점이 될 수 있는 한두 곳에 식민지를 건설하는 것입니다. 만약 그렇지 못하면, 대규모의 무장병력을 주둔시키는 것이 필요합니다. 식민지는 비용이 거의 들지 않습니다. 따라서 전혀 비용이 들지 않거나 아주 적은 비용으로 식민지를 건설하고 유지할 수 있습니다. 피해를 보는 사람들은 새로 온 이주민들에게 주기 위해서 자신들의 경지와 집을 잃게 되는 사람들뿐입니다. 그러나 이런 식으로 피해를 보는 자들은 소수의 주민들에 불과합니다. 더욱이 그로 인해서 피해를 본 자들은 궁핍해지고 뿔뿔이 흩어져 버리기 때문에 군주에게 보복할 엄두를 내지 못합니다. 그 밖의 모든 다른 주민들은 한편으로는 피해를 보지 않았기 때문에 안심할 것이며, 다른 한편으로는 다른 자들처럼 소유물을 빼앗길까 두려워 말썽을 피울 엄두조차 내지 못할 것입니다. 따라서 저는 이러한 식민지들은 많은 비용이 들지 않고, 보다 충성스러우며, 단지 소수의 사람에게만 피해를 주는 데 불과하다고 결론 짓겠습니다. 그리고 이미 말씀 드린 대로 이로 인해서 희생당한 사람들은 궁핍해지고 뿔뿔이 흩어져서 군주에게 피해를 주지 못할 것입니다.

이와 관련하여 여기에서 염두에 두어야 할 것은 인간들이란 다정하게 대해 주거나 아니면 아주 짓밟아 뭉개버려야 한다는 것입니다. 왜냐하면 인간이란 사소한 피해에 대해서는 보복하려고 들지만, 엄청난 피해에 대해서는 감히 복수할 엄두조차 내지 못하기 때문입니다. 따라서 사람들에게 피해를 주려면 그들의 복수를 두려워할 필요가 없을 정도로 아예 크게 주어야 합니다.

그러나 식민지 건설 대신에 군대를 파견한다면, 이는 훨씬 더 많은 비용이 들 것입니다. 왜냐하면 그 지역의 모든 수입은 그 지역의 안보에 쓰이게 될 것이기 때문입니다 그 결과, 취득된 영토는 군주에게 피해를 주게 됩니다. 게다가 그의 군대가 그 영토에 주둔하게 됨으로써 전체 지역에 피해를 주기 때문에 더 많은 피해를 주게 됩니다. 민심이 흉흉해지고, 이로 인해서 그 지역의 모든 주민들은 군주에게 적대적이 됩니다. 그리고 주민들은 패배했지만, 자신들의 고향에 그대로 거주하고 있기 때문에 위험한 적으로 남아 있게 됩니다. 따라서 모든 점에서 볼 때, 식민지 건설 정책은 고도로 효과적인 반면, 군사 주둔책은 비효율적이라고 할 수 있습니다.

또한 제가 이미 말한 것처럼 자신의 본국과 (풍습이나 언어가/역자) 다른 지역의 국가를 정복한 군주는 인접한 약소 국가들의 맹주가 되어 보호자의 역할을 담당하고, 그 지역의 강력한 국가를 약화시키도록 노력하며, 어떠한 돌발적인 사태로 인해서 자신과 같은 강력한 외부의 국가가 개입하지 않도록 만반의 태세를 갖추어야 합니다. 지나친 야심이나 두려움으로 인해서 불만을 품은 자들은, 역사상 그리스에서 아이톨리아인들이 로마인들의 침입을 유인했을 때처럼, 언제나 강력한 외세를 끌어들이기 마련입니다. 그리고 로마가 침략한 모든 나라에서는 원주민들의 일부가 로마인들의 침입을 지원했습니다. 통상 강력한 침략자가 어느 나라를 공격하기만 하면, 모든 약소 세력들이 그에게 모여드는데, 그 이유가 그들이 자신들을 지배하던 통치자에게 불만을 품고 있었기 때문이라는 것은 사물의 당연한 이치입니다. 침략자는 별 어려움 없이 이러한 약소 세력들을 자기 편으로 만들 수 있는데, 그것은 그들이 이미 그가 획득한 새로운 권력과 함께 하려는 성향을 가지고 있기 때문입니다. 그는 단지 그들이 너무 많은 군사력이나 영향력을 가지지 않도록 조심하면 됩니다. 그리고 그는 자신의 군대를 그들의 지원하에서 사용함으로써 강력한 세력을 쉽게 진압할 수 있고 그 나라를 완전히 장악할 수 있습니다. 이런 식으로 지배하지 못하는 자는 그가 정복한 것을 쉽게 잃을 것이며, 그것을 유지하는 동안에도 무수히 많은 환란과 분규를 겪게 될 것입니다.

로마인들은 자신들이 점령한 지역에서 이러한 정책들을 아주 훌륭하게 시행했습니다. 그들은 식민지를 세우고, 약소 세력과의 우호 관계를 (그들의 영향력을 증대시키지 않으면서도) 유지했으며, 강력한 세력을 진압하고, 점령지에서 강력한 외시가 영향력을 얻지 못하도록 조치했습니다.

적절한 사례로서 저는 단지 그리스의 경우만을 인용하는 것으로도 충분하다고 생각합니다. 로마인들은 아카이아인들 및 아이톨리아인들과 우호관계를 유지했습니다. 마케도니아 왕국을 굴복시켰고, 안티오코스를 몰아냈습니다. 하지만 로마인들은, 아카이아인들이나 아이톨리아인들이 비록 많은 공헌을 했지만, 그들의 세력이 강성해지는 것을 결코 허용하지 않았습니다. 필리포스는 동맹국으로서 받아들여지기를 간곡히 설득했지만, 로마인들은 그가 굴복하기 전에는 이를 허용하지 않았습니다. 심지어 안티오코스가 강력한 세력으로 버티고 있었음에도 불구하고, 로마인들은 그리스의 어떠한 영토도 그에게 허용하지 않았습니다.

이러한 사례에서 알 수 있듯이 로마인들은 현명한 군주라면 누구나 취해야만 하는 조치를 취했던 것입니다. 이러한 조치들은 현재의 분규뿐만이 아니라 미래에 일어날지도 모르는 분규에 대한 배려를 필요로 하며, 특히 미래의 분규를 방지하기 위해서 모든 노력을 다해야 합니다. 왜냐하면 분규를 그 최초의 징후부터 감지하면, 처방을 구하기가 쉽기 때문입니다. 만약 분규를 방치하여 대책이 너무 늦어지면, 병폐를 치유할 수 없기 때문입니다.

– 마키아벨리, 강정인 · 김경희 역, 《군주론》, 까치, 2008, 17-25쪽.

3. 다음에 제시한 두 편의 글은 신문 사설이다. 이들은 각기 다른 근거를 들어 게임규제법에 대해 서로 반대되는 입장을 드러내고 있다.

(1) 두 글에서 제시하고 있는 의견과 근거가 무엇인지 분석하고 두 입장에서 제시하는 근거의 타당성에 대해 토론해 보자.

(2) 토론한 내용을 바탕으로 게임규제법에 대한 나의 입장을 구체적으로 세운 다음, 나의 의견을 논리적으로 설득하는 논술문을 써 보자.

[사설] 게임중독 막아야 창조경제도 살아난다

알코올, 마약, 도박, 인터넷 게임 등 4대 중독의 폐해는 새삼 말할 나위도 없다. 중독은 개인의 건강 문제와 가정불화로 끝나는 게 아니라 폭행, 강도, 살인 등 범죄를 유발해 심각한 사회문제로 대두된 지 오래다. 우리나라 인구 5000만 명 가운데 6.7%인 333만 명가량이 의학적 치료가 필요한 중독자라고 하니 이들을 방임하는 것은 시한폭탄을 곁에 두고 사는 것과 다를 바 없다.

그런 점에서 신의진 새누리당 의원이 지난 4월 대표 발의한 '중독 예방 · 관리 및 치료를 위한 법률'(게임중독법)은 제정돼야 마땅하다. 이 법안은 국무총리 직속 국가중독관리위원회를 설치해 4대 중독 예방과 치료 시스템을 갖추자는 것이다. 새누리당 황우여 대표가 지난달 초 "4대 중독 문제가 국민의 행복을 심각하게 위협하고 있다"며 힘을 실어주면서 국회가 법안 처리에 속도를 내기 시작한 것은 반길 일이다.

게임산업을 고사시키는 법안이라며 반대서명에 나서는 게임업계의 우려를 모르는 바는 아니다. 인터넷디지털엔터테인먼트협회장인 새누리당 남경필 의원도 "게임산업은 창조경제의 핵심인데 '4대 중독'에 포함하는 것은 옳지 않다"며 반대했다. 게임산업을 대변해야 하는 남 의원의 주장에도 일리는 있다. 그러나 게임중독의 위험성과 창조경제는 구분돼야 한다.

게임산업은 한류산업으로 국가가 육성해야 할 분야다. 하지만 게임 중독마저 방치하라는 것은 국가가 해야 할 일을 하지 말라는 것과 같다. 스마트폰 중독률은 2011년 8.4%에서 2012년 11.1%로 상승했다. 특히 청소년 스마트폰 중독률은 같은 기간 11.4%에서 18.4%로 무려 60% 이상 증가했다. 전문가들은 아이들에게 스마트폰을 주는 것은 위험 앞에 무방비로 노출되기 때문에 매우 위험하다고 경계한다. 미국 정신의학회가 지난 5월 정신질환 진단체계를 새롭게 수정하면서 앞으로 연구돼야 할 질환으로 인터넷 게임 중독을 선정한 것도 이런 이유에서다. 게임업계는 반발만 할 것이 아니라 스스로 중독 예방을 위해 자정노력을 기울여야 한다.

－《국민일보》, 2013년 11월 7일.

[사설] 그래도 게임이 마약은 아니다

'중독 예방 · 관리 및 치료를 위한 법률안', 일명 중독법 추진을 놓고 온라인이 들썩거리고 있다. 게임을 술 · 마약 · 도박과 함께 4대 중독물질로 규정하고 국가가 통합관리한다는 것이 골자다. 게임업계는 "게임산업에 대한 사망선고" "게임을 마약 취급한다"며 게임 이용자를 대상으로 반대서명 운동에 나섰다. 벌써 서명한 누리꾼이 20만 명을 넘어섰다고 한다. 법안을 발의한 새누리당 신의진 의원의 홈페이지는 어제 접속불가 상황에 처했다.

게임중독, 특히 청소년의 게임중독에 대한 예방과 치료는 국가적으로 관심을 가져야 할 큰 문제다. 그렇다고 게임을 마약 · 도박과 같은 선상에 놓는 접근방식은 곤란하다. 1996년 선정 · 폭력적인 내용의 만화에서 청소년을 보호하자며 청소년보호법이 제정됐다. 이에 간행물윤리위원회가 검열의 칼날을 휘두르자 만화산업은 물론 애니메이션 발전에까지 부정적 영향을 미친 것을 상기할 필요가 있다.

규제만이 능사가 아니다. 자정부터 새벽 6시까지 16세 미만 청소년의 온라인게임 접속을 차단하는 셧다운제가 시행되고 있지만 그 효과는 회의적이다. 부모 주민등록번호를 입력해 접속하는 경우가 적지 않아서다. 게임이 청소년 문제의 주범이 아니라 가정에서 부모와 자식 간 소통 부재가 근본 원인이 아닌지부터 살펴볼 필요가 있다.

게임업계는 중독법이 국회에서 통과되면 매출의 일정비율을 중독치유부담금으로 징수하자는 또 다른 법률안 처리에 영향을 미칠까봐 우려하는 눈치다. 업계도 반대만 해선 안 된다. 규제성 법안이 잇따르는 배경을 살펴야 한다. 외부 규제가 강제하기 이전에 자율 정화에 나서야 할 것이다. 일정 시간이 지나면 게임 진행에 따른 보상을 점차 줄이면서 자동 종료되도록 하는 쿨링오프제 등을 도입할 필요가 있다.

게임산업은 우리가 앞선 정보기술(IT) 분야 중 하나다. 국내 게임시장은 약 10조원 규모에 10만 명이 넘는 인력이 종사한다. 온라인게임이 전체 시장의 70%를 차지하며 수출에도 크게 기여한다. 지난해 온라인게임 수출액은 24억 달러 규모다. 정부와 여당은 게임산업에 대한 태도를 분명하게 정리해야 한다. 한편에선 창조경제를 구현하는 수단으로서 게임산업의 진흥을 외치면서 다른 한편에선 게임을 4대 중독물질로 폄훼해선 업계가 헷갈린다.

-《아시아경제》, 2013년 11월 8일.

## 2.3.
# 학술적 글쓰기

| 글쓰기의 유형 1<br>• 창조적 글쓰기 | ➡ | 글쓰기의 유형 2<br>• 설득적 글쓰기 | ➡ | 글쓰기의 유형 3<br>• 학술적 글쓰기 |
|---|---|---|---|---|

학술적인 글은 대체로 기존 지식의 전수와 새로운 지식의 생산을 목적으로 하여 쓰인다. 따라서 기존 지식의 형성에 기여한 선행 연구에 대한 조사와 검토를 하고, 거기에다 자신의 고유한 의견을 피력하거나 새로운 연구 성과를 덧붙임으로써 새로운 지식을 창출하고 학문의 발전을 꾀하는 데에서 기본적인 의의를 찾을 수 있다.

대학의 교과 과정 안에서 이루어지는 학술적 글쓰기의 대표적인 예로는 수업 시간에 제출하는 보고서를 들 수 있다. 수업 보고서는 글에 일정한 형식이 요구된다는 점, 대체로 그 내용이 수업과 관련한 전문적인 지식으로 이루어진다는 점, 일차적인 독자가 교수라는 점 등에서 다른 유형의 글쓰기와 구별되는 특징이 있다. 여기서는 수업 보고서의 특징을 중심으로 하여 학술적 글쓰기에 대해 살펴보기로 한다.

### (1) 글의 내용이 수업과 관련한 전문적인 지식으로 이루어진다

글을 쓰는 학생은 먼저 쓰려는 내용에 관한 학습을 충실히 하여 관련 지식을 충분히 소화해야 한다. 그래야 자기 자신의 언어로 글을 쓸 수 있으며, 관련 지식을 이해하지 못한 채로 보고서를 쓰기 시작하면 좋은 글이 나올 수 없다.

보고서를 구성할 내용에 대한 학습을 마친 이후에는 자신이 이용한 교재나 사전, 연구 논문 등을 참고하여 필요에 따라 기존의 지식에 대한 요약, 정리, 평가를 하거나 실험한 내용과 결과를 기술하고, 나아가 그것을 바탕으로 자신의 새로운 견해나 주장을 펼치게 된다.

이때 이미 다른 사람에 의해 연구된 내용을 자신의 것처럼 보이게 하거나, 실험 결과를 자신의 의도에 맞추기 위해 데이터를 조작하는 등의 이른바 연구부정행위의 유혹이 있을 수 있다. 연구부정행위는 학문하는 자의 양심을 저버린 중대한 범죄 행위이며, 따라서 단호히 배격해야 한다. 부정행위 가운데 대학생들이 알게 모르게 저지르는 가장 흔한 유형은 표절이다. 보고서를 쓸 때 이 점을 명심하여 표절의 의심을 사는 일이 절대로 없어야 할 것이다.

(2) 글에 일정한 형식이 요구된다

보고서는 일반적으로 표지, 서론, 본론, 결론, 참고문헌 목록의 형식을 갖추어야 하며, 분량의 제한이 있는 경우 그에 맞게 지나치거나 모자람이 없어야 한다.

표지에서 필요한 요소

ㄱ. 제목
ㄴ. 과목 및 교수 이름
ㄷ. 제출일
ㄹ. 제출자의 소속, 학번, 이름
ㅁ. 목차

(보고서 표지의 예)

구개음화에 대하여

Ⅰ. 들어가며

Ⅱ. 본론
1. 구개음화의 종류
1.1. 음운현상으로서의 구개음화
1.2. 음성현상으로서의 구개음화
2. 구개음화의 발생 원인
2.1. 중세국어시기 'ㅈ'의 조음위치
2.2. 치음의 구개음화
3. 구개음화의 발생과 전파
3.1. 구개음화 발생 시기
3.2. 구개음화의 전파 과정

4. 구개음화가 다른 음운현상에 미친 영향

4.1. 비구개음화와 역구개음화

4.2. 구개음화 관련 현상

Ⅲ. 마치며

※ 참고문헌

과목명: 국어발달사

담당교수: 장OO 선생님

제출일: 2013. 06. 04. 화요일

[4조] 2013xxxxx 국어국문학과 강OO

2009xxxxx 지리교육과 김OO

2013xxxxx 국어국문학과 김OO

2010xxxxx 국어국문학과 서OO

2012xxxxx 정치외교학과 정OO

### 서론에서 필요한 요소

ㄱ. 문제 제기 — 연구의 필요성과 목적

ㄴ. 논의의 대상과 범위

ㄷ. 선행 연구 검토

### 본론에서 필요한 요소

ㄱ. 내용에 부합하며 체계를 갖춘 장, 절의 구분

ㄴ. 적절한 단락 나누기

### 결론에서 필요한 요소

ㄱ. 본론 내용의 요약

ㄴ. 본론 내용의 의의 및 한계

ㄷ. 앞으로의 계획 또는 전망

참고문헌 목록에서 필요한 요소

ㄱ. 저자 이름, 논문이나 저서의 제목, 출판사, 출간 연도

ㄴ. 논문의 경우 수록된 학술지의 이름, 학술지 발행처, 수록된 페이지

(참고문헌 목록의 예)


고려대학교 사고와 표현 편찬위원회. 2004.《글쓰기의 기초》. 서울: 고려대학교 출판부.

이동혁. 2009. 〈개념적 은유 이론에 기반한 글쓰기 전략 교육에 대하여〉.《한국어학》(한국어학회) 44. 245-272.

이재승. 2002. 〈글쓰기 교육의 원리와 방법: 과정 중심 접근〉. 서울: 교육과 학사.

정희모. 2005. 〈대학 글쓰기 교육의 현황과 방향〉.《작문연구》(한국작문학회) 창간호. 111-136.

최현섭 외. 2001.《창의적인 쓰기 수업 어떻게 할까?》. 서울: 박이정.

하길종. 2005. 〈은유문의 어휘에 대한 의미 반응: 초등학교 저학년을 중심으로.〉.《한국어학》(한국어학회) 27. 309-343.

Lee, D. .2001. *Cognitive Linguistics: An Introduction*. Oxford: Oxford University Press.(임지룡 · 김동환 역. 2003.《인지언어학 입문》. 서울: 한국문화사.)

Reddy, M. 1979. "The Conduit Metaphor: A Case of Frame Conflict in Our Language about Language." *Metaphor and Thought*, ed. by Ortony, A. Cambridge University Press.

Yu, N. 1998. *The contemporary Theory of Metaphor: A Perspective from Chinese*. Amsterdam: John Benjamins.


(3) 글의 일차적인 독자가 교수이다

수업 보고서는 학생이 작성하여 담당교수가 읽고 평가하는 글이다. 대체로 교수

가 학생에게 직접 가르치는 것보다 학생 스스로 찾아서 학습하는 편이 더 낫다고 판단되거나, 수업 시간에 가르친 내용을 학생 스스로 정리하는 기회를 제공할 필요가 있을 때 보고서를 쓰게 한다. 따라서 학생들은 보고서의 작성과 평가가 수업을 구성하는 중요한 부분임을 인식하고 다음의 요소들에 유의할 필요가 있다.

첫째로 어휘의 선택과 문체에 유의해야 한다. 보고서의 작성은 학문 활동을 실습하는 성격을 띠게 된다. 따라서 보고서의 문장에서는 모호한 표현이나 감정적인 표현을 피하고 정확하고 객관적으로 기술하는 것이 좋다.

둘째로 자기가 아는 만큼만 써야 한다. 보고서의 독자는 그 분야 최고의 전문가이고, 보고서에 담길 내용을 학생이 충분히 섭렵한 이후에 쓴 것인지 그렇지 않은지 한눈에 파악할 수 있는 사람이라는 사실을 명심하기 바란다. 모르는 것을 아는 척하는 글쓰기는 좋은 평가를 받을 수 없다.

셋째로 주제와 관련된 내용만 써야 한다. 보고서를 쓰기 위한 준비를 하다 보면 주제에서 벗어난 내용까지 다루게 되는 경우가 많고, 그것은 불가피한 일이다. 그러나 보고서를 작성할 때에는 주제와 관련된 내용을 중심으로 긴밀한 짜임새를 이루도록 해야 한다. 조사해 놓은 것이 아깝다고 주제에서 벗어난 내용을 여기저기 끼워 넣으면 좋은 글이 될 수 없다.

**연습 문제 :**

1. 다음은 학생이 실제로 제출한 보고서의 표지와 참고문헌 목록의 사례이다. 부족한 부분이 무엇인지 찾아보자.

---

국어발달사 기말 조별보고서

최세진의 생애와 업적

3조

* 목차

1. 서론
2. 최세진
   2-1. 인물 소개
   2-2. 최세진의 성품
   2-3. 최세진의 신분
3. 최세진의 저서
   3-1. 훈몽자회
   3-2. 번역노걸대
   3-3. 이문제서집람
4. 최세진이 후대에 미친 영향
   4-1. 최세진의 당대적 의의
   4-2. 최세진의 현대적 의의
   4-3. 결론
5. 붙임 - 연보

---

● 참고문헌

강신항

「李朝中期 以後의 譯學者에 對한 考察」, 『成均館大學校 論文集』, Vol.11 No.-, 1966

---

김기영

「훈몽자회(訓蒙字會)를 중심으로 한 최세진의 이중언어 교육에 관한 연구」, 공주대학교 대학원, 2008

김명금

「〈번역노걸대〉의 한자음과 중국 현대 한자음 대비」, 전북대학교 교육대학원, 2008

김종운

「조선조 몽학교재의 유형 고찰」, 한국어문교육연구소, 2001

박태권

「최세진의 생애와 인간상」, 국어국문학지, Vol.11 No.-, 1974

「훈몽자회」와「사성통해」 연구(2), 어문논집, Vol.24 No.1, 1985

안병희

「金安國의 崔世珍 挽詞」, 東方學志 , 95('97.3) pp.131-142, 1996

「崔世珍의 吏文諸書輯覽에 대하여」, 문학과지성사, 국어사자료연구, 1992

「崔世珍의 生涯와 學問」, 한국어문교육연구회, 어문연구 제27권 제4호, 1999

「世珍의 生涯와 年譜」, 규장각, Vol.22 No.-, 1999

양오진

「吏文과 吏文諸書輯覽의 言語」, 한국중국언어학회 중국언어연구 Vol. 14, 2002

이기문

「훈몽자회 소고」, 어문연구, vol.27 No.4, 한국어문교육연구회, 1999

장주현

「〈訓蒙字會〉의 語學的 研究 : '諺文字母'를 중심으로」, 淸州大學校, 1987.

정광

「최세진의 생애와 업적」, 새국어생활, Vol.9 No.3, 1999

「崔世珍 硏究 I」, 德成女大論文集, Vol.5-6 No.-, 1977

채완

「『훈몽자회』와 한글 맞춤법」, 10월의 문화인물, Vol.1999 No.10, 1999

2. 참고문헌의 표시에서 요소들의 배열 순서나 사용하는 기호의 종류는 학문 분야나 학회지의 전통에 따라 조금씩 차이가 있다. 이번 학기에 듣는 전공 수업과 관련된 전문 분야 학회의 학회지를 하나 선택하여 논문 투고 규정을 살펴보고, 그 학회지의 참고문헌 표시 방법을 익혀 보자.

# 부록

1. 발표와 토론
2. 어문규정
3. 한자성어

# 1. 발표와 토론

## 1.1. 효과적인 발표를 위한 자료 준비 방법

좋은 글을 쓰고 독자들이 그 글을 잘 읽도록 하는 것도 중요하지만, 청중들 앞에서 자신의 생각과 의견을 효과적으로 소개하고 발표할 수 있는 방법을 습득하는 것도 중요하다. 글쓰기가 실제 독자들을 접하지 않은 상태로 진행되는 것에 비하여 발표는 눈앞에 모인 청중들에게 직접적으로 의견을 개진할 수 있다는 점에서 보다 적극적인 소통 방법 가운데 하나이다.

대학에서의 발표는 대부분 수업을 진행하는 과정에서 이루어지므로 학생들은 주어진 발표 기회를 잘 살리기 위해 기술적인 발표 방법을 숙지하는 것이 좋다. 먼저 일반적인 발표의 특성을 살펴보면 다음과 같다.

- 발표는 시간과 공간의 제약이 따른다.
- 발표는 글쓰기와 말하기가 혼합된 형태이다.
- 발표를 돕기 위해 특정한 도구가 활용되기도 한다.
- 발표 과정에서 청중과의 직접적인 소통이 이루어지기도 한다.

발표가 시공간의 제약을 따른다는 점은 이 제약에 맞추어 발표를 준비해야 한다는 말이기도 하다. 발표 시간이 20~30분 정도라면 이에 맞추어 원고와 발표 자료를 준비해야 하며, 청중이 많이 들어오는 넓은 공간이라면 마이크를 준비해야 하는 경우도 있다.

대부분의 발표는 특정한 도구를 활용한다는 점에서 기술적인 학습도 요구된다. 프레젠테이션을 하기 위한 도구로 대표적인 것에는 파워포인트와 프레지 등을 들 수 있으며 용도나 효과에 따라 적절한 것을 선택하면 좋다. 파워포인트는 학술적이거나 개념적인 대상에 대해 발표할 때에 보다 많이 쓰이며, 프레지는 연관된 개념이나 대상을 연계하여 한눈에 보여 줄 수 있다는 점에서 유용하다.

그렇다면 대학 수업에서 진행되는 프레젠테이션을 위하여 파워포인트를 통한 발표 자료를 만드는 방법에 대해 간단하게 살펴보도록 하자.

### 효과적인 프레젠테이션을 위한 전제

- 청중은 어떤 사람들인가
- 발표를 통해 전달하고자 하는 핵심이 무엇인가
- 핵심을 전달하기 위해서는 어떤 방법을 사용해야 하는가

프레젠테이션을 위한 자료를 준비하기 위해 필요한 전제는 위의 세 가지이다. 먼저 발표를 듣는 청중은 어떤 연령대와 어떤 성격을 가지고 있는가를 파악해야 한다. 전문가라면 보다 전문적인 영역에 맞추어서 자료를 준비해야 하며, 어린아이들을 대상으로 한다면 복잡하거나 개념적이지 않은 비유적 방식의 자료가 필요하다.

또한 발표 자료를 준비할 때에 상기해야 할 점은 발표를 통해 전달하고자 하는 핵심을 먼저 설정하는 것이다. 발표는 발표자가 준비한 모든 자료를 청중들에게 상세하게 전달하는 것이 아니라 가장 핵심이 되는 내용을 제한된 시간 안에 효과적으로 전달하는 것이다. 그러므로 발표 자료를 준비할 때에도 지나치게 세부적이거나 지엽적인 것들이 들어갈 경우 청중의 집중도를 흐리게 할 수 있으므로 유의해야 한다.

발표의 핵심을 효과적으로 전달하기 위해서는 아래 단계와 같은 슬라이드 자료 준비 단계를 거칠 필요가 있다.

## 제목 슬라이드

〈학술적 용도의 슬라이드 표지〉

〈청중의 관심을 유도하는 슬라이드 표지〉

학술적 목적의 발표를 위한 슬라이드의 첫 표지에는 발표 주제에 해당하는 제목과 부제가 들어간다. 또한 발표 일시와 발표자의 이름도 넣어 주는 것이 좋다. 이에 비하여 청중들의 호기심을 유발하고 관심을 유도하기 위해서는 그림과 사진 등을 활용한 슬라이드 표지가 필요하다. 이 경우 표지 슬라이드는 발표의 성격은 물론 성공 여부도 좌우한다.

슬라이드는 어떤 것을 사용해도 무방하지만, 발표 장소의 분위기와 밝고 어두움을 파악하여 색상을 선택하는 것이 좋다. 장소가 열린 공간인 경우 너무 밝은 색의 슬라이드를 사용하면 가까운 곳은 내용이 보이지만, 먼 곳에서는 내용을 파악하기가 어렵다. 또한 지나치게 화려하거나 과도한 이미지가 들어간 슬라이드는 내용에 집중하기 어렵게 하고 청중들이 주제를 가볍게 여기게 만들 수 있으므로 유의하여야 한다.

## 목차 슬라이드

제목과 부제가 들어간 첫 슬라이드 다음에는 발표의 순서에 해당하는 목차 슬라이드가 들어가야 한다. 목차는 세부 항목까지 들어갈 경우 난삽하고 복잡한 느낌을 줄 수 있으므로 큰 줄기를 보여 줄 수 있는 내용까지를 넣어 주는 것이 좋다.

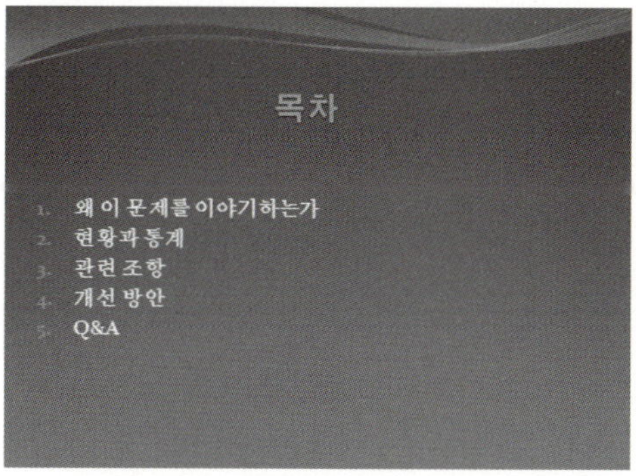


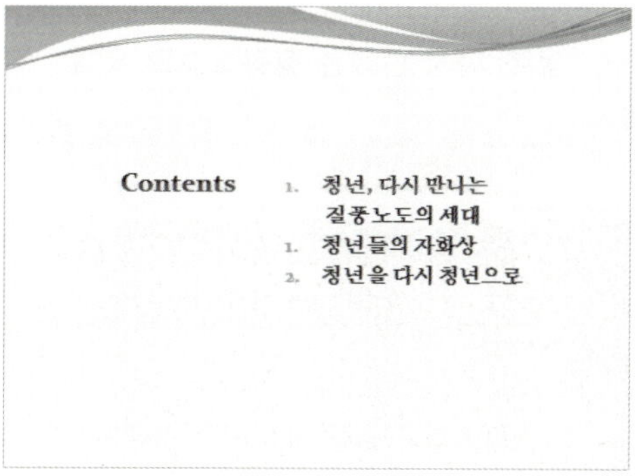


## 간지 슬라이드

제목 슬라이드가 제시되고, 목차 슬라이드가 들어간 뒤에는 실제 내용에 해당하는 슬라이드가 들어가야 한다. 실제 내용 슬라이드 사이에는 반드시 내용의 소제목에 해당하는 간지 슬라이드를 넣어 주어야 한다.

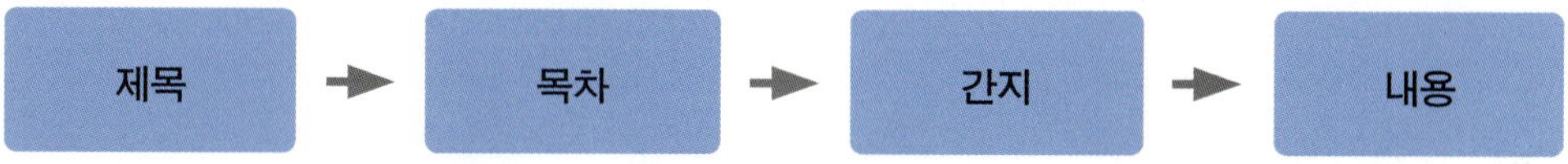


〈슬라이드의 순서〉

## 내용 슬라이드

발표 내용을 직접 다루는 내용 슬라이드는 복잡한 서술 내용을 자세하게 제시하는 것보다 하나의 주제에 해당되는 내용을 간결하게 담는 것이 좋다. 한 슬라이드에는 무조건 한 메시지만 담아야 한다. 다음의 두 슬라이드를 비교하면 어떤 것이 청중에게 효과적인 전달을 할 수 있는가를 판단할 수 있다.

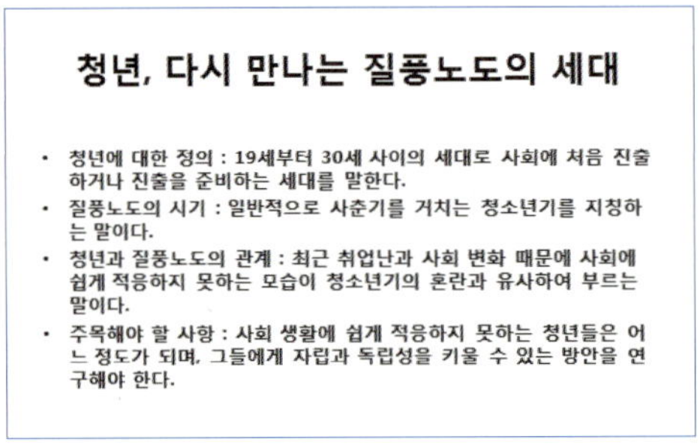


〈복잡한 서술을 제시하는 경우〉

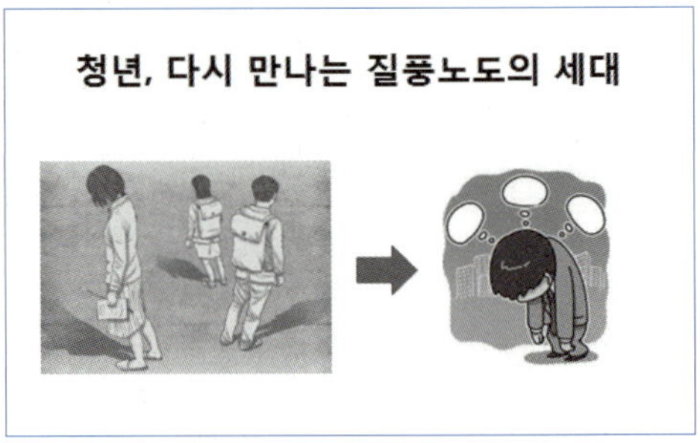


〈메시지 중심으로 제시하는 경우〉

내용을 효과적으로 전달하기 위해서는 도표나 그래프, 이미지의 적절한 활용이 필요하다. 현황이나 통계를 제시해야 할 경우, 직접적인 서술로 보여 주는 것보다 그래프 등을 활용하여 시각적인 전달 방식을 선택하는 것이 효과적이다.

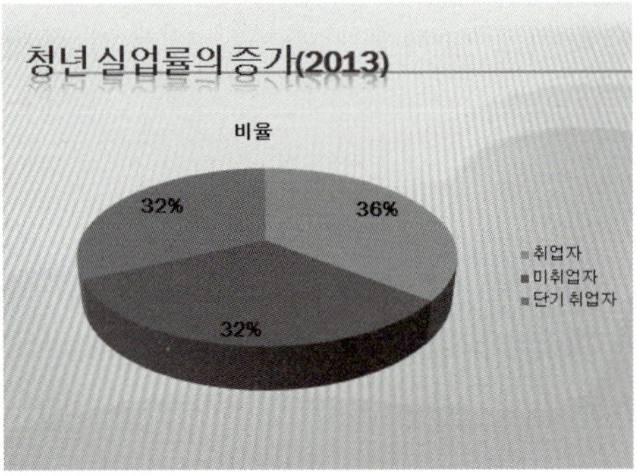


〈그래프의 사용〉

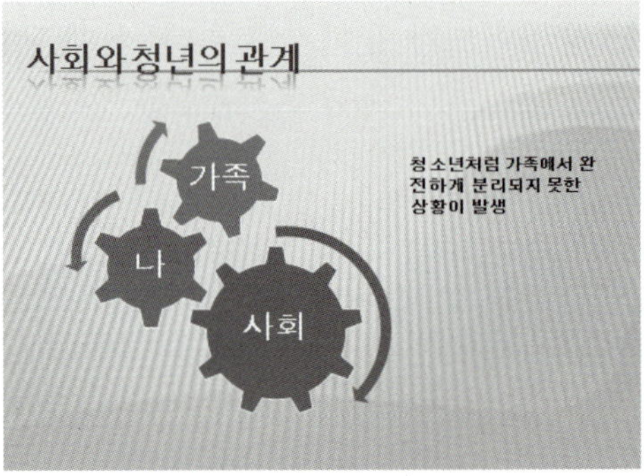


〈스마트 아트의 사용〉

## 슬라이드 작성 시 유의 사항

각 슬라이드에 들어가는 글자의 크기는 특별하게 정해진 것은 없으나 다음과 같은 용례를 따르면 적절하다. 글자가 지나치게 클 경우 내용이 가벼워 보일 수 있고, 너무 작은 경우 청중들이 내용을 파악하기가 어렵기 때문이다.

슬라이드의 제목, 소제목 : 48~24Size

핵심 내용 : 20~22Size

세부 내용 : 16~18Size

표 삽입 내용 : 12~14Size

또 하나 유의할 사항은 슬라이드를 작성할 때 지나치게 많은 종류의 시각 효과를 넣을 경우 내용에 대한 집중이 어려워진다는 점이다. 애니메이션 효과나 그래픽 효과 등은 적절한 수준으로 사용하는 것이 필요하며, 청중의 조건에 따라 선택적으로 사용할 필요가 있다.

## 발표의 자세와 태도

청중들 앞에서 발표를 진행할 때에는 몇 가지 지켜야 할 자세와 태도가 있다. 많은 학생들이 실제 발표 시에 청중과의 소통은 외면한 채 준비해 온 자료를 고개 숙여 읽거나 소극적인 태도를 보이는 경우가 있다. 혹은 다리를 흔들거리거나 장난스러운 태도를 취하기도 하는데, 발표라는 것은 공적인 행위이므로 이 같은 태도는 피해야 한다.

이러한 문제점을 극복하기 위해서 발표자는 발표 전에 자신이 전달할 내용을 반드시 숙지하고 있어야 하며, 연습을 통해 청중과 소통하는 방법에 대해 연구할 필요가 있다. 많은 연습은 발표 시의 실수를 줄이게 하므로 철저하게 준비하는 태도가 필요한 것이다.

또한 발표장에서 발표자의 이야기를 듣는 청중은 공적인 목적에 의해 모인 사람들이므로 존대할 필요가 있다. 이야기를 할 때에는 격식을 갖추어 경어체로 이야기해야 하며, 산만하거나 장난스러운 태도를 보여서는 안 된다.

간혹 대학 수업 시간의 발표에서 학생들이 발표를 진행하면서 모자를 쓰거나 슬리퍼 차림으로 단상에 오르는 경우도 있다. 학교 공간이라 하더라도 청중에게 자신의 의견을 공식적으로 전달하는 자리이므로 최소한의 예의를 갖춘다는 점에서 복장에도 신경을 쓰는 것이 필요하다.

철저한 준비를 통해 자신 있는 태도로 발표를 진행하고, 청중과의 적극적인 소통을 위해 노력하며, 존중과 예의를 보이는 태도를 보인다면 좋은 발표는 이미 절반 이상 이루어진 것이다.

## 1.2.
# 토론

### 토론의 개념과 유형

발표가 청자를 상대로 하여 화자가 일방적으로 자신의 생각을 전달하는 일방향의 말하기라면, 토론은 대화 참여자들이 화자와 청자의 역할을 서로 번갈아 가면서 의견을 주고받는 쌍방향의 말하기이다. 토론은 대화 참여자들 간의 의견 교환을 통해 설득하는 말하기를 한다는 점에서 토의와 유사하다. 그러나 토의는 문제의 해결을 위한 합의의 도출을 목적으로 하는 상호 협력적인 말하기임에 반해, 토론은 논제에 대해 서로 대립적인 입장을 가진 사람들이 자신의 주장을 설득하는 것을 목적으로 하는 상호 대립적인 말하기라는 점에서, 토론과 토의를 구분하는 것이 일반적이다.

하지만 사회생활을 함에 있어서 토론과 토의의 이러한 구분은 무의미하다. 순수하게 토론만 하는 말하기의 기회는 거의 없기 때문이다. 토론 그 자체를 목적으로 하는 경우는 드물며, 의사 결정을 위해 여러 가지 안을 논의하는 과정에서 토론 과정을 거치는 것이다.

흔히 토론이라고 하면 찬성과 반대의 대립되는 입장을 분명하게 나누어서 서로 자신의 의견을 주장하고 상대방의 의견을 비판하는 말하기 활동이라고 생각한다. 이러한 토론 방식은 학생들에게 토론을 교육하기 위한 목적으로 만든 토론 방식이다. 토론 대회에 참가하거나 TV 토론 프로그램에 참여하지 않는 이상, 학교 밖에서 이런 방식의 토론을 할 기회는 없다.

우리가 일상적으로 경험하게 될 토론은 자유 토론의 방식이다. 자유 토론은 찬반을 엄격하게 구분하지 않으며, 토론 참여자들이 찬반의 양분된 입장에서 벗어나 다양한 입장을 가질 수 있다. 다양한 입장의 토론자들이 규칙과 형식에 얽매이지 않고 자유롭게 질문하고 비판하며 논증을 통해 자신의 주장을 정당화하고 설득한다.

## 토론 전 준비

토론의 준비 단계는 글쓰기 과정에서 계획하기 단계에 해당한다. 준비 단계에서는 크게 다음의 다섯 가지 과정을 거친다.

1. 논점 분석(자료 조사)
2. 입장 구축
3. 논거 정리(자료 조사)
4. 상대 논거 예상 및 반박 자료 준비(자료 조사)
5. 토론 개요 작성

논제, 즉 토론의 주제가 주어지면 입장을 정하기에 앞서 논점에 대해 관련 자료를 수집하여 논제를 분석해야 한다. 게임규제법에 대한 찬반 토론이라면 게임규제법의 도입 배경과 게임규제법의 구체적인 내용을 숙지해야 하는 것이다. 게임규제법의 내용도 모르는 상황에서 찬성이나 반대의 입장을 정할 수는 없는 노릇이다. 입장부터 정한 다음에 자료를 수집하게 되면 사고가 닫혀 내 의견에 유리한 자료들만 아전인수 식으로 끌어모으면서 다른 가능성을 배제하기가 쉽다. 자료 조사 전에 가안을 세울 수는 있지만 말 그대로 가안에 그쳐야 한다. 자료 수집을 통해 게임규제법의 내용과 게임규제법에 대한 여러 의견들을 충분히 조사하고 다각도로 검토한 다음에 찬성이나 반대의 입장을 정한다.

입장이 정해졌으면 나의 입장이 올바른 견해임을 뒷받침할 수 있는 타당한 근거가 필요하다. 타당성은 누가 보아도 그렇다고 인정할 만한 객관적인 자료에서 얻어진다. 찬성하는 이유 혹은 반대하는 이유를 3~4가지 정도로 정리하고, 각 이유를 뒷받침해 주는 근거 자료를 준비하여 근거의 타당성을 갖추도록 한다.

근거 자료로는 대개 실제 사례 및 관찰, 실험, 조사 등으로 얻은 사실이나 통계 정보, 전문가의 견해 등을 활용한다. 사례 제시는 나의 의견과 관련하여 실제로 그러한 일이 일어났음을 들어 나의 의견이 사실임을 보이는 것이다. 사례가 되는 자료는 관련 문헌이나 신문 기사를 검색하여 얻을 수 있다. 관찰, 실험, 조사는 필자가 직접 시행하여 결과를 얻을 수도 있지만, 기존 연구의 데이터를 인용할 수도 있다. 또 전문가의 견해를 인용함으로써 전문가의 권위와 전문성에 기대어 나의 견해를 간접적으로 지지받을 수도 있다.

근거 자료는 내가 직접 관찰하고 실험하고 현장 조사나 설문 조사를 하지 않은 이상 인용의 형식을 취하게 된다. 이때 유의할 점은 반드시 인용할 만한 가치가 있는 전문가의 견해와 전문적이고 객관적인 자료를 사용하되, 인용한 자료의 출처를 분명하게 밝힘으로써 근거에 대한 신뢰를 얻는 것이다. 인터넷 블로그나 카페에서 수집한 자료는 근거 자료로서 가치가 떨어진다. 또 내가 직접 관찰, 실험, 조사한 내용일 경우 일시, 장소, 대상, 방법 등에 대한 정보를 정확하게 알려 주어야 불필요한 의심을 피할 수 있다. 근거 자료에 대해 정확성과 사실성을 인정받지 못하면 나의 의견은 설득력을 가지기 어렵다.

토론은 대립되는 두 입장이 서로 자신의 의견이 옳다고 주장하는 말하기이기 때문에 상대방의 의견이나 근거가 올바르지 못함을 증명함으로써 내 입장에 대한 소극적인 근거로 삼을 수 있다. 그래서 내 의견의 근거뿐 아니라 상대방의 논거를 예상하고 그에 대한 반박 자료도 준비해야 한다. 상대방의 입장에서 제시할 수 있는 논거에는 무엇이 있는지 예상하여, 예상되는 논거에 대해 반론할 만한 문제점은 무엇인지 분석하고 반증할 만한 반례가 있는지 조사하여 정리한다.

내가 상대 의견에 대한 반박 자료를 준비하듯이 상대 입장에서도 내 의견에 대해 반박 자료를 준비하기 마련이므로 예상되는 반론에 대한 대비도 해야 한다. 즉, 내 논거의 약점이나 근거 자료의 타당성과 관련하여 상대 입장에서 어떠한 문제를 제기할지 예상하여 그에 대한 대책을 마련하고 재반박할 수 있는 자료를 준비한다.

이렇게 토론에 대비하여 준비한 내용들은 개요로 작성한다. 글쓰기에서 집필하기 전 계획하기의 마지막 과정이 개요 작성이듯이, 토론에서도 토론 전 준비 단계의 마지막 과정으로 토론의 개요를 작성한다. 토론 개요는 준비 단계에서 준비한 내용들을 다음의 형식으로 정리한다.

〈토론 개요〉

<table>
<tr><td>논제</td><td colspan="2"></td></tr>
<tr><td>배경</td><td colspan="2"></td></tr>
<tr><td>논점<br>개관</td><td colspan="2"></td></tr>
<tr><td></td><td>우리 측</td><td>상대측(예상)</td></tr>
<tr><td>입장</td><td></td><td></td></tr>
<tr><td>입론</td><td>논거1 :<br>근거자료<br>①<br>②<br>③<br><br>논거2 :<br>근거자료 :<br>①<br>②<br>③<br><br>논거3 :<br>근거자료 :<br>①<br>②<br>③</td><td>논거1 :<br>근거자료 :<br>①<br>②<br>③<br><br>논거2 :<br>근거자료 :<br>①<br>②<br>③<br><br>논거3 :<br>근거자료 :<br>①<br>②<br>③</td></tr>
<tr><td rowspan="2">반론</td><td>상대 입장에 대한 우리 측의 반론<br>①<br>②<br>③</td><td>우리 입장에 대한 상대측의 반론<br>①<br>②<br>③</td></tr>
<tr><td>상대측 반론에 대한 우리 측의 재반론<br>①<br>②<br>③</td><td>우리 측 반론에 대한 상대측의 재반론<br>①<br>②<br>③</td></tr>
</table>

## 토론의 과정과 방법

토론에 성공적으로 참여하기 위해 토론 참여자는 논리적인 사고와 비판적인 시각을 가져야 한다. 앞서, 토론은 토론 참여자가 화자가 되기도 하고 청자가 되기도 하는 쌍방향 커뮤니케이션이라고 하였다. 화자의 입장에서 토론은 논리적으로 설득하는 말하기 활동이므로 논증의 방식을 취한다. 즉, 합리적인 의견을 명확하게 드러내야 하고, 이를 뒷받침해 줄 수 있는 타당한 논거와 객관적인 근거 자료를 제시함으로써 청자를 설득해야 한다. 청자의 입장에서 토론은 비판적인 듣기 활동이다. 화자의 말을 빠짐없이 듣고 정확하게 이해한 다음 논리의 허점과 오류를 찾고 근거 자료가 타당한 것인지 확인해야 한다.

토론의 일반적인 과정은 다음과 같다.

1. 입론
2. 확인 질의 및 응답
3. 반론 및 재반론
4. 최종 발언

입론은 찬성 측과 반대 측에서 각각 주장과 논거를 제시하는 과정이다. 먼저 토론의 필요성에 해당하는 논제의 사회적 배경과 논점, 즉 토론의 대상이 되는 주요한 문제점이나 개념, 내용에 대해 설명한다. 이는 논술문의 도입부에 해당하는 부분이다. 그런 다음, 찬성이나 반대와 같은 입장 혹은 주장을 명확히 밝혀 주고 본격적으로 논거를 펼친다. 논거는 그러한 주장을 하는 이유, 근거에 해당한다. 토론 개요에서 준비한 3~4가지의 논거를 근거 자료와 함께 제시한다. 첫 번째 논거를 한 문장으로 명쾌하게 정리하여 말한 다음, 이를 뒷받침하는 근거 자료를 몇 가지 제시하고, 이어서 두 번째, 세 번째 논거도 같은 방식으로 제시한다. 논거를 모두 말한 다음에는 마지막으로 우리 측 주장을 따를 경우 기대되는 효과나 우리 측 주장의 장점, 의의 등을 말하며 마무리한다. 입론은 하나의 주장에 대해 세 가지 논거를 들면서 논증하는 논술문의 말하기 버전이라 할 수 있다.

입론이 끝나면 상대측에서 확인 질문을 한다. 확인 질문은 상대측 발언의 내용을 단순히 확인하는 데 그치는 것이 아니라 반론을 위한 준비 과정이라 할 수 있다. 그래서 토론 순서상에서 확인 질문과 반론을 구분하지 않고 반론으로 통합하여 함께 진행하기도 한다. 확인 질문은 반론을 위한 전제에 해당하므로 토론 순서에서 둘을 통합하더라도 확인 질문에 해당하는 내용을 먼저 질의한 다음 반론을 펼친다. 확인 질문에서는 상대측 논거의 허점, 논거와 근거 자료의 관련성, 근거 자료의 정확성 등을 질문한다. 답변을 통해 문제가 드러나면 나중에 이를 반론의 근거로 삼을 수 있다. 질문을 할 때는 공격적인 태도를 피하고 최대한 예의를 갖춘다. 질문을 받은 쪽에서는 허점이 노출되었더라도 당황하지 않고 당당하고 성실하게 답한다. 특히 상대측에서 잘못 이해한 부분에 대해서는 단호하고 분명하게 짚어 주도록 한다.

양측 모두 확인 질문과 답변이 끝나면 반론으로 들어간다. 논거의 타당성, 논리의 오류 등을 문제 삼아 상대측 논거에서 취약한 부분을 집중적으로 비판한다. 논거가 주장에 대한 근거로 적절한 것인지, 그 논거를 뒷받침하는 근거 자료가 충분한지, 자료의 내용이 정확하고 객관적이며 전문적인 것인지, 자료의 출처가 신뢰할 만한 것인지 등을 확인하여 내가 조사한 자료 중에 반례로 삼을 만한 자료를 들면서 논거의 문제점을 비판한다. 또 성급한 일반화나 논점 이탈, 잘못된 인과 관계, 잘못된 유추, 권위에 호소, 인신공격 등 추론상의 오류를 파악하여 비판한다. 확인 질문을 할 때와 마찬가지로 잘못을 나무라는 듯한 고압적인 자세를 피하고 예의를 갖춘다.

반론이 끝나면 반론에 대해 반박하는 재반론을 한다. 상대측에서 반례를 들어 우리 측 논거의 타당성을 비판한다면 그러한 반례가 해당 논점의 일부에만 적용되는 것임을 강조하거나 그 반례에 대해 해석을 달리할 수도 있음을 언급한다. 반박의 여지가 없다면 상대에서 우리의 약점을 물고 늘어지지 않도록 우리에게 유리한 다른 논점으로 전환한다.

양측이 반론과 재반론을 모두 마치면 각자 최종 발언을 한다. 최종 발언에서는 핵심 논거를 간략하게 정리하면서 입장을 재확인하고, 상대측 의견의 문제점을 다시 한 번 부각시킨다. 마지막으로 우리 측의 의견이 합리적인 것임을 압축적으로 보여 줄 수 있는 비유나 사례를 들어 인상적인 이미지를 남긴다.

## 토론 후 평가 및 논술문 작성

토론이 끝나면 토론의 내용과 참여자의 태도에 대해 자기 평가나 상호 평가를 하고, 토론 내용을 바탕으로 논술문을 작성한다. 논술문의 작성은 토론 후 논제에 대해 나의 생각을 다시 한 번 정리할 수 있는 기회가 된다. 입론을 토대로 하여 세 가지 논거를 들어 주장하는 형식의 글로 쓸 수도 있고, 상대 의견에 대한 반론을 넣어 비판 주장형이나 옹호 논박형으로 쓸 수도 있다. 토론에서 생각의 변화가 있었다면 대립되는 두 의견 중에서 어느 한쪽을 주장하는 글이 아니라 양쪽의 의견을 적절히 반영하여 합의 의견을 도출하거나, 쟁점이 되는 문제에 대해 해결 방안을 제시하는 글을 쓸 수도 있다.

토론에서 내 의견과 논리의 허점이 드러났음에도 애초의 의견을 그대로 고집하는 것은 바람직하지 못하다. 논거나 근거 자료에 부족함이 있다면 보완을 해서 나의 논리를 더 탄탄하게 해야 하고, 의견이 잘못되었다면 수정해야 한다. 토론 역시 어떤 문제에 대한 우리의 편협한 사고를 한층 더 성숙한 것으로 발전시키기 위한 과정임을 기억하자. 토론의 표면적인 목표는 상대 의견을 반박하고 나의 의견을 설득하는 것이지만, 상대방에게 나의 의견을 따르도록 강요하기보다는 내 주장에서 부족한 점이 무엇인지를 파악하여 보완하는 데에 토론 참여의 의의를 둔다면 나의 의견이 좀 더 합리적이고 좀 더 설득력 있는 것으로 발전할 수 있을 것이다.

• 참고 자료 •

강태완 외, 《토론의 방법》, 커뮤니케이션북스, 2001.

신지영 외, 《열려라, 말》, 커뮤니케이션북스, 2010.

이정옥, 《토론의 전략》, 문학과지성사, 2008.

정문성, 《토의 · 토론 수업방법(제3판)》, 교육과학사, 2013.

## ✓ 토론 점검표

| 점검 항목 | 점검 내용 | 자기 진단 (○ △ ×) | 오류와 수정 내용 |
|---|---|---|---|
| 입론 | 논거가 논리적이며 적절한가? | | |
| | 논거와 근거 자료가 타당한가? | | |
| 확인 질의 | 논점을 정확하게 파악하였는가? | | |
| | 상대측 논거의 허점을 잘 파악하였는가? | | |
| | 상대측 근거 자료의 타당성을 잘 짚었는가? | | |
| 응답 | 질문에 성실하게 응답하였는가? | | |
| 반론 | 상대측 논거의 허점을 잘 지적하였는가? | | |
| | 상대측 근거 자료의 문제점을 잘 지적하였는가? | | |
| | 상대측의 논리적 오류를 잘 지적하였는가? | | |
| | 반론의 근거가 타당한가? | | |
| 최종 발언 | 핵심 논거를 잘 정리하였는가? | | |
| | 입장을 효과적으로 강조하였는가? | | |
| | 상대측의 핵심 문제를 잘 부각하였는가? | | |
| 태도 | 예의 바르고 바른 자세로 참여하였는가? | | |
| | 상대의 발언을 잘 경청하였는가? | | |
| | 토론 규칙을 잘 준수하였는가? | | |
| | 말의 전개가 논리적인가? | | |
| | 말의 크기, 속도, 어조 등이 적절한가? | | |

# 2. 어문규정

한글 맞춤법과 표준어 규정은 바른 글쓰기와 말살이를 위해 공식적으로 제정한 일종의 약속이다. 즉 이들 규범은 국가에서 사회 구성원이 원만한 사회생활을 해 나갈 수 있도록, 누구나 지켜야 하는 문자생활의 규칙으로 정해 놓은 것이다. 여기서는 한글 맞춤법과 표준어 규정 중에서 틀리기 쉬운 부분만을 골라 살펴보기로 한다.

## 사이시옷

한글 맞춤법에서 많이 틀리는 것으로 사이시옷이 있다. 사이시옷은 단어와 단어가 만나 새로운 단어, 즉 합성어가 될 때 사잇소리 현상이 일어날 경우 적어 주는 것이다. 여기서 사잇소리 현상이란 합성어가 만들어질 때 뒷말의 첫소리가 된소리로 바뀌거나, 앞말과 뒷말 사이에 'ㄴ'이나 'ㄴㄴ' 소리가 덧나는 것을 말한다. 한글 맞춤법에서는 다음과 같이 규정하고 있다.

1. 순 우리말로 된 합성어로서 앞말이 모음으로 끝난 경우

(1) 뒷말의 첫소리가 된소리로 나는 것: 나뭇가지, 귓밥, 나룻배, 냇가, 맷돌, 햇볕, 혓바늘

(2) 뒷말의 첫소리 'ㄴ, ㅁ' 앞에서 'ㄴ' 소리가 덧나는 것: 아랫니, 뒷머리, 빗물, 시냇물, 아랫마을

(3) 뒷말의 첫소리 모음 앞에서 'ㄴㄴ' 소리가 덧나는 것: 뒷일, 베갯잇, 나뭇잎, 깻잎

2. 순 우리말과 한자어로 된 합성어로서 앞말이 모음으로 끝난 경우

(1) 뒷말의 첫소리가 된소리로 나는 것: 귓병, 아랫방, 핏기, 자릿세, 전셋집, 탯줄, 햇수

(2) 뒷말의 첫소리 'ㄴ, ㅁ' 앞에서 'ㄴ' 소리가 덧나는 것: 훗날, 곗날, 제삿날, 툇마루, 양칫물

(3) 뒷말의 첫소리 모음 앞에서 'ㄴㄴ' 소리가 덧나는 것: 가욋일, 예삿일, 훗일

위의 규정을 제대로 알지 못하여 글을 쓸 때 맞춤법에 맞지 않는 경우를 흔히 볼 수 있다. 가령 다음의 경우 어느 표기가 옳은 것일까?

가. 해님 / 햇님
나. 시금치국 / 시금칫국
다. 골치거리 / 골칫거리

위의 예에서 '해님'은 '-님'이 한 단어가 아니고 접미사이며 표준발음도 [해님]으로 'ㄴ' 소리가 덧나지 않기 때문에 사이시옷을 쓰지 않아야 한다. 반면에 '시금칫국'과 '골칫거리'는 모두 두 단어로 이루어진 합성어이면서 표준발음이 [시금치꾹], [골치꺼리]로 사잇소리 현상이 일어나므로 사이시옷을 쓰는 것이 옳다.

한편 한자어와 한자어가 결합된 경우에는 사이시옷을 표기하지 않는 것이 원칙이다. 예를 들어 '외과(外科), 내과(內科)' 등은 [외꽈], [내꽈]로 발음하여 뒷말이 된소리가 되더라도 사이시옷을 쓰지 않는다. 다만, 다음의 6개 단어는 예외적으로 사이시옷을 받쳐 적기로 하였으므로 주의할 필요가 있다.

곳간(庫間), 셋방(貰房), 숫자(數字), 찻간(車間), 툇간(退間), 횟수(回數)

## '-오'와 '-요'

'-오'나 '-요' 앞에 'ㅣ' 소리가 나는 모음이 올 때, '-오'를 써야 할지 아니면 '-요'를 써야 할지 망설여질 때가 많다. 그만큼 글 속에서도 잘못된 예를 많이 볼 수 있다.

가. 미시요.
나. 당기시요.
다. 가시요.
라. 새해 복 많이 받으십시요.
마. 너희들은 세상의 빛이오, 소금이다.

위와 같은 잘못은 '-오'가 종결어미이고, '-요'가 연결어미임을 알지 못했기 때문에 나타난 것이다. '-오'는 문장을 종결하는 경우에 사용하고, '-요'는 말을 나열하는 경우에 사용하는 것이므로, (가)~(라)에 쓰인 '-요'는 모두 '-오'로 바꾸어야 하고 (마)에 쓰인 '-오'는 '-요'로 바꾸어야 한다.

다만, 종결어미 '-오'와 이른바 '해요체'의 '-요'를 혼동해서는 안 된다. 존대의 의미를 가지는 해요체의 '-요'는 종결어미 '-오'처럼 문장을 끝맺을 때 쓰므로, 둘을 혼동하기 쉽다. 둘을 쉽게 구별하는 방법은 '하오체'에는 '-오'를 쓰고, '해요체'에는 '-요'를 쓴다고 생각하면 된다.

가. 안녕하시오 - 안녕하세요
나. 여기서 내리시오 - 여기서 내리세요
다. 어서 오시오 - 어서 오세요

## 두음법칙

 단어의 첫 음절의 모음이 'ㅣ'나 반모음 'ㅣ'로 시작하는 'ㅑ, ㅕ, ㅛ, ㅠ'이면 그

앞에 'ㄴ'이나 'ㄹ'이 잘 발음되지 않는 현상을 두음법칙이라 한다. 두음법칙이 일어나는 단어는, 거기에 접두사가 붙거나 다른 단어와 함께 합성어가 되더라도 'ㄴ'이나 'ㄹ'을 적지 않는 것이 원칙이다.

가. 여자(女子), 역학(力學)

나. 신여성(新女性), 열역학(熱力學)

다. 남존여비(男尊女卑), 한국역도협회(韓國力道協會)

위와 같은 두음법칙은 단어의 첫머리에서 일어나므로 둘째 음절 이후에는 남녀(男女), 화력(火力)과 같이 'ㄴ, ㄹ'의 본음대로 적는다. 다만, 모음이나 'ㄴ' 받침 뒤에 이어지는 '렬, 률'은 '열, 율'로 적는다는 점을 주의해야 한다.

가. 성공률 – 실패율

나. 비열하다 – 졸렬하다

다. 이율, 호율, 예율 – 병률, 형률, 공률

## 준말

준말은 둘 이상의 음절로 된 말이 줄어 간단하게 된 말이다. 따라서 준말은 축약 현상을 따라 자연스럽게 표기하면 된다. 그러나 다음의 경우는 주의해야 한다.

가. 그렇지 않은 ⇨ 그렇잖은

나. 적지 않은 ⇨ 적잖은

다. 만만하지 않다 ⇨ 만만찮다

라. 변변하지 않다 ⇨ 변변찮다

위 예는 음절 축약 현상에 따라 원래 '쟎'과 '챦'이 되어야 하지만, 축약된 형태들이 굳어져 쓰이는 것을 인정하여 소리대로 적기로 한 것이다.

이 외에 한글 맞춤법에서 준말에 대해 규정을 둔 것은 어간이 '하-'로 끝나는 용언이다. 이것의 준말 표기는 다음과 같이 정해졌다.

1. 어간의 끝음절 '하'의 'ㅏ'가 줄고 'ㅎ'이 다음 음절의 첫소리와 어울려 거센소리로 될 적에는 거센소리로 적는다.
   간편하게 ⇨ 간편케, 연구하도록 ⇨ 연구토록, 흔하다 ⇨ 흔타
2. 어간의 끝음절 '하'가 아주 줄 적에는 준 대로 적는다.
   넉넉하지 않다 ⇨ 넉넉지 않다, 생각하건대 ⇨ 생각건대, 못하지 않다 ⇨ 못지않다, 생각하다 못해 ⇨ 생각다 못해, 섭섭하지 않다 ⇨ 섭섭지 않다
3. 다음과 같은 부사는 소리대로 적는다.
   결단코, 결코, 기필코, 무심코, 아무튼, 요컨대, 정녕코, 필연코, 하마터면, 하여튼, 한사코

## 띄어쓰기

조사는 그 앞에 붙여 쓰고, 단위명사를 포함한 의존명사는 그 앞말과 띄어 쓰는 것이 가장 기본적인 띄어쓰기의 원칙이다. 조사는 자립적이지 못하기 때문에 앞 단어에 붙여 쓰도록 하고 있다. 만약 다음의 예와 같이 띄어쓰기를 한다면 이는 잘못된 것이다.

가. 언제∨부터∨인가 우리는 학생이었습니다.
나. 학교에서∨만∨이라도 어른답게 있어 보자.
다. 들어가기는∨커녕 나오지도 못하고 있다.

조사는 여러 개가 겹쳐 나와서 길다고 느껴져도 반드시 앞말에 붙여 써야 한다. 이에 따라 (가)의 '언제∨부터∨인가', (나)의 '학교에서∨만∨이라도', (다)의 '들어가기는∨커녕'은 모두 붙여서 써야 한다.

그리고 의존명사는 띄어 쓰는 게 원칙인데, 의존명사로 쓰일 수 있는 형태가 의존명사가 아닌 다른 품사의 형태와 꼴이 같을 때 띄어 쓰는 것을 주의해야 한다.

가. 집을 대궐만큼 크게 짓지는 못할 것 같다.

나. 그러나 적어도 우리 네 식구가 살 만큼은 돼.

다. 어린이들은 자기가 느낀 대로 생각하고 말을 하곤 한다.

라. 선생님의 가르침대로 그렇게 되도록 노력하겠습니다.

마. "북한이 이렇게 가까운데"라고 생각하는 순간 시야에 붉은 빛이 들어왔다.

바. 가까운 데로 바람이나 쐬러 가자.

(가)~(라)는 의존명사의 형태가 조사의 형태와 같아서 혼동을 일으킬 수 있는 예이다. (나)의 '만큼'과 (라)의 '대로'는 의존명사로 쓰인 것이므로 앞말과 띄어 썼다. 반면에 (가)의 '만큼'과 (라)의 '대로'는 조사로 쓰인 것이므로 앞말과 붙여 쓴다. 그리고 관형사형어미와 의존명사가 합쳐진 형태가 어미의 형태와 같아서 혼동을 일으킬 수 있는 예가 (마)와 (바)에서 쓰인 '-ㄴ데/-ㄴ 데'이다. (마)에서 '가까운데'로 쓴 것은 '-ㄴ데'가 어미이기 때문이고, (바)에서 '가까운 데'로 쓴 것은 '-ㄴ데'가 관형사형어미와 의존명사가 합쳐진 것이기 때문이다.

비록 단어의 지위는 아니지만 다른 단어와 붙여 써야 하는 것은 접사도 마찬가지이다. 그런데 어떤 접사 형태는 관형사의 형태와 같아서 띄어 쓰는 데 혼란을 가져오기도 한다. 예를 들어, '다른 것이 없는'의 뜻을 가지고 있는 '맨-'은 다음의 (가) 예처럼 뒷말과 붙여 써야 한다.

가. 맨눈, 맨다리, 맨땅, 맨발, 맨주먹

나. 산의 맨 꼭대기

다. 맨 먼저

라. 그녀는 맨 구석 자리에 조심스럽게 앉아 있었다.

그러나 (가)와는 다른 뜻을 가진 (나)~(라)의 '맨'은 뒤에 오는 체언을 수식하는 관형사이므로 뒤에 오는 체언과 띄어 써야 한다.

이밖에 '못'과 같은 단어는 띄어쓰기에 주의해야 할 단어이다. '못'은 '동사가 나타내는 동작을 할 수 없다거나 상태가 이루어지지 않았다'는 부정의 뜻을 나타내는 부사이다. '술을 못 마시다, 잠을 통 못 자다'처럼 일반적으로 서술어 앞에서 서술어를 꾸며 주면 띄어 쓴다. 그런데 '하다'가 서술어로 올 경우는 '못'과 '하다'가 하나의 합성어로 굳어져 뜻이 변한 경우는 붙여 쓰고, 그렇지 않은 경우는 다른 서술어처럼 띄어 써야 한다.

가. 난 술을 전혀 못해.

나. 이 집 음식 맛이 예전보다 못하구나.

다. 잡은 고기가 못해도 열 마리는 되겠지.

'일정한 수준에 못 미치거나 할 능력이 없다'라는 뜻을 지닌 (가)와 (나), 그리고 '아무리 적게 잡아도'라는 특별한 뜻을 지닌 (다)는 '못'과 '하다'가 합쳐져 뜻이 변한 경우이기 때문에 붙여 쓴다. 하지만 아래의 (가)와 (나)는 단순히 동작을 할 수 없다는 부사의 뜻이 살아 있는 경우이므로 띄어 써야 한다.

가. 어제 병이 나서 일을 못 했다.

나. 어제 병이 나서 잠을 못 잤다.

'못하다'를 붙여 쓰는 또 다른 경우는 용언의 어간 뒤에서 '-지 못하다' 구성으로 쓰이는 보조용언일 때이다. 가령 다음의 예에서 '못하다'는 보조적 연결어미 '-지' 다음에 오기 때문에 '못'과 '하다'를 붙여 쓴다.

가. 어제 바빠서 약속을 지키지 못했다.

나. 이 자리는 편안하지 못하다.

다. 경호는 눈이 아파서 이제 책을 읽지 못한다.

## 서로 구분해서 써야 하는 단어

- '가르치다'와 '가리키다'

글쓰기를 가르치다 / 글쓰기책을 가리키다

- ‘가름하다’와 ‘갈음하다’

승부를 가름하다 / 머리말을 갈음하다

- ‘걷잡다’와 ‘겉잡다’

사태를 걷잡을 수 없다 / 겉잡아 10만 원은 들겠다

- ‘결재’와 ‘결제’

서류 결재 / 카드 대금 결제

- ‘너머’와 ‘넘어’

재 너머 사래 긴 밭 / 해 지기 전에 넘어 가자

- ‘늘리다’와 ‘늘이다’

회원을 늘리다 / 고무줄을 늘이다

- ‘담다(담았다)’와 ‘담그다(담갔다)’

김칫독에 김치를 담았다 / 김치를 백 포기를 담갔다

- ‘띄다(=뜨이다)’와 ‘띠다’

귀가 번쩍 띄다 / 얼굴에 미소를 띠다

- ‘막역하다’와 ‘막연하다’

막역한 사이 / 막연한 관계

- ‘맞추다’와 ‘맞히다’

입을 맞추다 / 바람을 맞히다

- ‘매다’와 ‘메다’

신발끈을 매다 / 가방을 메다

- '메꾸다'와 '메우다'

  한 시간을 메꾸다 / 빈 자리를 메우다

- '바라다(바람)'와 '바래다(바램)'

  우리 모두의 바람 / 종이가 누렇게 바램

- '바치다'와 '받치다'와 '받히다'와 '밭치다'

  마음을 바쳐 일하다 / 조끼를 받쳐 입다 / 소에 받혀 쓰러지다 / 체에 밭쳐 놓다

- '박이다'와 '배기다'

  굳은살이 박이다 / 엉덩이가 배기다

- '벌리다'와 '벌이다'

  입을 벌리다 / 잔치를 벌이다

- '(지)새다'와 '(지)새우다'

  밤이 (지)새다 / 밤을 (지)새우다

- '부딪치다'와 '부딪히다'

  견해가 다른 사람과 부딪치다 / 풀기 힘든 문제와 부딪히다

- '부치다'와 '붙이다'

  고향에 편지를 부치다 / 편지에 우표를 붙이다

- '붇다'와 '붓다'

  퉁퉁 불은 라면 / 퉁퉁 부은 얼굴

- '삭이다'와 '삭히다'

  분노를 삭이다 / 김치를 삭히다

- '살지다'와 '살찌다'

  살진 암소 / 살찐 엉덩이

- '썩이다'와 '썩히다'

  속을 썩이다 / 재능을 썩히다

- '안치다'와 '앉히다'

  밥솥에 밥을 안치다 / 운동장에 학생들을 앉히다

- '여의다'와 '여위다'

  어려서 부모님을 여의다 / 얼굴이 홀쭉하게 여위다

- '졸이다'와 '조리다'

  된장찌개를 졸이다 / 감자를 조리다

- '한목'과 '한몫'

  빌린 돈을 한목에 갚다 / 좋은 일에 한몫을 거들다

### 표준어 가운데 틀리기 쉬운 사례

- 접두사 '수-' : '숫양', '숫염소', '숫쥐' 등을 제외한 나머지는 '수-'로 통일하여 적는다.

  수꿩, 수놈, 수캉아지, 수탕나귀, 수평아리

- '웃-'과 '윗-' : '아래, 위'의 대립이 없는 단어는 '웃-'을, 대립이 있는 단어는 '윗-'을 쓴다.

  윗니, 윗도리, 윗머리, 윗목 / 웃국, 웃돈, 웃어른, 웃옷

- '-장이'와 '-쟁이' : 기술자에게는 '-장이'를 붙이고, 그 이외에는 '-쟁이'를

붙인다.

미장이(○)-미쟁이(×) 유기장이(○)-유기쟁이(×)

멋쟁이(○)-멋장이(×) 소금쟁이(○)-소금장이(×)

담쟁이덩굴(○)-담장이덩굴(×)

- 모음이 단순화한 형태나 모음의 발음이 변화한 것을 인정한 것

미루나무(○)-미류나무(×) 으레(○)-으례(×)

케케묵다(○)-켸켸묵다(×) 나무라다(○)-나무래다(×)

바라다(○)-바래다(×) 상추(○)-상치(×)

미숫가루(○)-미싯가루(×) 주책(○)-주착(×)

- 준말을 표준어로 인정한 것

귀찮다(○)-귀치 않다(×) 김(○)-기음(×)

똬리(○)-또아리(×) 무(○)-무우(×)

샘(○)-새암(×) 생쥐(○)-새앙쥐(×)

솔개(○)-소리개(×) 온갖(○)-온가지(×)

장사치(○)-장사아치(×)

### 연습 문제 :

1. 다음 예문에서 한글 맞춤법이나 표준어 규정에 어긋난 단어를 찾아 바르게 고쳐 보자.

(1) 오형사는 놀라며 대머리가 된 닭벼슬을 지켜보고 있었다.

(2) 그동안 만나지 못했던 가족들이 한자리에 모여 웃음꽃을 피우는 동안 부엌에서 쥐치닥거리만 도맡아 하는 주부들이 겪는 스트레스는 이루 말할 수가 없다.

(3) 비빔밥 설거지 며느리 시키고 누룽밥 설거지 딸시킨다.

(4) 이 요리는 잡지 가정난에 있는 요리법을 따라 해 본 거야.

(5) 십월 한 달 동안, 다일은 신애와 완전무결한 밀월을 보냈다.

(6) 그 서류는 누가 귀신같이 쓱삭쓱삭 말소를 시켜 놓았던 것이다.

(7) 혹이 발견되면 길다란 인후두 내시경을 목 안에 넣은 후 쉽게 떼어낼 수 있다.

(8) 아마도 그럴려고 미리 준비한 듯 봉투를 상금에 얹어 건네줬다.

(9) 7년만에 개인공연을 마련한 민씨는 "훌쩍 커버린 딸이 내 뒤를 잇게 되 흐뭇하다"며 자신은 '지는 해'라고 덧붙였다.

(10) 이왕 바꿀 거라면 완전히 시장경쟁에 맡기는 정공법을 택하던지, 아니면 현 체제로 그냥 가던지 뭔가 확실한 노선을 정해야 한다.

(11) 고을 사람들은 그 원님이 이 고을을 오래오래 다스려 주기를 바랬습니다.

(12) 아니예요. 제 이름은 정은이예요.

(13) 어머니가 장을 본데에는 내가 좋아하는 과자도 있었다.

(14) 병풍 대용으로 낡은 두 폭 짜리 가리개를 쳤다.

(15) 용갑이의 그 못 된 심술은 좀처럼 수그러지지가 않았다.

2. 다음 단어는 모두 표준어 규정에 어긋난 비표준어이다. 표준어로 바르게 고쳐 보자.

- 가열차다
- 개나리봇짐
- 개이다
- 괜시리
- 그제서야
- 깡술
- 꼬시다
- 꽤나
- 끄적거리다
- 나으리
- 늘상
- 되뇌이다
- 되도록이면
- 두루뭉실하다
- 둘쳐업다/들쳐업다
- 마악
- 산수갑산
- 삼가하다
- 설레이다
- 알아맞추다
- 어줍잖다
- 얼만큼
- 웅큼
- 임마
- 절대절명
- 진작에
- 풍지박산
- 헤매이다
- 호로자식
- 혼구멍나다

# 3. 한자성어

## 3.1. 1주차 고사성어(故事成語)

苛斂誅求(가렴주구) : 부패한 관료들이 백성들의 재물을 가혹하게 거두어 들임.

刻骨難忘(각골난망) : 입은 은혜에 대한 고마움을 가슴에 깊이 새겨 잊지 아니함.

甘言利說(감언이설) : 달콤한 말과 이로운 조건을 내세워 남을 꾐.

甘呑苦吐(감탄고토) : 달면 삼키고 쓰면 뱉음. 제게 유리하면 취하고 불리하면 취하지 않음.

甲論乙駁(갑론을박) : 서로 자기의 주장을 내세워 남의 주장을 반박함.

去者必返(거자필반) : 떠난 사람은 언젠가는 반드시 돌아옴.

乾坤一擲(건곤일척) : 하늘과 땅을 걸고 싸우는 승부.

牽强附會(견강부회) : 도리에 맞지 않는 것을 억지로 끌어다 그 상황에 맞게 함.

見利思義(견리사의) : 이익이 되는 것을 보면 먼저 의리에 합당한가를 생각함.

結者解之(결자해지) : 매듭을 엮은 사람이 풀어야 한다는 뜻으로, 일을 저지른 사람이 직접 해결해야 함을 비유함.

結草報恩(결초보은) : 위(魏) 무자(武子)의 아들 과(顆)가 부친의 유언을 거스르면서까지 서모(庶母)를 개가시키자, 그가 훗날 전쟁에서 곤경에 처했을 때 그 서모의 아비가 나타나 풀을 엮어 곤경에서 구해 주며 자기 딸의 개가에 대한 은혜에 보답했다는 것으로, 죽은 후에라도 결코 은혜를 잊지 않음을 일컬음.

鷄卵有骨(계란유골) : 계란에도 뼈가 있다는 말로, 재수 없는 사람은 늘 일을 그르침을 말함.

鷄肋(계륵) : 취해야 이익될 것도 없고 그렇다고 버리거나 남을 주기엔 아까운 것을 비유.

孤軍奮鬪(고군분투) : 남의 도움을 받지 않고 힘에 벅찬 일을 혼자서 해낸다는 뜻.

膏粱珍味(고량진미) : 살진 고기와 기름진 곡식으로 지은 맛있는 음식.

孤立無援(고립무원) : 고립되어 구원받을 데가 없음.

孤掌難鳴(고장난명) : 한쪽 손바닥으로는 소리를 낼 수 없다는 말로, 혼자서는 일을 이루기가 어려움을 일컬음.

苦盡甘來(고진감래) : 쓴 것이 다하면 단것이 옴. 곧 고생 끝에 즐거움이 찾아옴을 일컬음.

曲學阿世(곡학아세) : 왜곡된 학문으로 세상에 아첨함.

誇大妄想(과대망상) : 자기의 현재 상태를 턱없이 크게 평가하여 그 평가를 사실처럼 믿음.

## 3.2. 2주차 고사성어(故事成語)

過猶不及(과유불급) : 중용의 지나침은 중용에 미치지 못하는 것과 같음.

刮目相對(괄목상대) : 오랜만에 보자 예전의 모습이 아니어 눈을 비비고 다시 보게 된다는 뜻으로 학문이나 재주가 갑자기 는 것을 일컬음.

矯角殺牛(교각살우) : 소의 뿔을 바로잡으려다 소를 죽인다는 말로 작은 결함을 고치려다가 큰일을 망침을 일컬음.

巧言令色(교언영색) : 교묘하게 꾸며대는 말과 아첨하는 얼굴빛. 소인의 교묘한 수단과 아첨 떠는 태도를 일컬음.

九牛一毛(구우일모) : 아홉 마리 소에 한 가닥의 털. 곧 많은 가운데 극히 적은 것을 비유함.

群鷄一鶴(군계일학) : 뭇 닭 가운데의 한 마리 학. 곧 많은 사람 중에서 뛰어난 인물을 비유함.

群雄割據(군웅할거) : 같은 시대에 훌륭한 사람들이 활약함.

權謀術數(권모술수) : 그때그때의 형편에 따라 변통성 있게 둘러맞추는 모략이나 수단.

捲土重來(권토중래) : 한 번 실패한 사람이 그에 굴하지 않고 다시 세력을 회복하여 쳐들어 옴.

金科玉條(금과옥조) : 금이나 옥처럼 귀중히 여길 법률.

金蘭之交(금란지교) : 쇠처럼 굳고 난초처럼 향기로운 우정.

錦上添花(금상첨화) : 비단 위에 꽃 장식을 더함. 좋고 아름다운 것 위에 더 좋은 것이 보태짐.

錦衣還鄕(금의환향) : 비단 옷을 입고 고향으로 돌아감. 곧 성공하여 귀향함을 일컬음.

金枝玉葉(금지옥엽) : 귀한 가문의 자손이나 귀한 자식을 일컬음.

驥服鹽車(기복염거) : 천리마가 헛되이 소금수레를 끎. 곧 재능 있는 사람이 불우하게 살아감을 비유함.

奇想天外(기상천외) : 보통 사람이 쉽게 짐작할 수 없을 정도로 생각이 엉뚱하고 기발함.

杞憂(기우) : 기(杞) 땅에 사는 사람이 하늘이 무너지고 땅이 꺼질 것을 걱정했다는 것으로, 쓸데없는 걱정을 함을 일컬음.

難兄難弟(난형난제) : 누가 형이고 누가 아우인지 모를 정도로 둘 사이의 우열이나 정도의 차이를 분간하기 어려움.

南柯一夢(남가일몽) : 광릉에 살던 순우분(淳于棼)이 꿈속에서 남가의 태수가 되어 부귀영화를 누리다 깨어 보니 꿈이었음. 한때의 부귀영화가 꿈과 같이 헛됨을 일컬음.

## 3.3.
## 3주차 고사성어(故事成語)

男負女戴(남부여대) : 남자는 등에 짐을 지고 여자는 머리에 임. 곧 이리저리 떠돌아다님.

囊中之錐(낭중지추) : 주머니 속의 송곳. 재능이 있는 사람은 숨어도 남의 눈에 드러남을 비유.

累卵之勢(누란지세) : 알을 쌓아 놓은 듯한 형세. 곧 매우 위태로운 형세를 일컬음.

訥言敏行(눌언민행) : 사람이 말하기는 쉬워도 행하기는 어려우므로 군자는 말은 둔하게 하여도 행동은 민첩하게 하여야 함을 일컬음.

多多益善(다다익선) : 한신(韓信)이 한(漢)고조에게 자신은 거느리는 병사가 '많으면 많을수록 더욱 좋다'고 한 데서 비롯된 말.

簞食瓢飮(단사표음) : 안회(顔回)가 한 대그릇의 밥과 한 표주박의 물에도 자신의 삶을 즐겼다는 뜻으로 소박한 생활을 일컬음.

斷章取義(단장취의) : 남이 쓴 문장이나 시의 한 부분을 전체적인 뜻과는 관계없이 인용하여 자기 주장이나 생각을 합리화함.

大器晩成(대기만성) : 큰 그릇은 늦게 만들어짐. 크게 될 사람은 성취는 더뎌도 일단 이루어지면 남과 비교되지 않을 정도임을 말함.

塗炭之苦(도탄지고) : 진흙탕과 숯불에 빠진 고통, 백성의 생활이 몹시 비참함.

獨不將軍(독불장군) : 혼자서는 장군이 될 수 없다는 말로, 혼자 잘난 척하다 남에게 고립되거나 혼자 모든 일을 처리하는 사람을 말함.

同病相憐(동병상련) : 같은 병을 앓는 사람끼리 서로 불쌍히 여긴다는 말로, 비슷한 처지에 있는 사람들끼리 서로 이해하고 도움을 일컬음.

東奔西走(동분서주) : 이리저리 바쁘게 돌아다님.

同床異夢(동상이몽) : 같은 자리에서 자면서 서로 다른 꿈을 꾼다는 말로, 겉으로는 같이 행동하면서도 속으로는 딴 생각을 함을 비유함.

杜門不出(두문불출) : 문을 닫고 나서지 않음. 곧 집 안에만 들어앉아 남과의 교유를 끊음.

斗酒不辭(두주불사) : 말술도 사양하지 않을 정도로 주량이 매우 큼.

燈下不明(등하불명) : 등잔 밑이 어두움. 곧 가까운 데 것을 도리어 잘 모름.

馬耳東風(마이동풍) : 말 귀에 동풍이 불어도 아랑곳하지 않듯 남의 의견이나 비평을 귀담아 듣지 않음.

莫逆之友(막역지우) : 마음이 서로 맞아 거스를 것이 없을 정도로 친한 친구.

3.4.

## 4주차 고사성어(故事成語)

萬頃蒼波(만경창파) : 끝없이 너른 바다.

萬事亨通(만사형통) : 모든 일이 두루 뜻대로 이루어짐.

萬壽無疆(만수무강) : 만년을 살아도 끝이 없음. 아무 탈 없이 오래오래 살기를 빎.

晩時之歎(만시지탄) : 때가 늦은 것에 대한 탄식. 좋은 기회를 놓쳐서 안타까운 상황을 일컬음.

滿身瘡痍(만신창이) : 온몸이 상처투성이가 됨. 사물이 성한 데가 없을 만큼 결함이 많음.

亡羊之嘆(망양지탄) : 도망간 양을 쫓다가 갈림길이 나 있어 양을 잃고 탄식했다는 것으로, 학문의 길이 여러 갈래이면 진리를 잃기 쉬움을 비유함.

麥秀之嘆(맥수지탄) : 기자(箕子)가 고국(故國) 은(殷)나라의 도성(都城) 한복판에 보리 이삭이 자란 것을 한탄했다는 것으로 나라의 멸망을 일컬음.

孟母三遷(맹모삼천) : 맹자의 어머니가 맹자를 가르치기 위해 세 번이나 이사를 했다는 것으로, 자식이 보다 나은 교육 환경에 처하도록 함을 일컬음.

面從腹背(면종복배) : 겉으로는 복종하는 체하면서 내심으로는 배반함.

明鏡止水(명경지수) : 맑은 거울과 깨끗한 물. 깨끗한 마음을 비유함.

名實相符(명실상부) : 이름과 실상이 서로 부합함.

明若觀火(명약관화) : 불을 보는 것처럼 밝음. 곧 더할 나위 없이 명백함.

目不忍見(목불인견) : 눈으로 차마 볼 수 없음. 매우 끔찍한 광경을 비유함.

武陵桃源(무릉도원) : 무릉의 복사꽃 물살 끝에 있던 마을. 곧 별천지(別天地), 이상향(理想鄕)을 일컬음.

無不通知(무불통지) : 무슨 일이든지 다 통하여 모르는 것이 없음.

無知蒙昧(무지몽매) : 아는 것이 없고 사리에 어두움.

刎頸之交(문경지교) : 목이 달아나더라도 변치 않을 사귐. 곧 생사를 함께하는 친한 사이.

美人薄命(미인박명) : 미인은 명이 짧아 불행하거나 요절하기 쉬움.

博而不精(박이부정) : 널리 알되 정밀하지 못함.

反哺之孝(반포지효) : 까마귀가 자기를 길러 준 어미를 위해 모이를 물어다 먹이듯, 자식이 커서 어버이의 은혜에 보답함을 일컬음.

## 3.5.
## 5주차 고사성어(故事成語)

拔本塞源(발본색원) : 폐단의 근본을 뽑고 근원을 막아 버림.

傍若無人(방약무인) : 좌우에 사람이 없는 것 같이 언어나 행동이 기탄없음.

背水之陣(배수지진) : 물을 등지고 진을 침. 위험을 무릅쓰고 필사적인 자세로 성패를 겨룸.

背恩忘德(배은망덕) : 남한테 입은 은덕을 잊어서 저버림.

百家爭鳴(백가쟁명) : 많은 학자들이 다투어 자기의 학설을 내놓음.

百年河淸(백년하청) : 흐린 황하는 백 년이 흘러도 맑아지지 않음. 곧 아무리 오래 되어도 어떤 일이 이루어지기 어려움을 비유함.

白面書生(백면서생) : 세상일에 전혀 경험이 없는 사람을 일컬음.

伯牙絶絃(백아절현) : 백아가 거문고의 줄을 끊는다는 말로, 깊은 우정을 주고받은 친구의 죽음을 슬퍼함.

百折不屈(백절불굴) : 아무리 여러 번 꺾여도 결코 굽히지 않음.

白衣從軍(백의종군) : 벼슬하지 않은 몸으로 군대를 따라 전쟁을 치른다는 말로, 어떤 직책도 없이 일에 종사함을 일컬음.

伯仲之勢(백중지세) : 누가 큰 형이고 누가 작은 형인지 분간하기 어려울 정도로 서로 우열을 가리기 힘든 형세.

兵家常事(병가상사) : 전쟁에서 이기고 지는 것은 싸우는 사람에게 흔히 있는 일이란 뜻으로 실패는 흔히 있는 일이니 낙심할 것 없음을 일컬음.

富貴在天(부귀재천) : 인간의 부귀영화는 하늘에 달려 있지 인간의 힘으로 어쩔 수 없음.

夫倡婦隨(부창부수) : 남편이 부르고 아내가 따른다는 것으로 집안이 서로 화합함을 일컬음.

附和雷同(부화뇌동) : 일정한 주견이 없이 남의 의견에 덮어놓고 따라 행동함.

粉骨碎身(분골쇄신) : 뼈는 가루가 되고 몸은 산산조각이 나도록 나라를 위해 온몸을 바침.

焚書坑儒(분서갱유) : 진시황이 모든 서적을 불태우고 많은 학자를 구덩이에 묻어 죽임.

不俱戴天(불구대천) : 하늘을 함께 이고 있을 수 없음. 곧 아주 원한이 깊은 원수를 일컬음.

不撓不屈(불요불굴) : 흔들리거나 굽히지 않는 꿋꿋한 정신.

## 3.6. 6주차 고사성어(故事成語)

不恥下問(불치하문) : 자신보다 못한 사람에게 묻는 것을 부끄러워하지 않음.

不偏不黨(불편부당) : 어느 한쪽으로도 치우치지 않은 공평한 태도.

悲憤慷慨(비분강개) : 슬프고 분한 느낌이 마음속에 가득함.

四顧無親(사고무친) : 사방을 돌아보아도 친척이 없음. 곧 의지할 만한 사람이 전혀 없음.

四面楚歌(사면초가) : 전후좌우에 초나라 군인들의 노래란 뜻으로, 적에게 포위되어 고립된 상태, 혹은 주위 사람들의 도움을 전혀 받을 수 없는 상태를 일컬음.

沙上樓閣(사상누각) : 모래 위에 지은 누각. 곧 어떤 일이나 사물의 기초가 견고하지 못함.

私淑(사숙) : 직접 가르침을 받지는 않았으나, 마음속으로 그 사람을 본받아서 배우고 따름.

獅子吼(사자후) : 사자가 한 번 소리를 지르면 짐승들이 다 두려워 복종하듯 부처가 한 번 설법하면 세상의 모든 사람들이 다 복종함. 또는 웅변을 토하는 연설.

蛇足(사족) : 뱀을 그리는데 발까지 그림. 곧 쓸데없는 군더더기를 덧붙여 오히려 일을 망침.

事必歸正(사필귀정) : 모든 일은 반드시 올바른 데로 귀결됨.

山戰水戰(산전수전) : 산의 전투와 물의 전투를 다 겪음. 곧 험한 세상살이를 두루 경험함.

山海珍味(산해진미) : 산과 바다의 진귀한 맛. 곧 온갖 귀한 재료로 만든 맛 좋은 음식들.

殺身成仁(살신성인) : 몸을 죽여 인을 이룸. 곧 자기를 희생하여 착한 일을 함.

三顧草廬(삼고초려) : 유비가 제갈량을 신하로 등용하려고 그의 초막을 세 번이나 찾아갔다는 것으로, 인재를 맞이하기 위하여 자기 몸을 굽히고 몇 번이고 찾음.

森羅萬象(삼라만상) : 빽빽하게 벌려 있는 여러 가지 사물과 현상으로서 온 세상을 일컬음.

三旬九食(삼순구식) : 삼십 일의 아홉 끼니. 몹시 가난하여 사흘에 한 끼 먹기도 어려움.

三人成虎(삼인성호) : 마을에 범이 있을 리 없지마는 여러 사람이 다 똑같이 자기 눈으로 보았다고 우기면 마침내 곧이듣게 된다는 뜻으로, 근거 없는 말이라도 여러 사람이 말하면 믿게 됨.

桑田碧海(상전벽해) : 뽕나무밭이 푸른 바다가 됨. 곧 세상이 엄청나게 변했음을 일컬음.

塞翁之馬(새옹지마) : 이익이 손해가 되고 화가 복이 되듯 인생의 길흉화복은 그 변화를 예측하기 어려움을 일컬음.

席藁待罪(석고대죄) : 볏짚을 깔고 엎드려 벌을 기다린다는 말로, 저지른 죄에 대한 처벌을 기다림을 일컬음.

## 3.7. 7주차 고사성어(故事成語)

雪上加霜(설상가상) : 눈 위에 다시 서리가 내림. 난처한 일이나 불행이 잇달아 일어남을 비유.

束手無策(속수무책) : 손을 묶어 계책을 낼 수 없듯 어찌할 도리가 없음을 일컬음.

送舊迎新(송구영신) : 묵은 것을 보내고 새것을 맞이함.

首丘初心(수구초심) : 여우가 죽을 때는 자기가 태어난 쪽으로 머리를 두듯 고향을 그리는 마음.

手不釋卷(수불석권) : 손에서 책을 놓지 않음, 곧 열심히 공부함.

修身齊家(수신제가) : 자신을 수양해서 집을 잘 다스려 나감.

水魚之交(수어지교) : 물과 물고기의 사귐으로, 아주 가까운 사이를 비유함.

誰怨誰咎(수원수구) : 누구를 원망하고 누구를 탓하랴. 모든 것이 자신의 허물이라는 뜻임.

守株待兎(수주대토) : 토끼가 나무 그루터기에 부딪혀 죽기를 기다렸다는 것으로, 주변이 없어서 변통할 줄을 모르고 굳게 지키기만 함을 일컬음.

脣亡齒寒(순망치한) : 입술이 없으면 이가 시리다는 뜻으로 이해관계가 매우 밀접하여 한쪽이 망하면 다른 쪽도 위태로움을 일컬음.

識字憂患(식자우환) : 글자 좀 알았던 것이 도리어 화의 근원이 됨.

信賞必罰(신상필벌) : 공이 있으면 상을 주고 죄가 있으면 벌을 줌.

神出鬼沒(신출귀몰) : 자유자재로 출몰하여 그 변화를 쉽사리 알 수 없음.

十匙一飯(십시일반) : 열 술이면 한 끼의 밥. 곧 여러 사람이 조금씩 도우면 큰 힘이 될 수 있음을 비유함.

阿鼻叫喚(아비규환) : 아비지옥과 규환지옥. 여러 사람이 비참한 지경에 빠져 울부짖는 참상.

我田引水(아전인수) : 제 논에 물을 끌어다 들인다는 뜻으로, 무슨 일을 자기에게 이로운 대로만 함을 비유함.

安貧樂道(안빈낙도) : 가난을 편안히 여기며 도를 즐김.

眼下無人(안하무인) : 눈 아래 사람이 없음. 곧 교만하여 남들을 업신여김.

哀而不悲(애이불비) : 속으로 슬퍼하되 겉으로 슬픔을 드러내지 아니함.

羊頭狗肉(양두구육) : 밖에 양머리를 내걸고 개고기를 판다는 뜻으로 겉으로는 훌륭하지만 속으로는 형편없는 것을 일컬음.

## 3.8.
# 8주차 고사성어(故事成語)

梁上君子(양상군자) : 도둑이 들보 위에 숨어 있는 것을 비꼬아 부른 데에서 비롯한 것으로, 도둑을 미화함.

漁父之利(어부지리) : 조개와 도요새가 서로 지지 않으려고 다투다가 도리어 어부에게 둘 다 사로잡혔다는 것으로, 양자(兩者)가 싸우다가 제삼자가 이익을 봄을 일컬음.

易地思之(역지사지) : 처지를 바꾸어서 생각함.

緣木求魚(연목구어) : 나무에 올라 물고기를 구함. 곧 엉뚱한 곳에서 목적한 바를 이루려 하기에 목적 달성이 불가능함을 일컬음.

伍里霧中(오리무중) : 오 리에 걸쳐 낀 안개 속. 곧 무슨 일에 대하여 알 길이 없음을 비유함.

悟寐不忘(오매불망) : 자나 깨나 잊지 못함.

烏飛梨落(오비이락) : 까마귀 날자 배 떨어짐. 우연의 일치로 억울하게 혐의를 받거나 난처한 입장에 처하게 됨을 비유함.

嗚越同舟(오월동주) : 서로 원수의 사이인 오나라 사람과 월나라 사람이 같은 배를 탐. 서로 적의를 품은 사람이 같은 처지에 있거나 한자리에 있음을 비유함.

烏合之卒(오합지졸) : 까마귀들이 모인 것 같은 군사. 곧 임시로 모집하여 훈련이 안 된 군사를 이름.

溫故知新(온고지신) : 옛것을 익히어 그것으로 미루어 새것을 앎.

臥薪嘗膽(와신상담) : 오왕 부차와 월왕 구천이 섶에 누워 있거나 쓸개를 맛보며 그렇게 된 자신의 처지를 자책함. 곧 원수를 갚기 위해 온갖 고생을 참고 견딤을 말함.

龍頭蛇尾(용두사미) : 용의 머리에 뱀의 꼬리. 곧 처음은 야단스럽게 시작하였으나 결말은 흐지부지하게 됨.

愚公移山(우공이산) : 우공이 산을 옮긴다는 말로, 어렵고 큰 일이라도 끊임없이 노력하면 결국 이루어짐을 일컬음.

雨後竹筍(우후죽순) : 비 온 뒤에 돋는 죽순. 곧 어떤 일이 일시에 많이 일어남을 비유함.

旭日昇天(욱일승천) : 아침 해가 하늘로 떠오르는 것 같은 등등한 기세.

危機一髮(위기일발) : 위급함이 매우 절박한 순간.

## 3.9. 9주차 고사성어(故事成語)

韋編三絶(위편삼절) : 가죽으로 엮은 끈이 세 번이나 끊어짐. 공자가 만년에 주역에 심취하여 이를 읽다가 끈이 세 차례나 끊어졌다는 것으로 독서에 열중함을 일컬음.

唯我獨尊(유아독존) : 세상에서 오직 자기만이 혼자 잘났다고 여김.

隱忍自重(은인자중) : 마음속에 감추고 참고 견디면서 신중하게 행동함.

吟風弄月(음풍농월) : 바람을 읊고 달을 노래한다는 말로, 시로 자연을 노래하며 즐김을 말함.

泣斬馬謖(읍참마속) : 제갈량이 싸움에서 패한 마속을 울면서 처형함. 곧 큰 목적을 위해서 자기가 아끼는 사람을 버림을 일컬음.

以夷制夷(이이제이) : 오랑캐로써 오랑캐를 제어한다는 말로, 다른 나라의 힘을 이용하여 또 다른 나라를 견제함을 일컬음.

人面獸心(인면수심) : 사람의 얼굴을 하고 짐승의 마음을 지님. 곧 인정이 전혀 없음을 일컬음.

仁者無敵(인자무적) : 어진 사람은 대적할 사람이 없음. 어진 사람은 그가 곤경에 처하면 이웃이 자발적으로 도우려 하기 때문에 그를 당할 사람이 없음.

一擧兩得(일거양득) : 한 가지 일을 하여 두 가지의 이득을 봄.

一網打盡(일망타진) : 한 그물에 고기떼를 잡듯 한꺼번에 모조리 잡음.

一脈相通(일맥상통) : 생각, 처지, 상태 등이 한 줄기 서로 통함.

一目瞭然(일목요연) : 첫눈에도 똑똑하게 알 수 있음.

一場春夢(일장춘몽) : 한바탕의 봄꿈. 인생의 영화가 덧없음을 나타냄.

日就月將(일취월장) : 날로 나아가고 달로 나아감. 곧 학업이 계속 진보함을 일컬음.

一攫千金(일확천금) : 힘 안 들이고 한꺼번에 많은 재물을 얻음.

自家撞着(자가당착) : 자기가 한 말이나 행동의 전후가 모순됨.

自强不息(자강불식) : 스스로 부지런히 힘써 쉬지 않음.

自繩自縛(자승자박) : 제 새끼로 제 목을 맴. 곧 자신의 언행으로 말미암아 스스로 곤란을 겪음.

猪突猛進(저돌맹진) : 앞뒤 상황을 고려하지 않고 무모하게 멧돼지처럼 곧바로 돌진하는 것. 또는 목숨을 돌보지 않는 용맹함의 비유.

電光石火(전광석화) : 번갯불과 부싯돌의 불, 극히 짧은 시간 또는 매우 빠른 동작을 비유함.

輾轉反側(전전반측) : 뒤척거리며 잠을 이루지 못하는 모양.

賊反荷杖(적반하장) : 도둑이 도리어 매를 든다는 말로, 잘못한 사람이 도리어 잘못 없는 사람을 나무람.

## 3.10. 10주차 고사성어(故事成語)

轉禍爲福(전화위복) : 재앙이 바뀌어서 도리어 복이 됨. 곧 언짢은 일이 계기가 되어 오히려 좋은 일이 생김.

切磋琢磨(절차탁마) : 옥돌을 자르고 갈고 쪼고 닦아서 빛을 낸다는 것으로, 곧 학문이나 인격을 힘써 연마함을 비유함.

切齒腐心(절치부심) : 이를 갈고 속이 썩을 정도로 몹시 분함.

漸入佳境(점입가경) : 점점 더 재미있는 경지로 들어감.

正鵠(정곡) : 과녁의 한가운데 있는 점. 사물의 핵심을 비유함.

頂門一鍼(정문일침) : 정수리에 침을 하나 준다는 말로 타인 잘못의 급소를 찾아 따끔하게 충고함을 일컬음

井底之蛙(정저지와) : 우물 안의 개구리. 식견이 좁아 세상 물정을 잘 모르는 사람을 일컬음.

粗糠之妻(조강지처) : 지게미와 겨를 먹으며 고생을 함께한 아내. 본처를 일컬음.

朝令暮改(조령모개) : 아침에 내린 명령을 저녁에 고침. 곧 법령이나 명령을 자주

뒤바꿈.

朝三暮四(조삼모사) : 저공(狙公)이 원숭이에게 먹이를 주는데 아침에 넷을 주고 저녁에 셋을 주겠다고 하자 원숭이가 화를 내니, 아침에 셋을 주고 저녁에 넷을 준다고 하여 달램. 곧 간사한 꾀로 남을 속여 농락함을 일컬음.

鳥足之血(조족지혈) : 새발의 피. 곧 필요한 양에 견주어 너무도 적은 보잘것없는 양을 말함.

左顧右眄(좌고우면) : 왼쪽 오른쪽을 돌아가며 둘러본다는 것으로, 목표를 잃고 여기저기 물어보거나 이리저리 생각함을 뜻함.

坐不安席(좌불안석) : 불안과 근심으로 자리에 편안히 앉아 있지 못하는 모양.

走馬加鞭(주마가편) : 달리는 말에 채찍을 더함. 열심히 하는 사람을 더욱 격려함을 일컬음.

走馬看山(주마간산) : 말을 타고 달리면서 산천을 구경한다는 말로, 사물을 자세히 보지 못하고 겉만 대강 보고 지나는 것을 일컬음.

竹馬故友(죽마고우) : 죽마를 함께 타고 놀던 옛 벗. 곧 어릴 때부터의 벗을 일컬음.

衆寡不敵(중과부적) : 적은 수로 많은 수를 대적할 수 없음.

衆口難防(중구난방) : 여러 사람들이 사방에서 무질서하게 떠드는 소리를 이루 다 막기 어려움.

進退維谷(진퇴유곡) : 나아가지도 물러가지도 못하여 어쩔 도리가 없음. 난처한 지경.

天佑神助(천우신조) : 하늘이 돕고 신이 도움.

## 3.11.
## 11주차 고사성어(故事成語)

天衣無縫(천의무봉) : 천사의 옷이라서 꿰맨 흔적이 없다는 뜻으로, 사물이나 문장 등이 훌륭하여 손댈 곳이 없을 만큼 완벽함을 일컬음.

千載一遇(천재일우) : 천 년에 한 번 만남. 좀처럼 만나기 어려운 기회를 비유함.

青天霹靂(청천벽력) : 맑은 하늘에 벼락이 일듯 뜻밖에 일어난 큰 변고.

青出於藍(청출어람) : 쪽에서 뽑아낸 푸른 물감이 쪽보다 더 푸르다는 뜻으로, 제자가 스승보다 나음을 비유함.

寸鐵殺人(촌철살인) : 한 치밖에 안 되는 짤막한 칼로 사람을 죽인다는 뜻으로, 짧은 경구로 사람의 마음을 찌름을 비유함.

取捨選擇(취사선택) : 취할 것은 취하고 버릴 것은 버린다.

針小棒大(침소봉대) : 바늘처럼 작은 것을 몽둥이처럼 크다고 말한다는 뜻으로, 작은 일을 크게 불려 허풍을 떠는 것을 일컬음.

快刀亂麻(쾌도난마) : 얽혀진 삼 가락을 시원하게 자르듯 어지럽게 얽힌 일을 명쾌하게 해결함.

他山之石(타산지석) : 다른 사람의 말이나 행동이 나를 수양하는 데 도움이 된다는 뜻임.

泰斗(태두) : 태산북두(泰山北斗)의 준말로, 세상의 존경과 추앙을 받는 사람. 또는 어떤 전문 분야에서 권위가 있는 사람.

泰然自若(태연자약) : 침착하여 조금도 마음이 동요되지 아니한 모양을 일컬음.

兎死狗烹(토사구팽) : 토끼가 죽으면 사냥개는 삶아 죽임을 당한다는 뜻으로 이용가치가 다하면 가차 없이 버림을 비유함.

推敲(퇴고) : 가도(賈島)가 '승고월하문(僧敲月下門)'이란 시구를 지으면서 퇴(推)로 할까 고(敲)로 할까 망설이던 중 한퇴지(韓退之)가 고(敲)로 하라고 하여 고(敲)로 고쳤다는 데에서 비롯한 것으로 시문의 자구를 다듬어 고침을 이름.

破鏡(파경) : 옛날 어느 부부가 헤어지면서 재회의 신표로 거울을 나누어 가졌으나 아내가 부정한 행실을 하자 그 거울이 깨어지면서 새로 화하여 남편에게로 날아감. 곧 부부의 관계가 갈라짐을 의미함.

破邪顯正(파사현정) : 사특함을 깨뜨리고 정도를 드러냄.

破竹之勢(파죽지세) : 대를 칼로 쪼갤 때 딱 하고 순식간에 갈라지듯 맹렬하여 아무도 감히 막을 수 없는 기세를 이름.

風樹之嘆(풍수지탄) : 부모가 이미 세상을 떠나 효도를 할 수 없음을 한탄함.

3.12.

# 12주차 고사성어(故事成語)

風前燈火(풍전등화) : 바람 앞의 등불처럼 매우 위태로운 처지에 놓임.

鶴首苦待(학수고대) : 학의 목처럼 길게 늘여 기다림. 곧 어떤 일이 이루어지길 몹시 기대함.

汗牛充棟(한우충동) : 수레에 가득하여 소가 땀을 흘리고 집에 가득하여 들보까지 찰 정도로 장서가 많음.

含哺鼓腹(함포고복) : 음식을 먹고 배를 두드림. 곧 태평한 세상에서 편안한 삶을 영위함.

咸興差使(함흥차사) : 함흥에 있는 이성계를 데리러 간 사자(使者)가 한 번 간 후 종내 무소식이듯 심부름을 가서 돌아오지 않거나 아무 소식이 없음을 비유함.

虛張聲勢(허장성세) : 실속 없이 말로만 떠벌이고 허세를 부림.

螢雪之功(형설지공) : 반딧불과 눈빛에 비춰 공부하여 공을 이룸. 고생을 하며 공부함을 일컬음.

狐假虎威(호가호위) : 여우가 범의 위세를 빌어 행세함. 남의 권세에 의지하여 으스댐을 비유.

好事多魔(호사다마) : 좋은 일에는 나쁜 일이 많이 뒤따른다는 뜻임.

浩然之氣(호연지기) : 널리 천지 간에 두루 퍼진 넓고 큰 기운. 공명정대한 의리가 마음에 가득 차 이루어진 것으로, 스스로에게 떳떳할 수 있음.

狐疑逡巡(호의준순) : 여우처럼 의심하고 주저한다. 어떤 일을 선뜻 결정하지 못하고 망설인다는 말.

惑世誣民(혹세무민) : 세상 사람을 미혹하게 하여 속임.

魂飛魄散(혼비백산) : 몹시 놀라 넋을 잃음.

畵龍點睛(화룡점정) : 용을 그린 후 마지막으로 눈동자를 그려 넣음. 곧 무슨 일을 하는 데 가장 긴요한 부분을 마치어 완성함.

花無十日紅(화무십일홍) : 열흘 붉은 꽃이 없음. 곧 아무리 성하거나 좋은 현상도 영구히 계속되지 못하고 쉬 변함을 비유함.

畵中之餠(화중지병) : 그림의 떡. 아무 소용없는 것을 비유함.

換骨奪胎(환골탈태) : 본래의 모습을 고쳐 전혀 새로운 모습이 됨을 일컬음.

鰥寡孤獨(환과고독) : 홀아비, 과부, 고아, 늙어서 자식이 없는 사람 등 의지할 곳 없는 외로운 사람들을 일컬음.

荒唐無稽(황당무계) : 말이 근거가 없고 허황하여 믿을 수 없음.

會者定離(회자정리) : 만나는 사람은 반드시 헤어진다는 뜻임.

後生可畏(후생가외) : 후배는 나이 젊어 기력이 왕성하므로 학문을 쌓으면 후에 어떤 큰 역량을 발휘할는지 모르므로 함부로 대하지 못함.

# 대학 글쓰기의 이해

**사고와 표현 I**


초판 발행　2014년 3월 7일
초판 10쇄　2026년 3월 10일

지은이　고려대학교 사고와 표현 편찬위원회
펴낸곳　고려대학교출판문화원
www.kupress.com
kupress@korea.ac.kr
(02841) 서울특별시 성북구 안암로 145
Tel　02-3290-4230, 4232
Fax　02-923-6311
찍은곳　네오프린텍(주)

ISBN　978-89-7641-838-8 03710

값 15,000원